全国革命老区县发展史丛书·广东卷

五华县革命老区发展史

五华县革命老区发展史编委会　编

SPM 南方出版传媒·广东人民出版社
·广州·

图书在版编目（CIP）数据

五华县革命老区发展史 / 五华县革命老区发展史编委会编. —广州：
广东人民出版社，2021.6
　　（全国革命老区县发展史丛书·广东卷）
　　ISBN 978-7-218-14712-3

　　Ⅰ.①五⋯　Ⅱ.①五⋯　Ⅲ.①五华县—地方史　Ⅳ.①K296.54
中国版本图书馆CIP数据核字（2020）第242999号

WUHUA XIAN GEMING LAOQU FAZHANSHI
五华县革命老区发展史
五华县革命老区发展史编委会　编

出 版 人：肖风华

责任编辑：谢应祥
责任校对：胡　萍
装帧设计：张力平等
责任技编：吴彦斌　周星奎

出版发行：广东人民出版社
地　　址：广州市海珠区新港西路 204 号 2 号楼（邮政编码：510300）
电　　话：（020）85716809（总编室）
传　　真：（020）85716872
网　　址：http://www.gdpph.com
印　　刷：广州市浩诚印刷有限公司
开　　本：715mm×995mm　1/16
印　　张：25.25　　插　页：16　　字　数：350 千
版　　次：2021 年 6 月第 1 版
印　　次：2021 年 6 月第 1 次印刷
定　　价：88.00 元

如发现印装质量问题，影响阅读，请与出版社（020-85716849）联系调换。
售书热线：（020）85716826

微信扫描二维码 ◀◀◀
您立即获得本书主要内容/
丛书介绍。

广东省编纂《革命老区县发展史》丛书
指导小组

组　　长：陈开枝（广东省老区建设促进会会长）

副组长：林华景（广东省老区建设促进会常务副会长）

宋宗约（广东省农业农村厅二级巡视员、广东省老区建设促进会副会长）

刘文炎（广东省老区建设促进会副会长）

郑木胜（广东省老区建设促进会副会长）

姚泽源（广东省老区建设促进会副会长兼秘书长）

谭世勋（广东省老区建设促进会副会长）

廖纪坤（广东省农业农村厅总经济师）

办公室

主　　任：姚泽源（兼）

副主任：韦　浩（广东省农业农村厅扶贫协作与老区建设处处长）

柯绍华（广东省老区建设促进会副秘书长）

伍依丽（广东省老区建设促进会副秘书长）

《五华县革命老区发展史》
编纂委员会

编纂委员会

顾　　问：吴　晖

主　　任：朱少辉

副 主 任：傅国强　钟光振　谢国泉　钟赐传

成　　员：张泗良　何超华　古江南

编辑部

总　　编：钟赐传

执行总编：何超华

副 总 编：古江南

主　　编：江连辉

编写人员：缪德良　张贺运　李育泉　张玉荫

编务人员：汤国夫　邹菲菲　陈彩萍　吴丽婷

初审小组

组　　长：何超华

副 组 长：古江南

成　　员：李育泉　张茂华　胡汉忠　黄焕坤　江连辉　黄仅鹏

复审委员会

主　　任：罗德宜

副 主 任：连建文　钟赐传

在举国欢庆新中国成立 70 周年前夕，中国老区建设促进会王健会长请我为《全国革命老区县发展史》丛书作序，作为一名在老区战斗过并得到老区人民生死相助的老兵，回首往事，心潮澎湃，感慨万千，深感义不容辞，欣然应允。

中国革命老区，是以毛泽东为代表的中国共产党人在领导人民推翻帝国主义、封建主义和官僚资本主义三座大山，争取民族独立和人民解放伟大斗争中建立的革命根据地，在这片红色的土地上，诞生了无数可歌可泣的革命英雄儿女，为后人树起了一座不朽的丰碑，她是新中国的摇篮，是党和军队的根。

在艰苦卓绝的战争年代，老区人民把自己的命运与中华民族的命运紧紧地联系在一起，与中国共产党和人民军队的命运紧紧地联系在一起，他们生死相依，患难与共。我曾亲历过战争年代，并得到过老区红哥红嫂的救助，切身感受到发生在身边的一幕幕撼天动地的革命故事，在那极其艰难的条件下，老区人民倾其所有、破家支前，不怕艰难困苦，不怕流血牺牲。"最后一碗米送去做军粮，最后一尺布送去做军装，最后一件老棉袄盖在担架上，最后一个亲骨肉送去上战场"，这是当时伟大的老区人民为建立新中国做出巨大牺牲的真实写照，它将永远镌刻在中国共产党、中国人民解放军、中华人民共和国的历史丰碑上。他们的光辉业绩永载史册，他们的革命精神必将影响一代又一代的革命新人，造就一代又一代的民族脊梁。

在社会主义革命和建设时期，革命老区和老区人民响应党的号召，面对落后的面貌、脆弱的经济、恶劣的生态环境，他们本色不变，精神不丢，自力更生，艰苦奋斗，干一行爱一行。始终坚持"革命理想高于天"，自觉做共产主义远大理想的坚定信仰者和忠实实践者，勇于向恶劣的自然环境和贫穷落后宣战，他们在各条战线上为国建功立业，用平凡的双手创造了一个又一个不平凡的奇迹，彰显了老区人的崇高精神和人格力量。

在改革开放的伟大进程中，老区人民解放思想，勇于创新，发奋图强，攻坚克难，老区的经济社会建设取得了辉煌成就。特别是在改变中国的面貌、中华民族的面貌、中国人民的面貌、中国共产党的面貌的伟大实践中发挥了至关重要的作用。老区人民既是改革开放的参与者，也是改革开放的推动者。

艰苦练意志，危难见精神。老区人民在近百年的革命战争、社会主义建设和改革开放的伟大实践中，孕育形成了伟大的老区精神：爱党信党、坚定不移的理想信念；舍生忘死、无私奉献的博大胸怀；不屈不挠、敢于胜利的英雄气概；自强不息、艰苦奋斗的顽强斗志；求真务实、开拓创新的科学态度；鱼水情深、生死相依的光荣传统。这是党和人民宝贵的精神财富、丰厚的政治资源，是凝心聚力、振奋民族精神的重要法宝，也是社会主义核心价值观的重要内容。

中国老区建设促进会怀着强烈的政治责任感和历史使命感，组织全国各地老促会人员克服困难，尽心竭力编纂《全国革命老区县发展史》丛书，记录老区的光辉历史和辉煌成就，传承红色基因，弘扬老区精神，是功在当代，利及千秋的一件大事。手捧这部丛书的部分书稿，读着书中的故事，倍感亲切，深感这部丛书具有资政、育人、存史的社会功能，有着重要的时代和历史价值。它是不忘初心、牢记使命的源头活水，是赞颂共产党、讴歌老区人民的一部精品力作，是弘扬老区精神、传承红色记忆的丰厚载体，是一项继承优秀传统文化、弘扬革命文化、发展社会主义先进文化，坚定"四个自信"的宏大文化工程。它必将成为一种文化品牌，为各界人士了解老区宣传老区支持老区提供一部有价值的研究史料。希望读者朋友们能从中了解并牢记这些为党和民族的利益不断奉献的老区人民，从中得到教益，汲取人生奋斗的精神动力。

新时代赋予新使命，新起点开启新征程。让我们更加紧密地团结在以习近平同志为核心的党中央周围，坚持以习近平新时代中国特色社会主义思想为指导，增强"四个意识"，坚定"四个自信"，做到"两个维护"，弘扬老区精神，铭记苦难辉煌。为实现"两个一百年"奋斗目标，实现中华民族伟大复兴的中国梦作出新的更大的贡献！

遇涛田

2019 年 4 月 11 日

2017年6月，中国老区建设促进会组织全国各地老促会启动编纂《全国革命老区县发展史》丛书，按照"建立中国共产党、成立中华人民共和国、推进改革开放和中国特色社会主义事业"三大里程碑的历史脉络，系统书写革命老区百年历史，深入挖掘革命老区红色文化资源，这对于充实丰富中国革命史籍宝库、在新时代传承红色基因、弘扬革命精神、强固根本，对于激励人们在新的历史条件下夺取中国特色社会主义伟大胜利，实现中华民族伟大复兴的中国梦具有重要意义。

丛书编纂以习近平新时代中国特色社会主义思想为指导，以《中国共产党历史》《中国共产党的九十年》等重要文献为基本依据，以党的领导为核心，以老区人民为主体，以老区发展为主线，体现历史进程特征，突出时代发展特色，坚持辩证唯物主义和历史唯物主义相统一、历史真实性与内容可读性相统一的原则，书写革命老区从站起来、富起来到强起来的光辉革命史、不懈奋斗史、辉煌成就史，把老区人民的伟大贡献、伟大创造、伟大成就、伟大精神充分展示出来，形成一部具有厚重历史特征和鲜明时代特色的精品力作。这是一部培根铸魂、守正创新，既为历史立言，又为时代服务，字里行间流淌着红色血脉、催生着革命激情的传世之作。丛书的编纂出版将成为讴歌党讴歌人民讴歌时代、传播红色文化、为革命老区和老区人民树碑立传的重要载体。

　　丛书按照编年体与纪事本末体相结合、以编年体为主的编写体例确定框架结构；运用时经事纬、点面结合的方式记述史实；坚持人事结合、以事带人的原则处理人与事的关系；采取夹叙夹议、叙论结合以叙为主的方法展开内容。做到了史料与史论、历史与现实、政治与学术统一，文献性、学术性、知识性相兼容。

　　为编纂好《全国革命老区县发展史》丛书，打造红色文化品牌，中国老区建设促进会认真组织积极协调，提出政治立场鲜明、史料真实准确、思想论述深刻、历史维度厚重、时代特色突出、编写体例规范、篇目布局合理、审读把关严格、出版制作精良的编纂出版总要求，力求达到革命史籍精品的精神高度、思想深度、知识广度、语言力度，增强丛书的权威性和社会影响力。各省（区、市）、市（州、盟）、县（市、区、旗）老促会的同志，以强烈的使命感、责任感和紧迫感，勇于担当，积极作为，认真实施，组织由老促会成员、专家学者等参加的十余万人编纂队伍。编纂工作主体责任在县，省、市组织协调、有力指导、审读把关。各方面人员以高度负责的精神和科学严谨的态度，满腔热情地投入工作，为丛书编纂出版作出了重要贡献。丛书编纂工作还得到了党和国家有关部委、地方各级党委政府及有关部门的大力支持和积极参与，社会各界也给予了热情帮助。中共中央政治局原委员、中央军委原副主席、原国务委员兼国防部长迟浩田上将，对老区人民怀有深厚感情，对革命老区建设发展十分关注，欣然为《全国革命老区县发展史》丛书作总序。

　　丛书由总册和1599部分册（每个革命老区县编纂1部分册）组成，共1600册。鉴于丛书所记述的史实内容多、时间跨度长和编纂时间紧，不妥之处，敬请批评指正。

中国老区建设促进会

● 红色印记　革命遗址 ●

五华县烈士纪念碑。该纪念碑位于五华县城狮山公园内，建于1958年7月，是五华县人民委员会为纪念在历次革命战争中捐躯的革命先烈而立

五华革命烈士纪念碑。该纪念碑位于五华县城蒲丽顶森林公园内，于2004年动工，2006年10月竣工，占地面积约1.2万平方米，是梅州市爱国主义教育基地和中共党史教育基地。碑座正面刻有碑志，背面刻有1594名烈士芳名

古大存故居。该址位于梅林镇优行村。古大存参加革命后，其住所曾被敌人放火烧过三次，仅存断壁残墙。后经多次修缮，成为梅州市爱国主义教育基地和中共党史教育基地

东征军政治部旧址——宗圣祠。该址位于华城镇石柱塘。1925年2月，周恩来率领国民革命军举师东征讨伐军阀陈炯明部，3月18日奇袭五华县城华城取胜。当时，东征军政治部临时办公地点设在此

五华县第一个农民协会旧址——龙村祥裕楼。该址位于龙村镇大梧村。1925年3月，登畲鳌背乡（今龙村镇大梧村）农民在此地成立鳌背乡农民协会，是五华县第一个农民协会

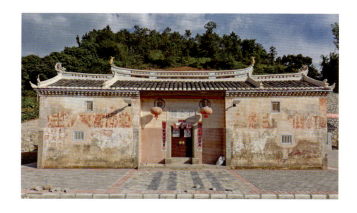

梅林优行乡农民协会旧址——德公祠。该址位于梅林镇优河村。1925年4月，该乡农民在德公祠成立优行乡农民协会，后来还在此建立县农会兵工厂。1928年2月，国民党黄旭初部"驻剿"五华，大肆破坏五华农民运动，德公祠大部分被烧毁，现已修复

五华县农民自卫军模范队训练旧址——梅冈寺。该址位于梅林中学校园内。1925年4月，梅林乡农民协会在甘家祠成立，后迁至梅冈寺。1926年11月，五华县农民自卫军模范队在梅冈寺设立训练基地，培训农军骨干，提高农民自卫军武装斗争力量。1930年4月，五华县第八区苏维埃政府亦在梅冈寺重建

五华县农民协会旧址——安流东灵寺。该址位于安流镇福江村。1925年5月28日，五华县第一次农会会员代表大会在东灵寺召开。同年7月中旬，中共五华县特别支部在东灵寺召开五华县第二次农会会员代表大会

中共五华小组成立旧址——安流三江书院（今安流中学）。1925年初夏，在外地加入中共组织的党员回到家乡五华，在安流三江书院秘密召开党员会议，成立中共五华小组

中共五华县委诞生地旧址——庵子塘。该址位于梅林镇琴口村。1927年8月，中共东江特委派巡视员刘琴西来五华，主持改组中共五华县特别支部，在该址成立中共五华县委员会

五华县第一个乡苏维埃政府成立旧址——文高公祠。该址位于龙村镇睦贤村。1928年1月6日，睦贤乡苏维埃政府在文高公祠成立，是五华县第一个乡苏维埃政权

中共后东特委机关驻地——长布镇福兴村（石灰坝）。在解放战争期间，中共组织在此地培育革命种子、建立地下交通联络站、开办后东地区干部训练班，成为后东特委机关驻地

郭田布美红军标语群。1929年10月，古大存直接指挥的东江红军（1930年5月改称为红十一军）第四十六团驻扎在八乡山地区。该团和随团军校的官兵曾活动在郭田镇布美村，军机关指挥部和军校设在良贵楼。其间，官兵们在良贵楼和体璋楼的墙壁上写下数十条标语口号

五华县人民政府成立旧址——福庆楼。该址位于周江镇冰坎村。1949年2月，粤赣湘边纵队东江第二支队第四团和闽粤赣边纵队第二支队独立第三大队相继进军五华，陆续解放了全县大部分乡村，并普遍建立了乡村人民民主政权。在此形势下，五华县人民政府于5月中旬在周江镇冰坎村福庆楼宣告成立

● 绿色崛起　交通先行 ●

广梅汕铁路五华段

梅河高速公路五华段

汕湛高速公路五华段

转水立交枢纽。兴华高速公路建成通车，全面改善五华的交通区位优势

升级改造后的省道S228线

琴江公路。该项目总投资15亿元，是五华交通建设史上自主财政投资的最大项目

● 绿色崛起　工业发展 ●

1992年6月，五华县在华城设立广东五华经济开发试验区。图为20世纪90年代末，初具规模的经济开发试验区金河小区一角

2013年，广东五华经济开发试验区和县城工业园区实现"两区融合"，呈现出蓬勃发展的势头；

广州番禺（五华）产业转移工业园一角

五华河东工业区一角

五华红木文化产业园

梅州迄今为止单笔投资最大的基建工程——梅州抽水蓄能电站鸟瞰图（电脑示意图）

五华县招商引资龙头企业——广东辉骏科技集团

广东长乐烧酒业股份有限公司

台资企业——广东井得电机有限公司

广东康奇力药业股份有限公司

2017年3月，广东富胜实业股份有限公司成功登陆"新三板"，五华县内上市企业实现零的突破。图为该企业自动化生产线一角

● 绿色崛起　城乡建设 ●

五华长乐公园

五华老河道公园

车水马龙的五华奥园广场路口

琴江河县城段河堤升级改造后的"一河两岸"新貌

五华河"一江两岸"新姿

华城镇城镇村石柱塘公园

岐岭镇荷梅村文化广场

转水镇省级新农村建设连片示范建设区

山环水绕的郭田圩镇一角

横陂镇西湖村新貌

长布镇老禾仓一角

龙村镇大坑村的李花醉人

● 绿色崛起　文体旅游 ●

五华狮雄山南越王赵佗行宫遗址

五华长乐学宫

五华狮雄古塔

五华水寨大桥

五华石雕

五华提线木偶戏

五华竹马舞

中国内地现代足球发
源地——五华·元坑

五华奥体中心惠堂体育场

2015年4月，五华县U12男子足球队代表广东省参加中国"斯凯孚杯"青少年足球邀请赛获全国冠军

国家级示范性高中——水寨中学

五华县高级中学

五华县技工学校

国家AAA级旅游景区、国家水利风景区——益塘水库旅游区

转水镇汤湖热矿泥山庄

长布镇七目嶂风光

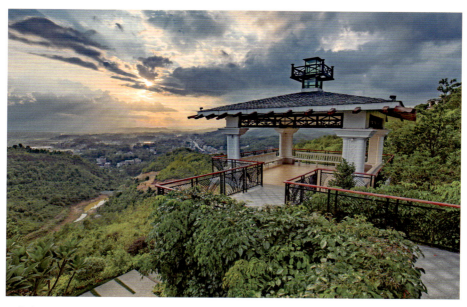

五华客天下文化旅游产业园一角

转水镇广东汉光超顺农旅园

横陂镇罗陂村双龙山旅游景区

转水镇新丰寨旅游景区

潭下镇桃花源

● 绿色崛起　农业发展 ●

棉洋镇七畲径茶园

棉洋镇松岗嶂茶场

龙村镇登云嶂茶场

双华镇板栗

五华益塘荔枝

国家地理标志产品——大田柿花

新桥腐竹

农业机械进入
田间地头

双华镇水口山
良好生态

微信扫描二维码
您立即开展本书的
延伸阅读。

序　言／001

第一章　五华县县域概况／001

第一节　自然地理与自然资源概况／002

第二节　建制沿革与行政区划／005

第三节　革命老区概况／012

第二章　五华党组织的初创和农民运动的兴起／017

第一节　两次东征在五华播下革命火种／018

　　　　一、第一次东征／018

　　　　二、第二次东征／020

第二节　中共五华地方组织的创建和发展／024

第三节　轰轰烈烈的五华农民运动／027

　　　　一、五华县第一个农民协会——登畲鳌背乡农民

　　　　协会／028

　　　　二、五华县农民协会纷纷成立／029

第四节　组建农民武装，开展针锋相对的斗争 / 032

　　一、大革命时期的五华地方人民武装 / 032

　　二、五华农民武装组织参与的主要革命武装斗争 / 033

第五节　反击国民党右派的斗争 / 039

　　一、横陂解围战 / 039

　　二、反击国民党右派的"扫荡" / 040

　　三、配合海丰工农讨逆军攻陷安流 / 041

　　四、成立五华救党分会，开展地下斗争 / 042

第三章　红色政权的建立和工农武装革命暴动 / 045

第一节　成立中共五华县委，迎接南昌起义大军 / 046

第二节　中共领导下的武装暴动 / 049

　　一、对镜窝闪电战 / 049

　　二、塘湖歼敌战 / 050

　　三、丁卯年关大暴动震动粤东 / 052

第三节　五华反"驻剿"斗争 / 055

　　一、安流反击战 / 055

　　二、溪口布反击战 / 056

第四节　开创八乡山革命根据地 / 058

　　一、恢复和发展党组织，组建贫农自救会 / 059

　　二、成立五县暴动委员会和中共七县联委 / 061

　　三、恢复与各级党组织的联系，发展革命武装 / 062

　　四、召开第一次党员代表大会，整顿健全党组织 / 063

第五节　参与建立五兴龙革命根据地 / 068

第六节　建立苏维埃政权，实行土地革命 / 073

第七节　扩大武装割据，融入中央苏区 / 079

第八节　五华苏区人民的反"围剿"斗争 / 088

　　一、竹头塘诱敌战 / 089

　　二、深湖阻击战 / 089

　　三、念目石截击战 / 090

　　四、贵人村阻击战 / 091

第九节　革命低潮时的五华苏区游击斗争 / 094

第四章　中共五华县地方组织的重建和抗日救亡运动 / 097

第一节　中共五华县地方组织的重建与发展 / 098

　　一、中共五华县工作委员会（1938 年 5 月—1938 年
　　　　11 月） / 100

　　二、中共五华县委员会（1938 年 12 月—1941 年
　　　　11 月） / 101

　　三、中共五华县特派员制（1942 年 2 月—1943 年
　　　　4 月） / 103

　　四、中共五华、龙川边区特派员制（1944 年 8 月—
　　　　1945 年 8 月） / 103

第二节　抗日救亡团体的兴起 / 105

　　一、塔岗青年读书会与华城青年读书会 / 105

　　二、青年抗敌同志会 / 107

　　三、县立二中抗日前卫队 / 110

　　四、五华乡村服务剧团 / 111

第三节　抗日民族统一战线的形成 / 113

　　一、争取国民党五华县政府上层人物的支持 / 113

　　二、争取基层乡绅地方实力派支持 / 114

　　三、争取国民党官员中开明人士的支持 / 115

第四节　反击反共逆流，坚持隐蔽斗争 / 117

　　一、领导学生运动，反击反共逆流 / 117

　　二、举办党干训练班与整党审干 / 120

　　三、开展各种形式的隐蔽斗争 / 123

第五节　恢复活动，组建抗日武装 / 133

　　一、五华党组织恢复活动 / 133

　　二、丰华边区委的建立与活动 / 135

　　三、龙华边区党组织的建立与活动 / 136

　　四、揭华边区良田党组织活动 / 137

第五章　武装斗争的全面恢复和五华全境的解放 / 143

第一节　争取和平民主，坚持自卫斗争 / 144

　　一、中共紫五龙河边工委成立与中共后东特委在大田 / 144

　　二、东江、韩江人民游击队在五华的活动 / 145

　　三、国民党叶柏光团"驻剿"安流，上山区党组织

　　　　受到破坏 / 148

　　四、东江纵队北撤与隐蔽斗争 / 148

第二节　恢复武装斗争，反抗国民党"三征" / 151

　　一、武装斗争的恢复与兴起 / 151

　　二、反抗"三征"、破仓分粮的斗争 / 154

第三节　反击两次"清剿"，粉碎国民党进攻 / 159

一、打退国民党的第一期"清剿" / 159

二、粉碎国民党的第二期"清剿" / 162

第四节　发动春季攻势，解放五华全境 / 167

一、东二支四团进军解放五华 / 167

二、潮汕游击队进军揭陆华边 / 173

第六章　建立人民政权，实现向社会主义过渡 / 177

第一节　人民政权的建立和巩固 / 178

一、培训干部整肃旧政 / 179

二、发动民众迎军支前 / 180

三、击溃胡琏兵团 / 180

四、平息温伯洲、张贤彦反革命暴动 / 182

五、清匪反霸稳定治安 / 183

六、抗美援朝保家卫国 / 184

七、中央人民政府南方老根据地访问团到五华 / 185

第二节　实行土地改革，力促社会变革 / 186

第三节　国民经济的恢复与发展 / 189

一、统一财经稳定物价 / 189

二、恢复发展农业生产 / 191

三、调整工商业，恢复交通运输 / 193

四、开展"三反""五反"运动，保障经济健康
发展 / 197

第四节　对私有制经济的社会主义改造 / 199

　　一、农业社会主义改造 / 199

　　二、手工业社会主义改造 / 201

　　三、资本主义工商业的社会主义改造 / 202

第五节　教育、文化、卫生、体育事业的发展 / 204

　　一、教育的改革与进步 / 204

　　二、文化体育事业逐步兴起 / 206

　　三、医疗卫生事业的整顿和发展 / 208

第七章　社会主义建设的探索和曲折发展 / 211

第一节　社会主义道路的艰辛探索 / 212

　　一、农业、工业曲折发展 / 212

　　二、大规模农田水利、水保和交通建设 / 213

第二节　人民公社化运动 / 218

第三节　贯彻"八字方针"，调整国民经济 / 220

　　一、调整农业政策，恢复发展农业 / 220

　　二、调整企业布局，缩短工业战线 / 221

　　三、精减干部职工，减少城镇人口 / 221

　　四、压缩基建投资，开展增产节约 / 222

第四节　"文化大革命"期间的五华经济 / 223

第八章　实行改革开放，开创社会经济发展新局面 / 225

第一节　历史性伟大转折的到来 / 226

　　一、突破"左"的农村经济政策 / 226

二、改进企业管理制度 / 228

三、科教文化事业的恢复 / 228

第二节 以经济建设为中心，拨乱反正 / 231

第三节 落实家庭联产承包，发展农村农业 / 233

第四节 改造国有集体企业，大力发展私营企业 / 236

一、增加企业产品种类，提高产品质量 / 237

二、大力兴办乡镇企业 / 238

三、大力发展个体私营企业 / 239

第五节 大力加强建设，保障和改善民生 / 241

一、大力加强基础设施建设，缓解通讯能源交通
困局 / 241

二、财政收入稳步增长，人民生活逐步改善 / 243

三、实施两大工程建设，治山治水效果明显 / 245

四、扶贫工作初见成效，社会保障逐步完善 / 247

五、教科文卫事业全面进步，两个文明建设不断
发展 / 249

第九章 深化改革，扩大开放，加快脱贫奔康步伐 / 255

第一节 深化体制机制改革，为改革发展提供保障 / 256

一、农村经济体制改革 / 257

二、工业企业体制改革 / 259

三、流通体制改革 / 261

四、政治体制改革 / 263

第二节　各项产业稳步发展，人民生活不断改善 / 265

　　一、现代农业稳步发展，旅游产业蓬勃兴起 / 265

　　二、招商引资成效明显，特色工业经济初步形成 / 267

　　三、综合经济实力稳步增强，人民生活水平逐步
　　　　提高 / 268

第三节　基础设施逐步完善，城乡建设持续优化 / 270

　　一、基础设施逐步完善，发展基础不断夯实 / 270

　　二、生态环境不断改善，城乡建设持续优化 / 273

第四节　扶贫攻坚强力推进，教科文卫体协调发展 / 277

　　一、扶贫攻坚强力推进，脱贫奔康步伐加快 / 277

　　二、教科文卫体协调发展，人口素质不断提高 / 279

第十章　加快老区振兴发展，大步迈进新时代 / 285

第一节　综合实力稳步增强，基础设施不断完善 / 286

　　一、农业经济运行良好，特色农业快速发展 / 289

　　二、产业园区扩能增效，工业经济高速增长 / 290

　　三、产业结构不断优化，第三产业快速发展 / 291

　　四、各项基础设施建设不断完善 / 292

第二节　生态文明建设稳步推进，各项事业全面进步 / 296

　　一、全面加强生态环境建设 / 296

　　二、人居环境持续改善优化 / 297

　　三、社会民生事业全面进步 / 300

第三节　踏上新征程，谱写新篇章 / 309

　　一、新时代的形势与任务 / 310

二、新时代的工作重点 / 312

附　录 / 325

附录一　重要革命旧址 / 326

附录二　革命历史遗物、文献、歌谣 / 331

附录三　主要革命人物 / 343

附录四　革命英烈名录 / 358

参考书目 / 372

后　记 / 374

　　五华，旧名长乐，自北宋熙宁四年（1071）置县，1914年改称为现名五华，位于广东省东北部、韩江上游，属原中央苏区范围，是梅州市人口最多的县，享有"文化之乡""足球之乡""工匠之乡""华侨之乡"的美誉。在新民主主义革命时期，素有"五华阿哥硬打硬"之称的五华人民，为反抗封建统治阶级的残暴统治，前仆后继，用血与火书写了可歌可泣的光辉历史篇章。

　　翻开尘封的五华革命斗争史，可以发现，五华人民的革命斗争时间早、历程长、地域广，为革命的胜利作出了巨大贡献。五华是广东地区较早成立中共地方组织的县份之一，早在1925年大革命时期，英勇的五华人民就在中国共产党的领导下，积极参与两次东征，开展讨伐军阀陈炯明部，统一广东的斗争。随后成立农民协会，动员群众加入农会，实行"二五减租"，掀起了轰轰烈烈的农民运动。至1926年年底，全县共建立350多个乡农会、15个联乡办事处、8个区农会，会员达6万余人，占全县总人口的五分之一，会员人数居全省第四位。此时的五华，成为继海陆丰后东江、梅江两江地区农民运动的中心，也是粤东地区重要的农民运动策源地之一。这一时期五华的革命斗争创下了多个梅州"第一"：登畲鳌背乡农民协会是梅州首个乡农民协会；中共五华县小组是梅州最早建立的中共地方组织；睦贤乡苏维埃政府是梅州首个苏维埃政权；五华县是梅州地区最早成立工农武装的地方。1927年4月15日，国民党"四一二"反革命政变后的第三天早晨，五华工农革命武装率先在广东地区打响武装反抗国民党的第一枪，取得横陂解围战的胜利。1928年春，十万工农革命群众参加的丁卯年关大暴动，震撼粤东地区……大革命失败后，五华人民在极其困难、险恶的政治环境中，始终坚持顽强斗争，创建了八乡山革命根据地，在东江地区建立了广东省唯一一支入编中央红军序列的正规军——中国工农红军第十一军，在粤东打响了工农武装割据的枪声，用信念之魂重新点燃燎原星火；还参与创建五兴龙革命根据地，使五华苏区与中央苏区的革命斗争连成一片。在中央苏区时期，五华人民为中央苏区输送了大量的紧缺物资和党政军领导干部，特别是一大批铁匠到中央苏区为中央红军修枪造弹，为人民军工事业的发展作出了贡献。五华人民用生命和鲜血牵制国民党"围剿"中央苏区的大量兵力，成为中央革命根据地的南方有力屏障。中央红军长征时，参加长征的五华籍红军有10人，参加人数在全省（市）仅次于大埔县，位居第二。抗日战争时期，重建的五华党组织，培养发展了一批革命精英，高举团结抗日的大旗，冲破五华国民党右派制造的反共逆流，发动学运斗争，团结一切可以团结的抗日团体、阶层及爱国志士，开展抗日救亡运动。解放战争时期，五华人民组织武装队伍，开展武装斗争，开辟了许多游击根据地，配合人民解放军，解放了五华，击退了胡琏兵团窜扰，掀起迎军支前高潮。

纵观整个新民主主义革命时期，中共五华地方组织带领五华人民经历了胜利、失败、再胜利、再失败、直至最后胜利的艰难斗争历程。这一时期全县被评为革命烈士的有1333名，占梅州同时期烈士总数4513名的29.5%。其中，在土地革命战争时期牺牲的五华烈士有1140名，为梅州各县（市、区）之最。在那血雨腥风的革命岁月里，一大批革命先辈如周恩来、叶剑英、彭湃、陈赓、古大存、曾国华、刘永生、梁威林、郑群等在五华大地上留下深深足印。可以说，在中国共产党领导下的五华革命斗争历史，不仅成为五华现代史中最为光辉的一页，而且也成为梅州甚至广东新民主主义革命史中不可或缺的重要组成部分。这是五华人民永远的骄傲，也是五华人民永远的精神财富。

中华人民共和国成立后，各级党委、政府历来高度重视革命老区建设工作，全力扶持老区发展，改善老区人民生活。但由于地理位置、自然条件、资源禀赋等原因，五华这个革命老区总体上还比较落后，建设和发展仍然面临着许多困难和挑战，加快发展的任务仍然十分艰巨繁重。1986年6月，五华被国务院列为全国贫困县，1996年6月仍被省列为全省特困县。面对贫困，五华县人民不泄气、不松懈，在省、市、县党委和政府的坚强领导，以及省、市有关部门和深圳市、广州市的大力帮扶下，咬定青山不放松，坚持以脱贫奔康总揽全局，走开发治本道路，艰苦创业，全力发展经济，努力实现经济社会的科学发展。

2013年7月，中共中央党史研究室确认五华在土地革命战争时期属于原中央苏区范围，这是五华人民政治生活中的一件大事，这不仅体现了党和国家对五华革命老区在土地革命战争时期的重要历史地位的充分肯定，也为五华革命老区今后的发展提供了新的机遇。中共十八大以来，党和国家出台的一系列关心支持革命老区振兴发展的方针政策和重大举措，充分体现了以习近平同志为核心的党中央对老区人民的深厚感情和以人民为中心的执政理念、使命担当。五华全县上下大力弘扬苏区精神，传承红色基因，以"朝受命、夕饮冰"的使命感和"昼无为、夜难寐"的责任感，重实体兴实业，抓重点攻难点，全力加快苏区振兴发展，全县经济社会实现了平稳快速发展，进入了发展最快、最好的历史时期！

　　加快革命老区振兴发展、全面建成小康社会是中央和省、市党委、政府交给我们的政治任务，也是当前五华干部群众的历史使命和责任担当。进入新时代，五华迎来了粤港澳大湾区建设、老区振兴发展、乡村振兴战略和脱贫攻坚等政策叠加的重大历史机遇。《五华县革命老区发展史》的成书出版，将为五华全县各级领导干部在习近平新时代中国特色社会主义思想指导下实现中国梦的新征程中汲取历史智慧和营养，并提供丰富的历史借鉴；也将为广大干部群众接受红色文化熏陶和爱国主义教育、锤炼党性修养、坚定理想信念，形成弘扬红色传统行动自觉，为五华的改革发展、稳定事业提供强大的思想支撑。祈望这本《五华县革命老区发展史》能激励全县人民砥砺前行，面对困难破难攻坚、不甘落后奋勇争先，全力推进"一核两区三组团"发展战略，全力加快建设"工匠之乡·宜居五华"，为广东实现"四个走在全国前列"作出新的更大贡献！

《五华县革命老区发展史》编委会

2019年9月

1

第一章

五华县县域概况

第一节 自然地理与自然资源概况

　　五华县地处广东省东北部、韩江上游，位于北纬23°23′~24°12′、东经115°18′~116°02′之间。全县版图略呈三角形。东南接丰顺、揭西、陆河，西南接东源、紫金，西北邻龙川，东北连兴宁。县境东起郭田照月岭，西止长布鸡心石，南起龙村登畬香炉山，北止华城新桥洋塘尾。东西宽71.59公里，南北长87.99公里，总面积3237.8平方公里。

　　五华是粤东丘陵地带的一部分，北回归线横跨县境南端，属亚热带季风性湿润气候，年均气温21.2℃；雨水丰富，年均降雨量达1500多毫米；日照时间长，年均日照1920多个小时，光能充足，四季宜耕。

　　五华地质构造较复杂，主要有侵入岩、喷出岩、砂质岩、石灰岩、花岗岩五大类岩石，构成山地、丘陵、盆地三大地貌类型。全县山地占49.1%，丘陵占41.3%，河谷冲积平原占5.4%，盆地占4.2%。全县有千米以上高山31座，自然保护区11处。其中，省级自然保护区七目嶂，雄踞五华、龙川、东源三县交界处，海拔1318米，为县境最高峰。县内土地资源丰富，全县共计有山地364万亩，林地286.1万亩。

　　县内水系纵横交错，水力资源丰富，地下水常年为5.29亿立方米，过境年径流量13.03亿立方米；可利用水量为8.67亿立方米；水力理论蕴藏量13.81万千瓦，可开发量9.94万千瓦。县内河流属韩江流域梅江水系，全县有琴江、五华河两大河流，有集雨面积10平方公里以上的大小河流98条。琴江自南向北、五华河自北向东流经腹地，交汇于县城水寨，汇入韩江水系梅江。在蓄水1.65亿立方米的益塘水库中，有特色各异的孤山小岛十多座、库湾300多个，四季花果飘香、湖光潋滟，有梅州"千岛湖"之称。

境内蕴藏的矿物品种繁多，不乏上品，有各类金属矿物34种；其中，有色金属12种，贵重金属2种，稀有金属20种。还有非金属矿物19种，矿点97处；其中，钨矿、钼矿达国家标准一级一类，萤石矿属世界一级品，钾长石储量和质量均居全省首位。瓷土分布广、储量大、质量上乘。矿泉水量多、质好，尤以河东油田矿泉水为最。温泉有4处，已开发利用3处，已具规模的转水维龙汤湖热矿泥温泉，含有人体所需的60多种微量元素，可治疗多种疾病，被誉为"天下第一奇"。

境内动植物种类繁多，有各种兽类20多种，禽类100多种，两栖爬行类50多种，各种植物1000多种。珍稀动物有国家一级保护动物云豹、黄腹角雉、白颈长尾雉、穿山甲、小灵猫、大灵猫和国家二级保护动物蟒蛇、白鹇（省鸟）等。珍贵树种有泡桐、水松、穗花杉、油椤树、落羽杉、观光木、刺桫椤、吊皮椎、山桐子、将军树、三尖杉等，其中有国家一级保护植物——桫椤，分布在七目嶂区内粗石坑，群落面积较大，数量可观，有大小近百棵，其中一株高9.1米、冠幅近20多平方米，被誉称为"桫椤王"。优良树种主要有杉树、湿地松。果树主要有妃子笑、黑叶、桂味、糯米糍等品种荔枝树，茶亭冈沙田柚树，大田果合柿树，双华板栗树，棉洋桃驳李树等。野生药材颇丰，有255个品种，经专家学者鉴定有237种，其中被列为国家重点普查的有143种，药用价值较高的有129种。

五华是传统农业大县，是广东省重要水稻和水果、南药、紫胶、烤烟生产基地之一，产量、质量均居全省前列。独具特色的土特产久负盛名，如岐岭长乐烧酒，被评为国优产品，畅销省内外；华城细核荔枝、大田柿花、棉洋桃驳李、转水红柚，素为名品；造型美观的金木雕、小巧精致的竹编、雄浑古典的石雕，久负盛名；绿茶、板栗、老红酒、巴戟酒、三黄鸡、酿豆腐、特级豉油、白芒坝花生、新桥腐竹、龙村腊蔗、双华巴戟、益塘柑橙、长布土茯，为世人所称道。其中，长乐烧酒、大田柿花、七畲径茶是国家地理标志保护产品。

秀美的山川河流形成了闻名遐迩的"山、水、泥"五华特色旅游，主要景点有被誉为"粤东明珠、物种宝库"的省级自然保护区七目嶂；有四季花果飘香、湖光潋滟的国家AAA级旅游景区、国家水利风景区——益塘水库旅游区；有集休闲娱乐、农业观赏和理疗保健于一体的国家AAA级旅游景区汤湖热矿泥山庄等，吸引了县内外众多游客。

建制沿革与行政区划

　　五华县境古为百越（粤）地。秦始皇三十三年（前214），属南海郡龙川县，汉因之。东晋咸和六年（331），由东官郡兴宁县管辖，南齐时属东官郡齐昌县，梁陈间属梁化郡兴宁县。隋时先后归循州、龙川郡管辖。唐贞观元年（627）起复属兴宁县。北宋熙宁四年（1071）置县，因南越王赵佗在华城塔岗狮雄山筑有长乐台，故名长乐县，属循州，明属惠州。清雍正十三年（1735）属嘉应州。1914年，因国内3县同名（广东、湖北、福建均有1个长乐县），遂改称五华县，属潮循道。1936年属广东省第六区行政督察专员公署，1949年年初改属第九区行政督察专员公署。

　　1949年10月，中华人民共和国成立后，属兴梅专区。1952年后属粤东行政区。1956年后属汕头专区。1965年6月属梅县地区。1988年1月地改市，五华隶属梅州市。此行政隶属关系沿袭至今。

　　五华行政区划随历史的发展而不断演变。长乐初建，设1厢、3都、9图、52乡。明隆庆三年（1569）设2厢、3都、10图、37乡。清末分2厢、3都、4楼、24约，下辖496个村。1911年设8个警察区，1947年3月改设3区28个乡镇。

　　1949年5—10月，以琴江为界，河东片属闽粤赣边纵队的揭（揭阳）陆（陆丰）华（五华）边行政委员会临二区人民政府管辖，下分安流市、水寨镇，以及平东、泉砂、龙冈、油田、黄排伞、东升、鲤江、洑溪、三水、大石嵩、棉洋、磟砂、安流13个乡。河西片属粤赣湘边纵东二支队管辖，下分董化、北楼、东楼、南楼、西楼、黄湖、附城、黄龙、梓皋、澄湖、小彭、横陂、夏锡、梅林、龙玉湖、登梧洞、硝芳、阳坪、福昌、河东西、大华、南华、粘锡、大田、长布、周潭、龙岭、大玉28乡和华城镇。

1950年2月底，撤销揭陆华边人民行政委员会，其临时辖属地按民国时五华境域划归五华县人民政府统一辖属。同年5月，按原县境区域新划分8个区（华城、潭下、长布、水寨、横陂、太平、安流、龙村），辖64个乡、5个镇。

1952年10月，全县设15个区（区名用数字顺序称），222个乡，4个镇。1955年6月，将15个区的区名改为地名称呼，分别为水寨、转水、华城、岐岭、潭下、长布、周潭、横陂、油田、双华、安流、棉洋、梅林、华阳和龙村区。

1956年5月始撤区并乡，合并为77个乡、3个镇，其余区镇不变。

1957年1月，撤销区镇设置，全县划设29个乡：水寨、河口、转水、华城、西林、新桥、董化、岐岭、双头、潭下、长布、大田、周江、中友、横陂、锡坑、油田、郭田、双华、安流、鲤江、万塘、棉洋、磟砂、梅林、华阳、龙村、硝芳、登畲。

1958年5月，合并乡，设17个乡（水寨、河口、转水、华城、新桥、岐岭、潭下、长布、周江、横陂、油田、双华、安流、棉洋、梅林、华阳、龙村）。9月，17个乡改设为15个人民公社（水寨、转水、华城、岐岭、潭下、长布、周江、横陂、油田、双华、安流、棉洋、梅林、华阳、龙村），下分77个管理区、770个大队。

1961年3—5月，增设新桥、大田、中友、小都、郭田、平南、硝芳、登畲、双头、鲤江、磠砂11个人民公社。全县共有26个公社、697个大队。

1963年3月，全县合并为15个公社（水寨、横陂、油田、双华、转水、华城、岐岭、潭下、长布、周江、安流、棉洋、梅林、华阳、龙村）、323个大队。

1971年4月，水寨公社分出城镇公社。

1972年10月，华城分出原新桥公社，岐岭分出原双头公社，长布分出原大田公社，横陂分出原小都公社，油田分出原郭田公社，双华分出原平南公社，安流分出原大都公社（原鲤江公社河东部分和双华公社上布大队），龙村分出原硝芳、登畲公社。全县有公社25个、大队323个。

1973年10月，棉洋分出桥江公社，周江分出中兴公社。

1978年2月，增设梓皋、锡坑、万龙、河子口、锡坪、平安、矮车、兴林8个公社。至此，全县有35个公社，494个大队。

1981年10月，城镇公社分出水寨镇，辖大布、犁滩2个大队；硝芳公社增设1个南中大队。全县35个公社、1个镇、494个大队。

1982年年底，郭田公社增设1个照月岭大队。全县35个公社、1个镇、495个大队。

1983年11月，撤销公社、大队。其中，公社改区，大队改乡，生产队改村。全县改设29个区（公所）、1个镇（水寨）、375个乡（含2个乡级镇、7个管理区、4个街道办事处）、1913个村。

1986年11月，撤销区，设置10个乡、20个镇；375个乡改设390个村。

1989年9月，撤销村民委员会，改设400个管理区。

1991年11月，各镇圩镇设居民委员会。

1993年11月，新桥、大田、中兴、锡坑、小都、油田、文葵、大都、桥江、登畲10个乡改为镇建制，其行政区域范围不变，同时各镇圩镇设居民委员会。全县设30个镇、400个管理区、34个居民委员会。

1999年7月，理顺农村基层管理体制，撤销400个管理区，设立412个村民委员会。

2003年11月，调整部分镇行政区划，其中锡坑并入横陂，文葵并入安流，新桥并入华城，中兴并入周江。全县乡镇由30个调整为26个。

2004年10月，调整部分镇行政区划，其中大坝并入水寨，大都并入安流，桥江并入棉洋，硝芳、登畲并入龙村，双头并入岐岭，小都并入横陂，大田并入长布，油田、平南并入河东。原硝芳镇葵嶂村并入黄洞村。镇级行政区划由26个调整为16个。村委会设置为411个，居委会（社区）设置34个。

2014年1月，原属七畲径林场管理的大光、径顶自然村增设为棉洋镇大光村。至此，全县辖16个镇（水寨、河东、转水、华城、岐岭、长布、潭下、周江、横陂、郭田、双华、安流、棉洋、梅林、华阳、龙村）、412个村民委员会、7954个村民小组、34个居民委员会。

五华县行政区划设置（至2017年末）

镇名称	村民委员会名称	村委会（个）	村民小组（个）	居委会（个）
水寨	员瑾、河尾、罗湖、犁滩、协和、良美、黄井、大岭、大布、上坝、坝美、大沙、高车、善坑、平湖、中洞、榕树、岗阳、坝心、澄湖、大湖、七都、莲洞	23	449	4

（续上表）

镇名称	村民委员会名称	村委会（个）	村民小组（个）	居委会（个）
河东	走马、增塘、苑河、苑堂、澄塘、东溪、太和、沙渴、宝瑞、下村、下一、高榕、下二、黄湖、河口、牛石、赛洞、布头、磜坑、三田、桂田、蝉塘、桂岭、罗塘、林石、枫林、联岭、平东、黎塘、黄坑、平西、黄泥寨、油新、下陶、浮湖、磜新、洋坑、万华、油田、化裕、和民、大嵩、高车塘	43	555	3
转水	畲维、维龙、益塘、新丰、畲荷、黄梅、青西、下潭、五星、青塘、长源、流洞、蛇塘、新华、新民、三源、黄龙、矮车、里塘、旱塘、枫林塘	21	425	1
华城	满堂、红星、高华、南方、兴一、城镇、董源、铁炉、葵富、兴中、新兴、高竹、万子、齐乐、维新、维西、湖田、西林、观源、塔岗、城东、黄埔、黄金、河子口、河亨、新二、新建、新四、民主、新一、新五、华安、新亨、洋田	34	1160	3
岐岭	罗经、朝阳、皇华、北源、荣贵、合水、凤凰、荣福、黄福、龙寨、联安、清溪、孔目、王化、鲁占、黄塔、塔星、龙岭、华源、荷梅、龙水、大蒲、双山、磜下、赤水	25	504	2

（续上表）

镇名称	村民委员会名称	村委会（个）	村民小组（个）	居委会（个）
潭下	杞水、南华、文里、福灵、模石、竹梅、龙田、乐道、品畲、汶水、上围、光华、新田、柏洋、布坪、锡坪、大玉、百安、中村、金石	20	315	1
长布	石础、蓝塘、长生、长安、琴塘、栋岭、横江、粘坑、金华、北洋、栋新、太平、源潭、梅塘、红旗、嶂下、大客、大径、大坑、福兴、高磜、五彩、樟村、青岗、中心	25	270	2
周江	新良、甘茶、龙堵、狮潭、兰鱼、黄华、冰坎、早成、蓝坑、联太、黄布、溪口、良宁、崀头、红源、增洞、利洋、桂子、龙洞、三河、利河、中兴	22	399	2
横陂	东山、新联、石下、章联、西湖、横陂、崇文、江南、超群、杨恩、红光、联长、华阁、夏阜、新寨、叶湖、近江、湖塘、长塘、增华、坑口、兴华、坝头、老楼、罗陂、东升、田布、长兴、安全、斑鱼、桐树、双联、贵人、增大、小都	35	569	3
郭田	湖华、磜下、碇南、龙潭、横塘、三坑、石团、布美、双光、郭田、坪上、蕉州	12	249	1
双华	黄径、禾沙、大陂、军营、冰塘、苏区、华拔、华南、竹山、虎石、福全、华东、公平、双华、矮畲、富美	16	254	1

（续上表）

镇名称	村民委员会名称	村委会（个）	村民小组（个）	居委会（个）
安流	学园、大九、双福、吉程、樟潭、龙楼、福龙、福陂、福华、完塘、三江、低坑、洑溪、东礼、福江、半径、半田、吉水、万塘、龙中、蓝田、福西、学少、青江、葵樟、五联、楼江、里江、长江、文葵、福岭、红山、联新、双径、大和、大同、联和、丰联、胜利、上布、河沿、石门	42	789	4
棉洋	群星、荣华、洛阳、新光、中新、琴江、红星、美光、竹坑、罗城、福城、联西、美田、葵岭、黎洞、棉洋、阳光、平安、绿水、唐纯、桥江、溜砂、水湖、双璜、富强、大光	26	674	2
梅林	新成、福新、福塘、新塘、黄沙、上磜、华光、招田、三乐、尖山、金坑、梅北、梅南、梅林、琴口、优河、梅东、宣优	18	417	1
华阳	高塘、红洞、莲高、社径、太坪、叶新、小拔、坪南、华阳、华南、华新、大拔、陂坑	13	329	1
龙村	梧溪、公联、杜坑、睦贤、龙村、金龙、樟华、塘湖、三湖、洞口、大坑、湖中、宫前、潭溪、石溪、柏溪、新艳、云溪、南洞、南中、水口、水南、兴民、黄洞、营田、老田、硝芳、南口、留畲、先河、吉祥、榕溪、翻新、黄狮、登畲、大梧、下滩	37	596	3
合计	全县辖16个镇、412个村民委员会、7954个村民小组、34个居民委员会			

第三节 革命老区概况

　　1922年10月，海丰县赤山约农会成立后，五华农民受到启蒙。1923年10月，魏宗元等到海丰县城参加彭湃召开的秘密会议，研究农民运动问题。1925年6月，五华县农民协会在安流成立。同年秋，中共五华特支在横陂成立。此后，农民运动以烈火燎原之势，从南到北，席卷全县。此时，农会建立，以自然村划为乡，全县仍分为8个区。至1926年春，全县8个区均成立了农会。农民运动推动了全县各级红色苏维埃政权的建立。1928年1月6日，龙村睦贤乡苏维埃政府成立，接着第八、第六、第五、第四区苏维埃政府相继成立。1929年12月，在各区、乡苏维埃政府普遍建立的基础上，五华县苏维埃政府在丰顺八乡山成立。1930年12月，五兴龙苏维埃政府成立。此时，区则划为一区（一区、二区、三区合并）、四区（四区、六区合并）、五区、七区、八区5个区，增加八乡山（九区）、水口（十区）、宋声（十一区）3个区，共有8个区。1931年5月，革命受挫，苏维埃政权相继丧失。

　　中华人民共和国成立后，党和政府始终十分关心老区建设，制定评划革命老根据地的标准和办法，使老区人民享受到应有的政治荣誉和经济待遇。根据1957年4月广东省人民委员会《关于评划革命老根据地标准的通知》精神，五华县被评划的革命老根据地村庄（管理区）335个。这些村庄分布在全县30个镇、255个管理区（即行政村），老区村人口542418人，占全县农业总人口的56%。革命老区村庄分列如下：

梅林：深新、深塘、深龙、华美、宣优、凹上、高洋、新梅、上塘、上南、径背、金城、胡岭、洞泥、米阜、三乐、万梧、洋塘、两口、蔡布、曾坑、米石、招田、尖山、磜下、优行、大河背、石顶上、河石、高塘、昌大、上告岭、下告岭、樟公坑、锡古塘、黄塘、塘背、南蛇甫、庵子塘、寨里、下排里、岭下排、中兴、陶下、中心。

双华：大陂、李塘、禾沙、陶屋、河东、河西、矮畲、布沙、军营、禾田水、龙狮寨、冰塘、河丁、雷公坪、华拔、华南、潮塘、贵塘、长江、福全、竹山。

郭田：碚头磜、南山下、龙潭、水背、粦坑、庵下、西陂、上光、下光、三坑、邓屋、西照、布尾、湖华、三甲。

龙村：高翔、黄金石、长源、龙塘、白梅、双龙围、坛福、鼓潭、大径、寸金窝、梧溪、新华、樟树下、睦贤、洋坑、玉鹅、凹上、莲塘、石凹、酒角寨、洞口、洋高洞、苏禾坪、洋高甫、旱田、高坪、花树下、耕公田、继竹。

华阳：曾子洋、高坪、岁古塘、曾洞、曲尺塘、祠堂布、照月岭、洋坊、社径、石碚里、竹陶前、高寨里、莲塘布、大龙、洞尾、塘头下、中心、鹅公塘。

周江：利坑、甘畲、横山下、狮子石张屋、联西、蓝坑、溪口、火烈田、宫背后。

中兴：河树冈、李角、锦光、凹头、排里凹、胡角、磜下、利东、利西、良宁上、桂子围、磜头、文兴、水口、黄塘、河洞、余洞、九龙、景光、排里、磜下、凹头下。

文葵：葵樟、葵丰、塘头寨、竹园、藕塘、堑下、长洋、岭尾、杨梅寨、三坑、高车、万屋寨。

平南：三田、礤坑、蝉塘、黄泥寨、桂竹园、湖里坪、合完、羊石角、葛田坪、黄坑、文甲塘、桃子寨、羌畲、排子上。

安流：完塘、念目石、社背冈、榕树背、社沾、甘塘、小塘、西坑、万塘、楼华、蝠婆、牛角塘、拐坑、樟潭、大九塘、聋耳寨、坑尾、三斗、仓下。

大都：乐和寨、山下、河背洞、园下排、岭头、上羌畲。

水寨：竹头塘。

油田：大嵩、岩前。

华城：柯树下、福山、下陶、畲下、寨桥。

潭下：光华、上华、白旱。

双头：石碣围。

锡坑：坝头、泥坑、枫塘。

棉洋：琴江、罗子塘、墩背岭、砂田。

桥江：河山、必塘、理书、上横、富梅。

硝芳：老田、红营、营曲、曲水。

登畲：大梧、黄畲。

1989年，根据省政府文件，全县被补评划为革命老根据地的村庄有55个，村名分列如下：

梅林：新成、福新。

龙村：洋石嶂。

华阳：坪南、吉逢窝。

周江：黄华。

安流：通尾、福华、锅口寨、蓝塘。

大都：耀山塘。

水寨：太和、河口。

油田：油新、油田、化裕、洋坑、万华、和民、高车塘。

华城：红星。

潭下：竹子园、乐溪、下畲、锡坪、鸭子田。

锡坑：长塘、坑口。

棉洋：中新、鹿坑、上洛阳、下洛阳、群星、红星、联西、平安、棉洋。

桥江：水湖、塘纯、绿水。

登畲：翻新。

长布：北洋。

大田：福兴。

岐岭：三多齐、高沙坑。

横陂：红光、联长、河东、华阁、夏阜。

小都：小都、贵人。

转水：青塘、圩窝里、伯公坛。

五华县革命老根据地基本情况表（1985年12月）

镇、村名称	老区村（个）	户数	人数	耕地面积（亩）	备注
梅 林	45	5191	30946	20238	整体属老区
双 华	21	3974	22868	15195	整体属老区
郭 田	15	2660	15184	10703	整体属老区
龙 村	29	3524	20715	12934	整体属老区
华 阳	18	1 831	10 173	6 433	整体属老区
周 江	9	711	4442	2478	整体属老区
中 兴	22	2147	13190	8835	整体属老区
文 葵	12	1627	9259	4718	整体属老区
平 南	14	1355	7501	5504	整体属老区
大 都	6	570	3 019	2 108	整体属老区

（续上表）

镇、村 名称	老区村 （个）	户数	人数	耕地面积 （亩）	备注
安　流	19	2569	14919	8146	整体属老区
水　寨	1	70	429	363	
油　田	2	494	2614	1055	
华　城	5	416	2256	1217	
潭　下	3	931	5111	3443	
双　头	1	51	290	124	
锡　坑	3	673	3891	2659	
棉　洋	4	678	3986	2181	
桥　江	5	803	4348	3414	
硝　芳	4	430	2730	2249	
登　畲	2	412	2579	1578	
合　计	240	31117	180450	115575	

第二章

五华党组织的初创和农民运动的兴起

第一节 两次东征在五华播下革命火种

1922年6月，广东军阀陈炯明背叛革命，调动其军队炮击广州观音山（即今越秀山）总统府，后被孙中山领导的国民革命军击败，退据东江一带，妄图在东江建立大本营，扩充势力，再次攻打广州，严重威胁着广东革命的开展。为此，在中共广东区委的推动和帮助下，广东革命政府决定组成东征联军，讨伐叛军陈炯明部，进行统一广东的斗争。

一、第一次东征

1925年2月1日，周恩来以中共广东区委常委兼军事部部长和黄埔军校政治部主任身份，率领黄埔军校学生军出发，参加东征。[①] 3月16日，东征军分三路向五华安流进军，左路由塘湖包抄安流，右路由葵岭进逼安流，中路由棉洋直插安流。军阀陈炯明在五华擅自选任官吏，私定苛捐杂税，巧立名目筹饷，开设赌场，包办烟土，侵占民房，强拿夫役，收容土匪，纵令兵士奸淫掳掠，五华人民早就恨之入骨。国民革命军举师东征，讨伐陈炯明，顺民心、达民意。因此，东征军一进五华，五华人民就送茶送饭慰劳，热情接待，农民手持粉铳、尖串（长矛）、耙头为

---

① 中共中央文献研究室编：《周恩来年谱（1898—1949）》（上卷），中央文献出版社2007年版，第74页。

东征军站岗、放哨，打探军情。五华90个农民主动报名，当东征军向导。东征军得到五华人民热情接待、支援，如鱼得水，士气大增，在周恩来等人指挥下，个个战士奋勇杀敌，敌人见势不妙，纷纷弃枪涉河，向鲤江、横陂方向逃窜。17日，东征军攻陷了县南重镇安流，追逃敌至锡坑、横陂。逃敌选择锡坑禁山冈、衣架顶山丘的有利地形，强拉附近乡村民夫，构筑工事，准备与东征军决一死战。为避敌锋芒，随军政治宣传员古大存建议巧袭五华县城，周恩来接受建议，亲率教导一团，在五华农会干部古月姐、陈三、古兆容等人引导下，绕道周江、龙堵，经锡坪、潭下、湖田等地，夜里行军100多里，抵华城东南2公里处五口塘。18日午夜，东征军何应钦团长指挥部队将华城东、西、南三面城门包围，张开北门一路待机歼敌。东征军乘夜晚漆黑俘获敌巡哨连长1人，经审讯，得知城内守敌没做战斗准备后，东征军马上命令共产党员李芝龙率部，化装成敌运输队，由敌连长引路，从南门突进，敌师长王得庆见南门被攻破，部属乱作一团，忙率部弃城向北门溃逃。东征军乘胜追击，大获全胜。此役，俘获敌师参谋长1名、行营副官多名，缴获机枪2挺、步枪六七百支、辎重及其他军用品一大批。据守锡坑、横陂之敌军，见县城失守，惧怕东征军南北夹攻，断其后路，马上率部往油田、兴宁水口方向逃窜，东征军乘势追击，大获全胜。

东征军攻占五华县城后，积极依靠和组织工农群众，将政治部政治宣传员分成3个队，奔赴全县各圩镇，开展宣传活动。通过组织演讲会、搞军民联欢、散发传单和小册子、教唱革命歌曲、张贴《革命军东征告各界人民书》《黄埔军校布告》等形式，认真宣传东征军出师的目的实为讨贼救民。东征军不拉夫、不筹饷、不强占民房，宣传工农民众之痛苦及其原因，揭露反革命残杀人民、为害地方的种种事实，号召广大民众组织起来，支持东征军，打败反动军阀陈炯明，统一广东。由于东征军纪律严明，所到之处，秋毫无犯，加上东征军耐心细致的政治思想工作，赢得了五华民心，鼓舞了五华人民投身国民革命。五华县城各界人士积极参加东征军的座谈会，热情发表自己的意见，以主人翁精神，组建了五华临时革命民主政府，推举办事公道、较有威望的温其藩为五华县县长。东征军在华城期间，还派人深入到五华县立中学，向教师、学生发表政治演讲，勉励师生要投身国民革命运动；组织发动县立中学的学生，成立新学生社，拥有社员30多人。以新学生社为核心力量，组成五华县学生联合会（简称五学联）。五华县学生联合会在东征军指导下，组成3个宣传队，深入到农村、圩镇、学校，宣传孙中山先生"联俄、联共、扶助农工"三大政策。经过东征军和五学联深入宣传发动，五华人民逐渐觉醒起来，纷纷起来揭发官僚地主张谷山、张柱孙、陈倬人等人欺压百姓、鱼肉人民的罪行。周恩来还根据学生、群众举报，扣留了侵占老县衙旧址的陈倬人和卖官鬻爵的张柱孙二人，责令大地主、地头蛇张谷山写悔过书，并警告其他地主豪绅要痛改前非，重新做人。东征军的革命行动，大长了五华人民的志气，大灭了地主豪绅的威风。东征军离开五华时，留下一小队学生军，协助县长、算账委员会整治五华社会劣风，清算全县各区、乡贪官污吏、地主豪绅剥削压迫人民的罪行。此时，五华的政治面貌焕然一新，平时欺压人民的反动人物销声匿迹；曾被人踩在脚底下的农民，昂首挺胸走在大路上。

二、第二次东征

1925年6月初，盘踞在广州的杨希闵（滇军）、刘震寰（桂军）公开背叛革命。东征军奉命回师广州平叛。军阀陈炯明残部乘机卷土重来，进驻五华，五华人民又一次陷入苦难之中。军阀陈炯明解散五华临时革命民主政府，赶走县长温其藩，任命其堂弟陈炯光为五华县县长，派兵进驻县党部，摧残各级农会，"围剿"农民自卫军，开征苛捐杂税，强勒军饷，农民无力缴交者，则指为盗匪卖田鬻子以偿，整个五华怨声载道。7月20日，安流区区长郭洪恩恃陈炯明部华振中旅屯兵该地之势，带兵围捕安流区农会会长胡汉奇、指导员张俊声和古心君等4人，用民船押往县城，拟交反动县长陈炯光处置。洑溪、万安、鹤园、长洋等乡农会获悉，组织100多农军追至牛麻潭截击营救成功，即乘胜反击安流区署，缴获步枪12支，释放胡日先等6名无辜被扣贫民。然后突袭华振中旅驻地三江书院，激战2天，打得敌人溃不成军，退据高石下。失败后的华振中旅，旋即勾结豪绅，率众重占三江书院，登高扫射民房，残杀人民。为消灭陈军，打击敌人嚣张气焰，县农会会长魏宗元调集安流、棉洋、梅林、龙村、华阳等地农军1000多人，于8月4日强攻三江书院，击毙敌参谋长陈铭勋。敌首眼见难以抵御农军攻势，忙急电求援，军阀陈炯明接到求救电后，急从兴宁调来一旅兵力增援华振中旅，猛扑五华农军。敌占据安流后，到处奸淫抢夺，滥杀无辜。据当时县农会负责人张冠球、古淑琴写给彭湃的报告中控诉道："自鲤鱼江至安流、棉洋50余里，万室皆空，断绝烟火。计被劫掠50余乡，被焚房屋100多间，被宰牛、猪400余头，被割去田禾400余亩。男女老幼被杀害者无数，尸骸遍野，哀声连连。要求国民革命政府速派兵镇压，以救万民。"①

1925年10月5日，广州国民政府起师第二次东征。10月27日，东征军第三师师长谭曙卿率部从紫金进抵五华华阳，五华人

---

① 中共五华县委党史研究室编：《中国共产党五华县地方历史》（第一卷），内部资料，1997年，第10页。

民热烈欢迎，自觉报名充当东征军向导，带领东征军向驻守在席草湖、马鞍山一带的陈军李易标部、黄业部、王定华部发起进攻。陈军以数倍兵力迎战东征军，战况激烈，东征军总指挥蒋介石即赴华阳圩宝林寺坐镇督战，因众寡悬殊，后援不及，致战斗失利，东征军损失严重，总指挥蒋介石在陈赓全连掩护下，脱离险境。10月28日，陈军黄任寰部再犯五华华阳，经东征军第二团官兵左冲右突，使敌人败退至五华罗经坝。此时，陈军林虎、刘志陆、李易标部主力在东征军第二纵队跟踪追击下，也从安流退守到棉洋罗经坝一带，妄图配合驻守在揭西的洪兆麟部，反攻东征军主力部队。周恩来、师长何应钦率部在河婆大破陈军洪兆麟部后，除留一团驻守河婆外，即率其余部队，乘胜追击洪兆麟残部至五华棉洋一带。根据敌军兵力部署情况，周恩来在安流三江书院召集第一、第二纵队干部研究，决定兵分三路围歼陈军主力。第一路由五华农会会员张亚昌等人带路，从大九塘进发；第二路由古大存带领由棉洋、平安出发；第三路由五华农军中队队长陈笑眉带路，从大都、竹山截击敌人。驻守棉洋罗经坝的陈军林虎、刘志陆、李易标及洪兆麟残部在东征军第一、第二纵队夹击下，向双华李塘径、葵岭方向败退，后遭东征军第三路截击，被包围在李塘径、葵岭一带。东征军将士奋勇冲击，破了陈军林虎部主力，共歼敌1万多人，俘敌6000人，缴获各类枪支5000余支、大炮6门，辎重不计其数。战斗结束后，周恩来于10月31日向国民革命政府告捷中写道："此役，五华'乡民助战，有若一家'。战绩显著，不亚于棉湖告捷，惠城获克！"[1]

10月28日，东征军第三纵队队长程潜率军攻陷龙川老隆后，

---

① 中共五华县委党史研究室编：《中国共产党五华县地方历史》（第一卷），内部资料，1997年，第11页。

急行军100多里，迫近五华县城。守城陈军林烈部仓促应战，东征军与其只交战6小时，便攻陷了五华县城。次日，东征军重组五华民主革命政府，指定钟慕良代理五华县县长，并出示布告，废除陈军规定的各种苛捐杂税，安抚乡民。乡民闻悉，笑逐颜开，聚集在县城学宫门前，举行东征胜利联欢会，参会人数达六七百人，盛况空前。东征军在会上号召五华人民团结起来，打倒军阀、地主豪绅，为翻身解放战斗到底。东征军为表彰配合作战有功的五华人民，特发给步枪120支、子弹万余发，支援五华农运。据省农会扩大会议宣言中述，海陆丰、五华为国民革命军东征的胜利，牺牲了500多人。五华人民为国民革命军统一广东作出了重大贡献。

周恩来两次东征到五华，带领东征军打倒了陈炯明军阀势力的反动统治，扫荡了政治障碍，加强了国共合作，推动了工农学生运动的迅猛高涨，对五华革命产生了深远影响。

中共五华地方组织的创建和发展

1919年五四运动后，广大五华知识青年为寻求救国救民的革命真理，纷纷外出到全国各地求学。1922年，就读于广东省立第一甲种工业学校的学生黄国梁，成为中共早期党员和马列主义的传播者、五华第一位中共党员、革命家古大存的入党介绍人、五华革命的先驱人物。他于1922年加入中国共产党，根据党史文献记载，此时全国仅有党员195人，其中广东就有党员32人。他入党后，同中共广东区委主要负责人周恩来、陈延年等人常有往来。

1925年年初，中共广东区委委任总务黄国梁担任国光书店经理及其所属的国民印刷厂负责人，开始大量印刷《共产党宣言》《帝国主义浅说》《新青年》等进步书籍，以及毛泽东的《农民问题丛刊》《湖南农民运动考察报告》及彭湃撰写的《海丰农民运动》等革命著作，促进了马克思主义在南粤大地的传播。身在广州的黄国梁，以国光书店经理身份，组织发动旅穗五华籍青年学生、打石工人、理发工人，成立五华旅省同乡会。黄国梁不但向同乡会会员介绍俄国十月革命的成功经验，还将《向导》周报和《中国青年》《马克思主义浅说》等进步书刊送给会员学习，启发他们起来革命。同乡会会员在他的启发教育下，认真钻研马克思主义理论，走与工农相结合的道路，积极参加革命，逐步锻炼为具有共产主义觉悟的无产阶级先锋战士。黄国梁先后介绍五华青年学生宋青、古大存、魏公杰、江杰夫等人入党、入团，成为五华第一批党组织成员。1924年年初，黄国梁派遣古大存组建五华青年同志会。暑期后，在青年同志会内设立共产党小组，成员有古大存、宋青、魏公杰、陈倬汉4人。在党小组的直接领导下，五华旅省同乡会、五华青年同志会先后出版了《新五华》《春雷》等刊物。他们把载有马克思主义文章的刊物，源源不断地寄回五华，供广大青少年学习，促进了马克思主义在五华的传播。

1925年3月，东征军播下的革命火种已在漆黑的五华大地上燃烧起来，五华农民纷纷组织起来，建立农民协会。五华农运迅猛发展，大大调动了五华旅穗青年的革命积极性，他们毅然放弃求学、求职机会，回到家乡参加农民运动。5月，宋青以新学生社特派员身份被派往五华安流工作，联系上古大存，与共产党员古云章一起，先后发展了古淑琴、梁嘉璧、张冠球、张焕球、魏弼汉、温伴樵等入党。同年夏初，他们在安流三江书院秘密成立党小组，推举宋青为党小组负责人，这是梅州地区成立的第一个党小组。中共五华小组的建立，标志着五华人民反帝反封建斗争进入了新时期。

中共五华小组成立后，便十分注意与工农运动相结合，积极挑选培养农运骨干，把一大批从农运斗争第一线涌现出来的思想觉悟高、立场坚定、全心全意为人民服务的农运带头人，吸收为中国共产党党员。至1925年7月，全县党员发展到20人，除河口区、水寨区尚无党员外，其他各区均有党员二三人。随着党的力量壮大发展，中共五华小组在横陂志安西药房楼上召开全县党员大会，将五华党小组改为五华县特别支部。经到会的20名党员民主选举，宋青当选为特支书记，魏公杰为组织干事，古淑琴为宣传干事，古大存为军事干事，古云章、魏弼汉、梁嘉璧、张冠球为特支委员。10月，宋青调往汕头团地委工作，中共五华特支书记由李国光接任。

1925年11月21日，广州国民政府任命周恩来兼任东江各属行政委员，主持惠（惠州）、潮（潮州）、梅（梅州）、海陆丰共25个县的地方行政工作。在周恩来关怀支持下，中共汕头地委成立了。中共五华特支遵照中共广东区委"要把党的基础建筑在乡农民协会上面"①的指示精神，一面在区、乡农会中积极发展党组织，一面选派共产党员魏挺群3人前往潮梅海陆丰农工人员养成所，参加汕头地委举办的首期党员学习班。1926年夏，中共五华特支带领五华农民实行"二五减租"，农民获益，党的威信空前提高，要求入党的农民愈来愈多。中共五华特支因势利导，抓紧培养发展党员，使党员人数迅速增至200人。1926年冬，中共梅县部委成立。1927年2月，梅县部委指派宣传部部长吴健民改组五华特支；改组后，宋青为书记，魏公杰负责组织，古大存负责宣传。

中共五华地方组织的创建、发展，是五华开天辟地的大事，标志着五华革命领导核心的形成。五华人民从此在中国共产党直接领导下，为根本改变被压迫、被剥削状况，实现人民当家作主，开始了艰苦卓绝、不屈不挠的斗争历程。

---

① 中央档案馆、广东省档案馆编：《广东革命历史文件汇集（1921—1926年）·中共广东区委文件》，内部资料，1982年，第298页。

轰轰烈烈的五华农民运动

1922年10月，被毛泽东称为"农民运动大王"、中国农民运动的先导者彭湃，在海陆丰建立了广东第一个村级农民运动组织——海丰赤山约农会。彭湃在海陆丰推行"谋农民生活之改善，谋农业之发展，谋农村之自治，谋农民教育之普及"的农运纲领，深得民心。在海丰的五华农民、工人，闻风而动，热烈响应彭湃号召，积极加入当地农民协会。他们领到农会会员证后，努力学习，积极工作，受到了海丰农民的爱戴和拥护。五华工人古兆容、赖观善分别担任海丰沙浦乡农会会长、梅陇区工会会长。他们经常找五华挑盐农民谈心，宣传革命运动的道理，并将农运宣传资料带回五华。

1923年，五华青年魏宗元、万维新、张治平、彭惠民、缪冠如、缪育宏等人纷纷前往海陆丰参观学习，聆听彭湃农运报告，了解海陆丰农民运动的情况。参观学习回来后，他们又认真宣传海陆丰农民运动。1923年12月，彭湃与林甦、李劳工等到五华宣传组织农民协会。在海陆丰农运影响下，五华农民仿照海丰办法，在梅林、龙村、安流、鲤江等地农村自发组建村农民协会。中华人民共和国成立后，古大存回忆道："五华最初的农会是农民到海陆丰挑盐头挑回来的。"[1]后来，受海丰

---

① 中共五华县委党史研究室编：《中国共产党五华县地方历史》（第一卷），内部资料，1997年，第19页。

"七五"农潮的不利形势影响，自发建立起来的村农民协会又自行解散。

1924年1月，在中国共产党的推动下，国共两党实现了第一次合作。为了培养农运骨干，经彭湃等倡议，国民党中央执行委员会决定在广州开办农民运动讲习所，聘请毛泽东、周恩来、彭湃等人讲课。在彭湃等人介绍下，五华青年魏宗元、洪春荣、魏权、温家思、廖映球、廖复根等人参加了广州农讲所的学习。中共广东区委、共青团广东区委派出一批党员、团员以特派员身份深入到各县加强农民运动领导，省农民运动委员会派出农民运动特派员21人奔赴各县指导农民运动。

1925年，经两次东征军在五华宣传鼓动，五华农会的建立条件已经成熟，时机已经到来，农民运动从乡到区到县逐步开展起来。

一、五华县第一个农民协会——登畲鳌背乡农民协会

1925年3月，参加广州农讲所第三期学习的温家思在东征途中写信给家乡父老，要求家乡父老同心协力，迅速组织农民协会，迎接东征军到来。登畲鳌背乡（今大梧）农民立即响应，报名参加农会，成立了五华县第一个乡农民协会——登畲鳌背乡农民协会。协会拥有会员三四十人，会员一致推举温进池为会长，温妙良为副会长，温模初为秘书，温彬汉为农民自卫军队长。成立后，由秘书温模初执笔，写成书面报告，送省农民部审批。3月28日，鳌背乡农民协会收到省农民部批示及颁发的"五华县鳌背乡农民协会"木质印章一枚、犁头红旗一面、金属奖牌一块。30日，鳌背乡农会在该乡学校门前召开大会，隆重举行授旗授印仪式，第一面犁头红旗在五华上空高高飘扬。

鳌背乡农会是五华县新民主主义革命时期第一个有组织、有

领导的新型农民组织，它的建立揭开了五华农民反帝反封建斗争新的一页。

二、五华县农民协会纷纷成立

1925年4月6日，广州农讲所第三期毕业生魏宗元等人回到五华，深入五华南片一带农村，挨家挨户，串联发动，散发农运宣传手册，号召农民组织起来，先后建立登畲、硝芳、梧溪、龙村、梅林等乡农会。5月下旬，宋青、魏宗元先后到了安流，住在"其昌兴"店里，筹备农会会员代表大会，并在店门前挂上"五华县农会办事处"牌子。1925年夏初，中共五华小组创建。五华党组织从创建之日起，就把农运工作列入党的主要议事日程，经认真研究，决定在安流东灵寺召开五华县第一次农会会员代表大会。5月28日，数百名农会代表，高举三角小旗，扛着土炮，拿着粉铳、尖串、耙头涌向安流东灵寺。大会由党小组负责人宋青主持，魏宗元向大会作了筹备五华县农会工作报告，张冠球向大会作了五华县农运工作报告。经到会代表热烈讨论酝酿，张冠球被推举为五华县第一任农会会长。最后，由宋青授牌，宣告五华县农民协会成立。县农会成立后，带领全县农民开展了一系列政治斗争和军事斗争。他们先后参加统一广东的第二次东征，开展禁止米谷出县境、"二五减租"斗争、反抗民团苛抽、反抗高利贷、维持地方治安、抗捐、反抗土豪劣绅、禁赌、筑路、兴办福利事业等活动。

1925年7月，在县农会指导下，五华八区在龙村圩召开有5000人参加的农民武装大会，成立五华县第八区农民协会，魏质君任会长，温伴樵任副会长。此时，中共广东区委又指派古大存以省农会特派员身份回到五华，加强对五华农民运动的领导。古大存不辞劳苦，马不停蹄携带农运宣传大纲、《犁头周报》、农运宣传标语和小册子等深入五华上山（五华南部称为上山）十约（乡）各家各户，与贫苦农民座谈，发动农民加入农会。经他一个多月的组织发动，很快建立了90多个乡农会和一批工会。随着乡农会不断扩展，农民入会人数愈来愈多。五华县农会执行委员分头下到第四、第五、第六、第七区，发动农民组织起来。在县农会指导下，先后建立了第四区农民协会，会长为古仲颜；第五区农民协会，会长为曾天佐；第六区农民协会，会长为魏珍儒；第七区农民协会，会长为胡汉奇（后张骏声）。7月中旬，中共五华特支在安流东灵寺召开五华县第二次农会会员代表大会，改组五华县农民协会；改组后，魏宗元任县农会会长，古邹鲁任副会长，古淑琴任秘书。在中共五华地方组织的领导下，五华农运迅猛发展，全县农会会员达41419人，人数排在全省各县的第四位。

1926年2月，中共五华特支在安流东灵寺召开全县农民代表大会。特支书记宋青在会上作了整顿农会的工作报告，经到会农民代表选举产生了新的县农会领导机构，宋青为会长，古大存为副会长（兼军事部部长）。会后，各区、乡农会根据县农代会精神，进行了一次认真整顿学习，总结经验教训。通过学习、总结，各级农会健全了各种规章制度，增强了农会战斗力。与此同时，五华县农会在区下面设联乡办事处，在乡农会内部秘密成立大同会，作为农会的核心力量。

1926年4月，先后建立第一区农民协会，会长为李秀君；第二区农民协会，会长为罗茂圻；第三区农民协会，会长为张辉甫。为便于对全县农会的组织领导，五华县农民协会将办公地点由安流迁至五华县城。5月1—15日，古大存、古云章、张治平、胡德隆等10位五华代表赴广州出席广东省第二次农民代表大会。会议结束后，代表们回到五华，积极介绍省农代会盛况，宣讲省农代会宣言，宣传农民运动在国民革命中之地位，公布废除地主苛例、取缔高利贷、废除苛捐杂税、工农大联合等21项决议，并颁发省农会制定的会员证及农会章程。广大农民倍感振奋，再次掀起农民入会的高潮。至1926年10月底，全县共建立350多个乡农会、15个联乡办事处、8个区农会，全县90%的农民都加入了农会，全县30多万人，会员达6万余人，占全县总人口的五分之一。全县到处犁旗飘扬，形成了如火如荼的农民运动局面。此时的五华，继海陆丰后成为东江、梅江两江地区农民运动的中心，也是粤东地区重要的农民运动策源地。

第四节 **组建农民武装，开展针锋相对的斗争**

五华是梅州地区最早成立工农武装的县。1925年夏，中共五华小组成立后，在领导农民运动中，十分注意引导农民群众强固自身的组织，坚持两手抓：一手抓农会发展，一手抓农民武装建设。中共五华特支成立后，就由特支委员古大存担任军事干事。古大存等领导人积极组织发动五华青壮年参加农民自卫军，开展军事训练。东征军奖给五华人民枪支弹药等武器，支援五华农运。五华党组织还招收全县各地20多名枪械修造工人，开设兵工厂，修造枪弹武装农军。各区、乡也相应建立起农民自卫军中队、小队，所有农会会员都是自卫军成员。县、区、乡农民自卫军的建立和发展，成为五华农民运动的保卫者和农民协会的坚强柱石。

一、大革命时期的五华地方人民武装

（一）五华县农民自卫军

1925年3月30日，乡农民自卫军在登畲鳌背乡成立，这是五华县第一支乡农民自卫军，队长为温彬汉。7月，第八区农民自卫军第一中队成立，队长为温伴樵。10月，五华县农民自卫军成立，总负责人为魏宗元、古大存。

（二）五华县农民自卫军常备大队

1926年10月，五华县农民自卫军常备大队成立，曾伯钦任大

队长，陈笑眉任副大队长。下设3个中队，古松柏、甘斗、彭镜生、古前、陈子文分任正、副中队长，各区设常备中队，计2000多人。为训练农军骨干，同月成立农民自卫军模范队，由黄埔军校生李斌任队长，邓一、贺民教任教官。1927年5月，农军成立3个大队、9个中队，另编1个模范中队、1个模范区联队和1个教导队。农民自卫军常备大队旋即改编为广东工农讨逆军五华县大队，古定欧任大队长。6月，又改编为该军第七团队，古大存兼任团长。

农军起初没有常备武装，只在抗租时集合，平时则各自在家干活。这些地方人民武装的组建，有力地支持了与地方反动势力的政治斗争和军事斗争，促进了五华农运斗争深入发展，开创了五华农运斗争的新局面。

二、五华农民武装组织参与的主要革命武装斗争

（一）禁止米谷出境斗争

1926年3月，正值春荒时节，五华地主与奸商串通一气，提高米价，贩运粮食出县境，造成县内粮食市场有价无市。中共五华特支决定由县农会出面，出示禁止本县米谷出境的布告。几天后，代表地主阶级利益的新县长上台，取消米禁。为解决农民度荒，古大存以国民党县党部的名义，在华城召开农、工、商各界人士200多人参加的会议，会议一致同意禁止米谷出境。对此，河口乡农会首先行动，组织农民在琴江河与五华河交汇处设卡，截留外运粮船，接着安流、水寨农会也派出两三百名农民自卫军分陆路、水路拦截出境粮食。十多天内就拦截粮船七八百艘，迅速控制了粮食外流局面。国民党县政府闻悉后，则派武装勒令将粮船放行。古大存亲率农民自卫军3个中队200多人赶到河口劝阻。国民党县政府见武装押运不成，改向东江各属行政委员诬告

五华农会煽动农民造反，派1个团前来五华县河口圩"剿办"。古大存等县农会领导人则动员各区、乡自卫军1000多人驻守在河口圩至牛头石一带。为达到禁止米谷出县境的目的，古大存主动提出和谈。双方经3天谈判，最后达成一致意见：暂扣的七八百艘粮船，查实属外地的180多艘准予放行，剩下属五华的粮船，一半由县农会没收平粜给贫苦农民度荒，一半由县政府平价转卖给农民；所得粮款，一部分供县政府作经费，一部分给该团作军饷。至此，一场由五华地方党组织主导的、由县农会执行的禁止米谷出县境的斗争取得胜利，大长农会威风，增强了农民斗争的信心。

（二）开展"二五减租"斗争

1926年2月，全县农民代表大会在安流东灵寺召开。会议号召工农团结起来，打倒帝国主义，打倒贪官污吏，打倒土豪劣绅，实行"二五减租"，改善人民生活。1926年夏收时，全县普遍实施"二五减租"，特别是梅林、龙村、安流、硝芳、登畲等地减租进行得最彻底。

1926年3月，国民党五华县政府指派催粮差使钟谦吉等十多人，前往水寨各乡勒捐苛税。水寨区农会闻悉，副会长廖会文马上率领农民自卫军赶赴现场，责问钟谦吉等人为什么要乱征苛税。催粮差使倚仗官威，对农会干部的责问置若罔闻。农民对这些狐假虎威的催粮差使早已恨之入骨，见他们蛮不讲理，怒火冲天，狠狠地揍了他们一顿，并把他们押解至安流县农会拘禁。五华首次抗捐斗争的胜利，鼓舞了五华农民的斗志，从而点燃了"二五减租"斗争的烈火。

1926年夏收，鲤江地主张国开、张来先到莲塘乡收租，特制了几个在原来的租斗上再加二成半的大租斗进行量谷收租。名义上为农民减租二成半，实际上却一分未减，农民愤而将其租斗砸烂烧毁，使他们丑态百出，威风扫地。双头乡地主曾水禄、曾泗安父子，收租兼放高利贷，手段毒辣，横行乡里。农会会员就把曾泗安捆绑起来，逼他写了悔过书，才将他释放回家。水寨地主李其二（又名阎王二）带领两名打手到横陂化族乡（今联长）邱、赖、谢、郑姓等小姓人口聚居的地方收租。乡农会闻讯后，会长魏彩谦带领几名农军战士奔赴现场，将麻绳往阎王二脖子上一套，拖着往乡农会办公地走。阎王二见势不妙，忙下跪求饶，哀求"照农会减租"。

"二五减租"斗争，触及了地主豪绅的利益。反动头子张谷山召集地主豪绅陈倬人、张柱孙、李寿眉、温伯洲、张谷初、胡凌波等人开会，商量对策。会后，他们组织"资本团"，推荐大地主李寿眉为团长；还出钱纠集原军阀陈炯明部旅长张伯洲残兵五六百人，组成五华县警卫基干大队，张九华为大队长，以大田为据点，进行武装收租。

为镇压"二五减租"斗争，五华"资本团"进行悬赏：擒获农会首领者赏200块银元，擒获与农会有关系的人赏20块银元。在五华"资本团"的策划下，张九华统率五华县警卫基干大队和各乡民团2000多人，向五华一区、二区、三区农会大举"进剿"。仅在10天之内，地主豪绅反动武装就血洗了20多个乡村，捕捉农会干部、农军战士26人，打死打伤农会干部、群众21人，烧毁房屋数百间，杀猪、牵牛无恶不作，搞得所有乡村鸡飞狗跳，号哭不止。此时，五华党组织急从安流、横陂抽调农军数百人，支援一区、二区、三区人民抗击敌人。彭湃派黄埔军校毕业生李斌、邓一（均为共产党员）和贺民教3人到五华，帮助五华农会训练农民自卫军，提高农民武装政治、军事素质，做好反击敌人的准备。

1926年夏，登畲反动地主温伯洲纠集匪徒200余人，偷袭革命据点龙村梧溪乡农会，堵截要隘，四方包围，用枪扫射无辜农民。面对地主豪绅反动武装的暴行，梧溪乡农会动员全乡农民，拿起粉铳、大刀、长矛等武器，进行坚决反击。在附近各乡农军支援下，温伯洲等人被打得人仰马翻。为了保护人民生命财产安全、保卫农会、坚持"二五减租"斗争，梧溪乡人民便在村口路上、山冈筑起碉堡以防敌人再度袭击。失败后的温伯洲，发誓要铲平梧溪乡农会，便勾结硝芳地主温明叔等人，纠集大批地主豪绅反动武装，向梧溪乡农会发动40多次连续围攻。但在梧溪乡人民团结战斗下，敌人仍以失败而告终。

1926年8月29日，棉洋葵岭地主胡凌波、胡裕孙率领地主豪绅反动武装200多人，到双华的华拔乡进行武装收租，勒迫农民上缴租谷160多担后打道回府。大都联乡农会办事处获悉后，马上组织农民200多人，赶至禾沙径，与虎石乡农军夹击，将这批地主豪绅反动武装打得落花流水、抱头鼠窜，夺回了全部租谷，归还农民。

1927年1月，潭下百安乡地主田公范与光华村地主张致祥统率两乡地主豪绅反动武装700多人，分三路突袭光华村农会。光华村农军拿起粉铳、大刀、长矛等武器奋起反击，与敌激战一天。在敌强我弱的形势下，光华村农军分队长卢锦添、卢阿华统率13名农军战士，退守到村内一间屋里，与敌激战3小时，最终因弹尽援绝，全部壮烈牺牲。

"二五减租"斗争的胜利，大大提高了农会威信，鼓舞了农民斗志。如安流念目石农民胡日先不但带领全村农民办农会，进行"二五减租"、取消一切苛捐杂税斗争，而且还动员其妻儿等4人参加革命，甚至其13岁孙女胡木英也不甘落后，当上儿童团团长，为农民武装站岗放哨。胡日先全家原18口人，为革命牺牲了3人（后被追认为烈士），至中华人民共和国成立后仅剩下4人。

（三）扣押处决反动头子张谷山

1927年1月，五华县农会组织县、区、乡农民自卫军和县模范队1000多人，攻打反动"资本团"巢穴——潭下新圩。农军攻陷新圩后，张九华、张桂开又纠集地主豪绅反动武装800多人，分两路"进剿"五华农军指挥部——潭下百安乡。在五华农军多次英勇反击下，张九华、张任才统率败残之部龟缩于双头石碣围村。五华农军常备大队三四百人，乘胜追赶，将敌围困在石碣围道安楼里。农军采用车轮战术，对敌展开政治攻势，经十多天围困，敌兵士气低落，缺粮断水日趋严重，敌首便率残部乘春节期间的一个星夜开门潜逃，农军乘势追击，毙敌二三十人，缴获步枪20多支。

农军与地主豪绅反动武装在双头、石碣围、光华村、潭下等地维持了4个月的拉锯战。为巩固国共两党合作的统一战线，减少损失，安抚受摧残群众，中共五华特支研究决定派人跟国民党右派县长胡谆和"资本团"、警卫基干大队的幕后策划者张谷山谈判。1927年2月，古大存以国民党五华县党部名义，将国民党右派县长胡谆、"土皇帝"张谷山请到县城天后街晏赖庙商会开会谈判。会上，古大存理直气壮，厉诉张九华率领的县警卫基干大队在五华犯下的滔天罪行，指出这支队伍原属陈炯明在大田留下的军阀武装，应依法予以取缔，受摧残的群众应由县府和"资本团"给予救济抚恤。国民党右派县长胡谆听完，摆出县太爷架势，指责县农会多次挑起事端，是违法越权行为。张谷山在胡谆怂恿支持下，更加盛气凌人地诬蔑说：五华农会目无法纪，到处扰乱治安。[①]面对张谷山的嚣张气焰，古大存立即命令李斌、张

---

① 中共五华县委党史研究室编：《中国共产党五华县地方历史》（第一卷），内部资料，1997年，第32页。

权、甘鹏等4人，将其扣押，解往五华县农军指挥部——潭下百安双利屋监禁。

张谷山是华城湖田人，由于他肆意横行乡里，鱼肉人民，左右县政，五华人民称之为"土皇帝"。张谷山被县农军扣押后，五华"资本团"以宗族关系，用重金收买策略，分化瓦解中共五华地方组织。中共五华特支委员、县农会职员张冠球，中共安流分支部书记、区农会会长张访箕，罗经坝乡农会会长、中共党员张彩文，被"资本团"以6000块银元重金收买，叛变投敌。张冠球等人打着"救张谷山就是救张族"[1]的口号，煽动罗经坝乡民向农会进攻，致使罗经坝附近的6个乡农会受到摧残。张冠球等人不但勒迫这些乡民加入其新农会，而且还秘密布置流氓惯匪张亚有统率16个人"支援农军"，从安流乘船奔向百安前线。由于张亚有一伙营救张谷山的阴谋诡计为县农会所掌握，古大存即派李斌率农军小队，将计就计，佯装到转水潭公庙河边欢迎他们，将其截获、缴械、扣留并全部处决。张冠球见阴谋败露后，暴跳如雷，亲率叛徒武装600多人开赴大田，图谋会合张九华部与农军决一死战。古大存即带领农军将敌截击于途中，敌受农军突袭，惊慌失措，拼命逃窜。张冠球见势不妙，率300残兵仓皇逃回罗经坝。此役俘敌百余人，缴枪200余支、子弹几千发。"四一二"反革命政变后，国民党右派政府派遣宋世科团疯狂"进剿"五华。在恶劣的政治环境下，中共五华特支应广大人民的要求，将罪大恶极的"土皇帝"张谷山处决，五华人民拍手称快。

---

① 中共五华县委党史研究室编：《中国共产党五华县地方历史》（第一卷），内部资料，1997年，第32页。

反击国民党右派的斗争

1927年，蒋介石发动"四一二"反革命政变后，大肆搜捕和屠杀共产党人及革命群众。在白色恐怖下，五华的政治形势日趋严重，中共五华特支领导的农民运动成为国民党右派政府的眼中钉、肉中刺。面对五华险恶的政治环境，五华人民在古大存等人的带领下，开展了一系列革命斗争，有力反击了国民党右派的进攻。

一、横陂解围战

1927年4月15日拂晓，宋世科团接到广东国民党右派政府密令，会同五华县警大队1000多人，包围五华县农会驻地——横陂圩，古大存率领的模范队被困在里面，情况十分危急。当时住在横陂圩恰兴店的万淑君，听到枪声后，冒着生命危险，越过敌人的枪林弹雨，突围呼救。横陂各乡农会接到信息后，到处奔走呼喊："不好了，县农会会长古大存等人被围，快去解救啊！"[1]这样户传户、村传村、寨传寨，风驰电掣般集结了横陂、锡坑、安流、鲤江各乡农民自卫军1万余人，直奔横陂圩解围。为了拖住敌人，赢得时间，等待援军的到来，古大存采用迷惑敌人的

---

① 中共五华县委党史研究室编：《中国共产党五华县地方历史》（第一卷），内部资料，1997年，第35页。

战术，指挥农会干部十多人，固守益和当铺。古大存依据当铺墙厚坚固的特点，指挥农会干部东放一枪、西射一弹，楼上楼下齐开火。敌团长目睹当铺四周上下都有农军把守，感到一时难以攻陷，便命令一部分敌军爬上当铺附近店铺瓦面上，居高临下，向四周农军扫射。驻守在横陂圩下街的县模范小队，发现敌人从瓦面上匍匐向当铺移动，马上集中火力，向敌人扫射，当即击毙几名敌人。楼下的敌军官用枪压阵，命令其部卒向屋顶发起第二次冲击。12名模范队队员英勇战斗，迫使敌人后退。敌团长见进攻受阻，便转为火攻。从横陂圩附近农民家里抢来柴草，浇上煤油，准备烧毁益和当铺。此时，古大存当机立断指派县农会干部卢觉民，化装成挑水的店员，从小门突围，发动横陂有名望的父老、绅士阻止焚烧益和当铺。在农会干部卢觉民等人发动下，横陂几十名父老、绅士纷纷向敌军提出抗议，竭力阻止他们焚烧当铺。正当敌团长宋世科犹豫之际，1万多名农军从四面八方蜂拥而来，将敌人重重包围。敌团长宋世科见势不妙，便命令部属向田心、联长方向撤退逃命。当敌逃至联长时，又遭联长农军伏击，被前后夹攻追至十余里外，古大存等农会领导人得以解围。

此次解围战，打死、打伤敌人十余名，俘敌2人，缴获战利品一大批，农军战士4人光荣牺牲。横陂解围战的胜利，揭开了中共五华地方组织领导农民武装，反抗国民党反动派斗争的序幕，威震粤东北地区。

二、反击国民党右派的"扫荡"

国民党右派突袭横陂失败后，即派1个师到五华"扫荡"。五华"资本团"在国民党右派政府纵容支持下，气焰更加嚣张。张九华等人统率地主豪绅反动武装疯狂向农会进攻，大肆实施残酷政策，仅1个多月，就有200多个村、十多万人遭殃。1927年

5月，损兵折将的国民党宋世科团卷土重来，尾随五华农军常备大队进驻安流，会同张九华统率地主豪绅反动武装1000多人，四处寻找五华农军常备大队决战。为避敌之锐气，古大存指挥农军撤至龙村、梅林山区，以小分队形式与敌周旋。敌军到处扑空，恼羞成怒，便将农运领导人古大存家乡优行村包围起来。敌军窜进村子后，把农会干部和农民抓起来严刑拷打，杀死近100人，放火烧毁民房551间，使优行村人民无家可归，流落他乡。在五华严峻的革命斗争形势下，共产党人宋青、魏公杰、缪玉如等人，对革命失去信心，遂施行裁减农会武装人员的退让政策，结果仅留1个小队武装。中共五华地方组织为挽救五华时局，在梅林庵子塘召开战地会议，古大存等人采取果断措施，分头下乡，宣传发动群众，恢复武装。此时，中共广东区委派曾天节（后改名曾勋）率黄埔军校学生古日晖、廖瑞平、李柏存、甘志英、郑宏模、张春华、刘曲平等回到五华，协助古大存重振旗鼓，将梅林、龙村农民自卫军骨干集中于梅林梅冈寺整训，由教导队队长古怀负责训练农军骨干。

三、配合海丰工农讨逆军攻陷安流

1927年5月，吴振民、杨石魂率海丰工农讨逆军1000多人北上武汉，途经五华。古大存即带队与之配合，兵分三路夜袭安流驻敌——宋世科团及张九华统率的地主豪绅反动武装。经过一夜激烈的街巷争夺战，大获全胜，歼敌500余人，缴获枪弹一大批。海陆丰工农讨逆军攻陷安流后，在安流圩各街道散发革命传单，召开庆祝捷报大会，大造革命舆论，号召五华人民团结起来，打倒蒋介石。当即，群情振奋，勇气倍增。各乡青壮年纷纷报名参加农民自卫军常备大队，农民武装力量比"四一二"反革命政变前增强了3倍，并在安流建立五华县革命委员会，李国光任主席；广东省肃清反革命委员会五华分会，李国光任分会长。中共五华特支筹集1万多元给海丰工农讨逆军，作北上费用。五华县革命委员会成立后，将五华农民自卫军常备大队改编为广东工农讨逆军五华县大队，古定欧任大队长，各区、乡农民自卫军改称为赤卫队。6月，广东工农讨逆军五华县大队扩充为广东工农讨逆军第七团队，古大存兼任团队长；全团2000多人，拥有枪支600多支。五华县革命委员会另组织一支五华县赤卫模范队，古定欧任队长。由此五华初步形成了正规军和赤卫队相结合的人民武装体制，使五华农民运动有了坚强的支柱。

四、成立五华救党分会，开展地下斗争

1927年5月，以蒋介石为首的南京国民政府密令"清党"。6月，五华的国民党右派到处造谣说原国共合作的国民党五华县党部是"赤匪"，并大肆攻击说原县党部纵容包庇农民造反，要进行改组。他们秘密成立以魏冠怀、张访箕、张冠球等人为主的五华"清党"委员会，印发南京国民党中央"清党"委员会制定的"清党"六条原则及"清党"宣传大纲，发至全县，大造反动舆论。同月，国民党五华右派在华城主持召开的五华县党部第四次代表大会，致使国民党右派分子纷纷进入国民党五华县党部，将原县党部执行委员中6名共产党员全部排挤出去，改由魏冠怀为国民党五华县党部执行委员会常务委员。至此，五华第一次国共合作宣告破产。此后，五华国民党右派不断派出军警包围中共五华地方组织和农会所在地，到处搜捕共产党人和革命同志，疯狂屠杀共产党员、农会干部、农民武装领导人、战士及革命群众，企图把中国共产党领导的农民运动镇压下去。据不完全统计，全县被捕杀害的烈士达103人，革命群众数百人。7月15日，以汪精卫为首的武汉国民政府公开背叛革命，五华的反动"资本

团"、新农会及其豢养的县警卫基干大队更加猖獗起来，疯狂围攻工农讨逆军、赤卫队，全县革命形势十分险恶。在白色恐怖下，五华特派员吴健民离开五华，中共五华组织接连受到破坏，五华大同会被迫解散。尽管革命遭受严重挫折，但是中共五华特支并不气馁，重新分析斗争形势，成立了五华县护党救国分会（救党会），制定五华救党组织大纲，推举共产党员卢觉民、张国英分别为分会正、副会长，全县会员达五六百人；还在各区设立救党支会，设支会正、副会长各一人。从此，五华救党分会成为中共五华地方组织的外围组织。五华救党分会在中共五华特支直接领导下，与反动的孙文主义学会及反动的国民党县政府当局展开了针锋相对的斗争。

第三章

红色政权的建立和工农武装革命暴动

第一节 成立中共五华县委，迎接南昌起义大军

1927年4月15日横陂解围战后，五华政治局势陡然逆转。国民党当局派兵1个师"扫荡"全县1个多月，200余个村遭袭。疯狂的宋世科团又移驻安流。五华南片的反动官僚、地主豪绅张彩文、钟问陶、李寿眉、温伯洲、邹火秀、刘荫郊、甘秀峰等人，乘势互相勾结，联合起来摧残农会，致使五华赤色区域陷入腥风血雨中。在这严峻形势下，党内投机分子产生动摇，将农民武装裁减，仅剩下1个小队。为扭转五华局势，5月，中共广东区委指派曾天节（后改名曾勖）率黄埔军校学生古日晖、廖瑞平、李柏存、甘志英、郑宏模、张春华、刘曲平等人回五华，协助五华党组织重振旗鼓，扩展农民武装，举行武装暴动。

1927年8月1日，周恩来、贺龙、叶挺、朱德、刘伯承等领导的国民革命军2万余人，在南昌举行武装起义，打响了武装反抗国民党反动派的第一枪，开创了中国共产党独立领导革命武装斗争的新时期。8月3日至5日，起义军辖下的第九军、第十一军、第二十军先后撤离南昌南下广东，中共中央随即决定广东省委即刻以全力在东江接应。根据中共中央的指示，中共广东省委不失时机地做好策应工作。此时，正是大革命失败的关键时刻，为加强党对土地革命的领导和做好南昌起义军南下广东的策应工作，中共东江特委指派刘琴西到五华，改组五华特支。在梅林琴口村庵子塘成立中国共产党五华县委员会，曾勖为书记，卢觉民负责

组织，李国光（未到职，由古云章担任）负责宣传，古大存负责军事，宋青、李斌、魏挺群、古云章、刘志英、古日晖、廖厚岳、陈笑眉、张国英为委员。中共五华县委成立，标志着中国共产党组织在五华进入新的发展时期，成为开创和坚持五华革命斗争的领导核心。

1927年9月中旬，南昌起义军进军东江的消息传到五华后，中共五华县委立即做出了策应南昌起义军作战的3条决定：发动和组织2000人以上的农民武装力量，随时准备策应起义大军作战；指派曾勋、魏挺群两人前往汕头与起义大军联系；组织革命军、农民武装集中于安流、双华一带，由古大存统一指挥，组织武装力量，打击地方反动势力，迎接南昌起义大军到来。9月21日天未亮，县委书记曾勋和古大存指挥农民武装1000多人，乘南昌起义之势，分三路围歼罗经坝叛徒武装。叛徒张冠球、张彩文等人率领其部属，在棉洋天柱山据险固守。那时，天刚蒙蒙亮，工农讨逆军已近天柱山，敌见状，一时惊慌失措，忙拿起枪乱射。古大存率领工农讨逆军坚持战斗，敏锐地分析道："敌人居高临下，快转移分散到侧面去，不要正面对着敌人的火力！"工农讨逆军迅速地避开敌人的正面火力，迂回分散到敌人后侧，双方激战至黄昏，古大存见一时难以取胜，为保存革命实力，率部主动撤回安流驻地。9月底，古大存率工农讨逆军200余人，到猴子崈配合南昌起义大军作战。

中共五华县委成立后，县委领导认真分析了全县的局势，做出了大力发展党、团组织，举行武装暴动，扩大党的政治影响的决定。为落实好决定，中共五华县委实行委员分片包干责任制，将五华划为南、北两片，古大存、宋青、古云章负责五华南片工作；曾勋、卢觉民、魏挺群、廖厚岳、刘志英负责五华北片工作。县委委员分头下到各片，以点带面，努力建设党的基层组织，壮大党的队伍。经过3个月的艰苦努力，五华党员发展到200多人，并先后组建中共五华县第四区委员会，李辉光任书记；中共五华县第六区委员会，魏挺群任书记；中共五华县第七区委员会，蔡家俊（海丰人）任书记；中共五华县第八区委员会，古江任书记。至1928年1月，全县党员发展到1209人。中共五华县委根据上级指示精神，将广东工农讨逆军第七团队改称为广东工农革命军东路第七团，古大存任团长。全团200多人，拥有各种枪支600支，废除了青天白日旗，改用红旗，以斧、镰为标志。

1928年11月，曾勘调离五华，中共五华县委改组；改组后，古大存为县委书记，李英负责组织，廖厚岳负责宣传，古宜权负责军事，古清海（又名古连，下同）负责财经，宋青、李斌、陈庆孙为委员。此后，中共东江特委派林定任中共五华县委书记。不久，林定调离，由宋青接任中共五华县委书记。县委部署各级党组织努力争取群众，团结积聚革命力量，做好武装暴动的准备工作，同时公开向全县人民提出"打倒国民党政府""打杀地主豪绅""不交租、不纳税"的战斗口号，号召全县人民都要团结起来，与反动派进行针锋相对的斗争。

中共领导下的武装暴动

1927年8月初，根据党中央指示精神，中共广东省委制定广东省暴动计划，成立潮梅暴动委员会。为策应南昌起义军入梅，东江特委向各县发出了"发展暴动的计划"通知。中共五华县委根据上级党组织武装暴动指示精神，整顿改组五华县革命委员会，任命古大存为革命委员会主席，一切暴动武装由五华县革命委员会统一指挥；将共产党员古宜权、李英、李斌、古定欧等人安排到武装斗争第一线，组织和领导武装暴动；指派刚回县的黄埔军校学生古日晖等人下到各区、乡，协助区、乡农会训练农军，提高农军战斗力；在双华竹山、矮畲开设2间兵器修造厂，招收30名修造枪工人修造枪支弹药。在五华县革命委员会的领导下，五华武装暴动燃遍全县每个角落，东部有罗经坝攻坚战、西部有周江崀头、龙村坪营阻击战，南有塘湖决死战，北有横陂华阁、西门围歼战，中有安流对镜窝闪电战。暴动的枪声，此起彼伏，连绵不断。

一、对镜窝闪电战

李寿眉是安流对镜窝人，是五华南部地区大地主。1925年，五华农运兴起，李寿眉就任安流低坑乡保卫团团董。他经常狐假虎威带领团丁去镇压农民运动，抄没农运干部家产，私设公堂，拷打迫害农运干部和群众。1926年夏，李寿眉被五华"土皇帝"

张谷山推荐为五华"资本团"团长。此后，李寿眉的反动气焰更为嚣张，死心塌地为地主豪绅出力卖命。他用6000块银元重金收买拉拢共产党员张冠球、张访箕、张彩文等人；资助由张九华统领的县警卫基干大队，肆意摧残农会，滥杀无辜。还亲自指挥低坑乡"讨赤团"，协助地主老财们收租，农民稍有反抗，即施行吊、打、杀等恶毒手段，逼迫农民交租纳税。1927年9月，中共五华县委决定由古大存率部突袭李寿眉老巢长守楼，活捉李寿眉。9月14日，古大存率部600多人，乘黑夜悄悄开进安流对镜窝村，将对镜窝村团团围住，派李英、李斌率小分队直插长守楼。十多名神勇的革命战士，很快就将李寿眉保镖、家丁制服了。待次日天刚亮，李英、李斌两人跃进李寿眉卧室，将正在梦乡中的李寿眉叫醒，捆绑起来，押回安流三江书院革命军总部受审。李寿眉被革命军擒获的消息传出后，全县地主豪绅惊慌失措，李寿眉家属跑到安流三江书院革命军总部，哀求开恩释放李寿眉。"资本团"其他头目也四处活动，利用古大存与李寿眉的亲戚关系，跪请古大存母亲出面说情。古大存顶住压力，坚决处决李寿眉，在三江书院门前的大沙坝召开宣判大会，将其押赴刑场执行枪决。

二、塘湖歼敌战

1928年1月20日，顽固的塘湖官僚地主钟问陶、华阳地主邹火秀、太坪地主甘秀峰等组织"讨赤团"，勾结陆丰上砂地主庄照楼，统率地主豪绅反动武装300人，在塘湖四周垒炮楼，设木栏竹栅，并给县农会下战书云："赤祸倡乱，有如洪水猛兽。乡梓遭殃，生灵涂炭。张会长（张谷山）惨遭杀戮，李团长（李寿眉）饮恨黄泉。长此下去，琴江将无一处不染血之水，五华将无一片安宁之山。本人为宗社安福，力挽狂澜，誓与尔等决一死战。书到之日，或降或战，宜速答复，不然，吾将前去解除尔等武装。"①古大存接信阅后，在龙村马上连夜召集军事干部开会。会议研究决定集中工农革命军和各区、乡赤卫队2000多人，兵分三路进攻钟问陶老巢塘湖。1月25日，老奸巨猾的钟问陶乘古大存尚未做好战斗准备，各区、乡赤卫队尚未集齐之机，指挥其三路兵马，提前向工农革命军总部所在地龙村圩发动进攻。李斌即率革命军迎击敌人，将钟问陶统率的"讨赤团"击退。钟问陶带领残部败退回塘湖。李斌率部乘胜追击，至塘湖附近，会合北路的古宜权、曾伯钦部，东路古大存和古公鲁部，三路兵马齐向塘湖发起总攻。经3天激战，摧毁了敌5座碉堡，攻克了塘湖村。钟问陶见大势已去，无法挽救败局，便率残部乘黑夜向陆丰上砂逃窜。此役打死、打伤敌30多人，俘敌100多人，缴获长、短枪1000多支，土炮1门，弹药一大批。战斗结束后，还没收了钟问陶家产，分配给贫苦农民。

其他各地的工农武装暴动还有：1928年1月至2月3日，古大存、曾伯钦带领县工农革命军200多人，会同周潭老八乡、中田、文兴等乡赤卫队，攻陷了地主豪绅反动派李霭堂巢穴和中田广华楼反动巢穴，并处决了反动头子曾吉孙、张亚济等人，有力打击了当地地主豪绅反动派的嚣张气焰。1928年2月6日，根据横陂乡民的控诉，古大存、魏远明率农民武装1000多人，突袭横陂封建堡垒——华阁、西门。据了解，当地的地主豪绅反动派魏汉周、魏灼寰等人，在横陂华阁、西门设民团，据守琴江两岸，设卡劫勒民船，横行乡里，鱼肉人民，附近乡民怨声载道。经2小时激战，眼见民团力量不支，封建堡垒即将被攻陷之时，水

① 中共五华县委党史研究室编：《中国共产党五华县地方历史》（第一卷），内部资料，1997年，第46页。

寨地主豪绅李瑞屏武装赶来援救。为保存实力，古大存率部撤回安流。

中共五华县委领导下的武装暴动的枪声，在五华大地上此起彼伏，连绵不断，吓得五华地主豪绅拼命逃往外乡，昔日骄横跋扈的地主老财变成了"难民"。全县武装暴动范围广、声势大，使国民党五华县政府大为震惊，急电国民党广东省当局谎称："古大存、宋青借农会名义，发动武装起义，'全县鼎沸'，要求省政府速派国军镇压。"为镇压五华武装暴动，国民党右派先后调动国民党军钱大钧、徐景棠、蔡廷锴部万余人，从四面八方"进剿"五华。五华人民毫不畏惧，更加团结，奋起杀敌。如国民党军徐景棠部，接二连三"进剿"五华革命据点——虎石。虎石人民配合工农革命军东路第七团武装，将前来"进剿"的敌军打得溃不成军。此役击毙敌连长2人、敌兵30人，缴获枪支27支、子弹2800多发。

国民党军"进剿"五华不但不能得逞，而且损兵折将，在五华暴动武装痛击下，只得灰溜溜地撤出五华。五华工农群众的武装暴动，不但打击了地主豪绅的嚣张气焰，而且牵制了国民党军队大批有生力量，有力地策应了南昌起义大军的南下。

三、丁卯年关大暴动震动粤东

1927年10月15日，中共中央南方局和广东省委在香港召开联席会议，通过了《最近工作纲领》，决定继续领导暴动，建立工农革命军，推动土地革命，建立苏维埃政权。12月11日，中共广东省委组织发动广州起义。为配合广州起义，12月22日，中共广东省委致信中共东江特委，要求发动东江暴动，并决定红二师向紫金、五华方面发展暴动，指示东江农代会应做好年关大暴动的工作部署。12月23日，中共东江特委向东江各县发出关于年关大暴动的紧急通告。

此时，参加广州起义的五华籍黄埔军校学生魏远明、戴凤林、邱汉雄、魏大杰、魏如璧、魏大伟、魏中天、魏鉴贤、魏权、魏蓬洲等人陆续回到五华，这为五华县委发动工农群众参加年关大暴动增加了一支生力军，他们积极协助中共五华县委做好年关大暴动宣传发动工作。

中共五华县委根据东江特委紧急通告精神，在梅林召开县委会议，分析五华敌我形势，作出三条决定：第一，成立年关大暴动指挥部，推举古公鲁为年关大暴动行动委员会总指挥。第二，县委印发标语、传单、宣传小册子发至全县各乡村；县委委员应在各自岗位责任范围内，认真做好宣传发动工作。第三，派3名代表出席东江农民代表大会，听取东江特委对年关暴动的部署及计划。会后，县委委员各自下到自己的责任区，召开各区委、支部联席会议，传达贯彻县委会议精神，动员每个党、团员深入群众做好年关大暴动的宣传鼓动工作。

经中共五华各级地方组织广泛发动群众，精心组织领导，从1928年1月22日开始（此时仍是农历丁卯年的年关），先后有安流、龙村、水寨、郭田、横陂、黄坑、周江等地加入约10万农民参加的声势浩大的丁卯年关大暴动。各区、乡赤卫队，在工农革命军配合下，纷纷拿起粉枪、刀矛、剑戟，攻打国民党区、乡公所及地主豪绅老巢。被捉拿处决的罪大恶极的地主豪绅有张玉波、温耀廷、江五养、陈火四、陈火五、陈阿成、范亚九、李霭堂、曾吉孙、张阿济、温长二、温子彬等人，并没收其财产，分配给贫苦农民。其余的国民党官员、地主豪绅、土痞、恶霸，见农民蜂拥而来，杀声震天，纷纷闻风丧胆、抱头鼠窜，威风扫地。在打击反动势力的同时，县委广泛发动群众，破除迷信，捣毁神坛社庙、清除算命卜卦等封建迷信活动；发动妇女自己解放自己，反对买卖婚姻，提倡婚姻自主，剪去辫髻，自强自立；严禁吸食鸦片、嫖娼、赌博；铲除封建房姓界限，主张天下农民一家亲。

经过年关大暴动斗争锻炼的五华人民，思想解放，精神抖擞，面貌焕然一新，五华大地处处呈现出热气腾腾的革命新气象。轰轰烈烈的丁卯年关大暴动，推动了五华党组织和苏维埃政权的发展。此时，全县有5个区、20个乡建立了苏维埃政府。声势浩大的五华丁卯年关大暴动冲击了几千年根深蒂固的封建势力。

五华反"驻剿"斗争

　　由中共五华组织发动约10万工农革命群众参加的丁卯年关大暴动，威震了国民党广东反动当局。五华当地封建地主惊恐万分，逃至外乡的五华地主豪绅纷纷致电、致信国民党广东右派政府，央求速派军队镇压，"以安五华社稷"。[①]1928年2月，两广军阀张发奎、李济深混战结束，广西军阀李济深集中兵力，向广东红色区域发起疯狂"进剿"。国民党第五军副军长黄旭初提出"宁愿错杀三千，不可放走一人"的反动口号，勾结五华地主豪绅张敬文、钟问陶、魏杰民、张访箕、李瑞屏等人，成立"五华县剿共委员会"和"灭古委员会"（消灭以古大存为代表的古姓革命群众），妄图彻底消灭共产党和革命力量。2月17日，黄旭初率领韦松云师，配合五华地主豪绅反动武装抵进横陂，即兵分三路，向安流、梅林进发。右翼从小都、周江绕道包抄安流，左翼从大都经洑溪出击安流，中路沿琴江直插安流、梅林等革命根据地，在国民党重兵压境的严重关头，古大存召开紧急军事会议，分析急速变化的形势和研究对策。会议决定采取先发制人的策略，打击入侵之敌。

一、安流反击战

　　1928年2月20日，沿途各区、乡赤卫队奋起阻击，周旋3天，

---

　　① 中共五华县委党史研究室编：《中国共产党五华县地方历史》（第一卷），内部资料，1997年，第53页。

因兵力悬殊，安流圩被敌人攻占。古大存亲率工农革命军、区（乡）赤卫队800多人，乘黄旭初部立足未稳之机，迅速抢占安流附近杓麻嶂、燕子岩等高山，居高临下，将敌团团围住。古大存等人指挥革命军和赤卫队，兵分三路反击安流，向敌军发起总攻。战役从上午10时鏖战至下午3时，革命军战士个个奋勇杀敌，先后夺回被敌军占据的三江书院、东灵寺、大河背等地。在革命军、赤卫队的英勇冲击下，敌军死伤惨重，哭喊着愿意缴枪投降。正在这时，国民党军从兴宁派来一营援兵，五华张冠球统率地主豪绅反动武装赶到解围，古大存审时度势，率部转移至梅林、龙村一带山区游击。

二、溪口布反击战

1928年2月20日，黄旭初部黄敏、徐启明2个团1000多人侦知县农会领导人宋青、古大存等在周江溪口布村时，调集蓝坑郑宏石等地主武装共3000多人团团包围该村。中田、老八乡苏维埃政府得悉情况后，立即组织赤卫队和群众三四百人，由中田乡苏维埃政府主席曾伯宏率领，前往援救。一开战，梅林乡赤卫队员、溪口村人胡辉三见徐启明团韦姓连长等骑着马过来，便举起粉铳瞄准，瞬间击毙该连长。站在山头指挥的敌团长徐启明见状，暴跳如雷，即令部下向村里冲击。最后，因敌我力量悬殊，赤卫队只好往村里撤退，敌军将村子包围。敌人涌入村内，到处搜寻宋青、古大存。农军赤卫队坚持英勇反击，打得敌人鬼哭狼嚎，血战1天后，毙敌70多人，伤敌45人。

这次战役五华赤卫队创下了用土枪、土炮击败手持步枪、火炮的敌军的战斗奇迹。被敌人包围后的赤卫队乘天黑发起突围，杀开一条血路，冲出敌人重围。在突围战中，全村有36名赤卫队员壮烈牺牲。

敌军重占安流后，在国民党军队的支持下，五华地主豪绅趁机反攻倒算，勒逼群众退出农会，否则格杀勿论。黄旭初部进入革命村庄，更是见人就杀、见房就烧、见物就抢，弄得许多村庄鸡犬无声，烟火断绝。据有关史料记载，全县被洗劫的村寨达200多个，其中石碣围、念目石、寸金窝、梧溪林屋、虎石沸水塘、潮塘、郭田陶屋、赤坎田背塘、莲塘尾、锡坑河东田、西坑里等14个村寨被夷为平地，片瓦不留。全县被烧毁房屋6699间，有2000多名共产党员、革命群众死于敌人屠刀之下，五华琴江河成为红水河。耕牛、财产损失无法统计。

面对穷凶极恶的敌人，中共五华县委在梅林召开战地会议，分析敌我态势，作出扩充武装、开展游击战争的决定，并派遣古大存率领一批革命同志分赴各乡发展武装力量。在这革命的危难时刻，接任五华县委书记的宋青，却乘古大存等人下乡之机，将五华武装队伍集中在华阳，对全体武装战士宣布解散武装队伍，自己连夜携款潜逃香港。党内叛徒魏公杰也趁机叛变投敌，组织五华警卫团，大肆向五华苏区"进剿"。反动武装每攻占一乡，就在该乡推行保甲制度，设立治安委员会，建立反动警卫队，致使五华大片红色区域被敌人占领，革命元气大伤。中共五华组织被迫转入秘密活动。在革命受挫时刻，中共广东省委致信五华县委"要认清形势，树立信心"，鼓励五华人民将土地革命进行到底。古大存根据省委指示精神，联络到30多个革命骨干，重新组建一个中队武装，上山开展游击战争，与敌周旋了3个月，弄得敌人叫苦连天，束手无策。在黄旭初部疯狂"驻剿"期间，五华优秀共产党员古云章、魏远明、魏嫲等人惨遭杀害，大批共产党员和革命人士被捕入狱。

第四节 开创八乡山革命根据地

在土地革命战争时期，八乡山属五华县第九区。它位于五华与丰顺、揭阳（今揭西）交界处，总面积130多平方公里。由于它下辖小溪、贵人、大竹园、滩良、尖山、龙岭、高车、蟾蜍田8个小乡，故人们称之为八乡山。八乡山山高林密、溪水纵横、道路崎岖、关隘险要、易守难攻，是开展游击战争的好地方。八乡山的农民深受地主豪绅重租重利的盘剥，生活极端贫苦，阶级矛盾十分尖锐。在大革命时期，八乡山就建立了农民协会和农民自卫军，开展了"二五减租"斗争。广东"四一五"反革命政变后，八乡山曾进行过多次武装暴动，有较好的群众基础。

1928年4月下旬，古大存与坚定继续革命的30多名革命骨干召开会议，共同分析当时五华的革命斗争形势。自国民党军黄旭初部"驻剿"五华以来，中共组织和革命团体遭到严重的摧残破坏，逃亡的地主、土豪劣绅纷纷回到五华，进行反革命报复，大肆屠杀共产党人和革命群众。面对敌人的血腥屠杀，只有到敌人力量比较薄弱的边界山区，开辟新的革命根据地，才能重整旗鼓，把革命进行到底。在古大存的宣传鼓动下，60多名革命分子（其中中共党员30名）奔赴八乡山。在极其艰难困苦的环境中，为开辟五华边界山区的农村革命根据地进行一系列的艰巨工作。

一、恢复和发展党组织，组建贫农自救会

古大存率队上八乡山后，便把古宜权、古清海、李斌、古公鲁、陈庆孙等30名共产党员组织起来，成立中共五华县支部，古大存被选为支部书记，领导八乡山革命根据地的创建工作。党支部把党员分散到八乡山各村寨调查了解原党、团组织情况，做深入细致的宣传教育工作。

经过2个月的培养发展，八乡山一批忠实勇敢的工农分子被吸收入党、入团，一批党、团基层组织得以恢复。1928年8月，成立了以古大存、李英为书记的中共五华临时县委（又称大支部）和共青团临时县委。8月8日，中共五华临时县委（简称临委）在八乡山马屋山召开了临委扩大会议。古大存代表临委在会上作了政治报告。会议作出了改组临委、整理党务、建立各种群团组织等决议，确定中共五华临委机关设在八乡山马屋山，代号为"黄济时"，指定古日晖、李英、张学龄3人为共青团五华临委常委。

临委扩大会议后，中共五华临委一面继续在八乡山广泛发动群众，巩固发展党、团组织；一面派出革命骨干古宜权、李英、万大来、古日晖、古公鲁、胡国枢、卢觉民、刘伯青、古江等人组成赤卫便衣队，潜回五华第五、第六、第七、第八区，了解敌情，调查党、团员在白色恐怖中的表现及群众受害情况。赤卫便衣队下到各区后，根据广大群众要求，惩办了一批反动首恶邹火秀、甘伯安、张督先、胡质文、杨其山、张广兴等人，为恢复党、团组织扫清了障碍。赤卫便衣队惩办敌顽的革命活动，使敌人惶恐不安，给了五华人民很大鼓舞。

1928年9月25日，临委常委古日晖在转水圩窝里活动时，被叛徒告密，国民党五华县警卫基干大队100多人前来围捕，共产党员和革命骨干古日晖、钟维元、曾祥耀、曾省吾、曾兰昌、曾

胜昌、廖荣春、廖驾欧、廖森成等21人不幸被捕，惨遭杀害。国民党五华反动政府制造的骇人听闻的惨案，并没有吓倒五华共产党人，反而激发他们继续前进，奋发工作。

经五华共产党人深入发动，先后恢复了第四、第六、第七、第八区党、团组织，工作进展很快，成绩显著。中共东江特委给省委的报告中谈到五华工作时指出："现在在东江各县工作中，恢复得最快、最普遍的要算五华了。五华工作自去（年）失败后，整个工作已完全塌台。最近数月来，经过刻苦奋斗，全县工作已普遍发展及恢复起来——尤其是中心区域的工作。同志人数（大、中在内）已达500—1000人之多（其中，中共党员600人左右……），东委认为五华仍是暴动的先进区域，东委对他们的希望是很大的。"①

古大存等人到八乡山后，以打石、做长工、烧炭等职业为掩护，深入到八乡山各村寨调查研究。经过一段时间的调查，对八乡山农民思想状况作了具体分析，决定以八乡山苦竹溜为立足点，组建贫农自救会。他们白天做工，晚上点起火把，携带各种宣传品，爬山越岭，走村串户，深入到贫苦农民家里做宣传发动工作。经过两三个月串联发动，马屋山、雷公墩等村30多名贫苦农民，在苦竹溜烧炭寮里，成立了八乡山第一个贫农自救会，选举马运为贫农自救会组长。然后扩大到全县各个乡村，广大贫苦农民踊跃加入自救会。据当时《中共东江特委给广东省委的报告》数据，五华贫农自救会已有4000人。随着贫农自救会的迅猛发展，中共五华组织在八乡山大竹园召开农民代表大会，成立了五华县第九区农民协会，陈景祥为会长，朱炳南为副会长。

---

① 中共五华县委党史研究室编：《中国共产党五华县地方历史》（第一卷），内部资料，1997年，第60页。

二、成立五县暴动委员会和中共七县联委

1928年5月，古大存和李斌等与丰顺农会的几位干部进入九龙嶂，发动群众，公开以武装队伍行动，打击敌人、筹粮筹款。7月间，他们与在九龙嶂坚持斗争的广东工农革命军东路第十团原团长郑兴取得联系。九龙嶂是丰顺、梅县交界的大山，海拔1200多米。它的东北有铜鼓嶂，西南与八乡山主峰鸿图嶂之间有绵延的山冈相接。郑兴等带着第十团十多名战士在这里活动。他们在实践中认识到过去"注意军事行动，而不注意发动工农群众"的错误，曾派人到八乡山联系。

接着，陆续到九龙嶂的有中共丰顺县委书记黎凤翔、中共兴宁县委委员、第十二团团长刘光夏，中共大埔县委委员张家骥（一说罗时元）。他们开会研究决定成立五华、丰顺、梅县、兴宁、大埔五县暴动委员会，大会推选古大存为暴动委员会主席，黎凤翔负责组织，郑兴负责宣传，郑兴、黎凤翔、刘光夏、张家骥（一说罗时元）4人为委员。暴动委员会下设军事委员会，由古大存、李斌、刘光夏负责，古大存任军委书记。会议决定积极开展武装斗争，扩大九龙嶂、铜鼓嶂、明山嶂、八乡山革命根据地。为了扩大政治影响，在群众中公开树起革命的旗帜，会议决定8月举行畲坑暴动。为此，党组织派刘光夏和第十团中队长邓子龙等化装潜入畲坑圩，侦察敌人的布防和军情；从八乡山调遣李斌、古宜权带领工农革命军东路第七团和九龙嶂第十团部分战士30多人，与农民密切配合，组成暴动主力突击队参加战斗；提出"没收土豪劣绅财产，分给贫苦农民"的口号，广泛发动周围农民参加暴动，组成有数千名农民参加的没收队配合暴动。

暴动开始后，工农革命突击队和农民武装即冲进畲坑圩，消灭两处驻敌100多人。另两处敌人闻讯来援救，包围突击队，

古大存、刘光夏等带领没收队700多人反包围。敌军误认为是工农革命军赶到，慌忙撤围上山。突击队趁机从两旁反击，击溃敌300余人，缴枪20多支和大批物资。

畲坑暴动后不久，中共揭阳县委负责人卢笃茂、潮安县委负责人张义廉也到了九龙嶂。经过兴宁、五华、丰顺、梅县、大埔、揭阳、潮安七县中共县委负责人协商，决定在五县暴动委员会的基础上，成立中国共产党七县联合委员会，由七县县委负责人组成，推选古大存担任七县联委书记。在七县联委的统一领导下，结束了1928年年初以来各地党组织与上级联系中断、分散斗争的状况。七县联委成立后，为了扩大胜利，领导成员分赴各地开展工作。古大存率领武装主力回八乡山，继续恢复和发展共产党组织，发动农民开展武装斗争，建设革命根据地。

三、恢复与各级党组织的联系，发展革命武装

1928年年初，国民党黄旭初部"驻剿"五华后，中共五华各级党组织陆续中断了联系。为建立与各地党组织联系，中共五华临委一方面在八乡观音坐莲设立交通总站和招待所，另一方面派遣临时县委书记古大存前往九龙嶂与梅县、兴宁、丰顺、大埔县党组织的负责人联系。畲坑暴动胜利后，工农革命军在街上张贴标语，广发传单，宣传共产党建立苏维埃政权、实行土地革命等政治主张，并公开宣布共产党在九龙嶂。汕头《岭东民国日报》报道了畲坑暴动的消息，惊呼暴动所造成的影响，并刊出工农革命军散发的革命传单。中共广东省委闻悉，即派人与古大存联系，同时，隐蔽在五华各地的党组织也陆续前来联系。

中共五华临委在组织贫农自救会的同时，积极发展革命武装力量。1928年8月，中共五华临委作出了"所有勇敢的工农分子应立即组织赤卫队，每区成立一个团队"的决议。从此，在八

乡山周围各地普遍建立了赤卫队、运输队、救护队、童子军等组织。同年10月23日，重建了五华县革命委员会。至此，八乡山、铜鼓嶂、九龙嶂的苏维埃区域连成一片。

四、召开第一次党员代表大会，整顿健全党组织

中共第六次全国代表大会和广东省委第二次扩大会议精神的传达贯彻，使梅州各县党组织领导群众走上了正确的斗争路线，掀起五华革命新高潮，不久便形成恢复发展的大好形势。

1929年2月19日至24日，中共五华临委在八乡山石涧坑召开第一次党员代表大会，出席大会代表95人，列席代表15人（为共青团员）。中共东江特委书记陈魁亚、委员卢笃茂，东江团委书记卢伟良3人亲临大会指导。大会由古清海主持，古大存代表临委作工作报告。大会认真总结了党领导的五华革命斗争经验教训，提出了今后党的工作。大会经过认真讨论，选举产生了新一届中共五华县委员会。古大存、古清海、陈庆孙、胡国枢、廖厚岳、杨奕泉、李斌、邱雄标、巫素怀、江仲华、蓝绮霞（女）11人为五华县委委员，古大存为县委书记（一个月后由古清海接任），陈庆孙为县委副书记，胡国枢为组织部部长，廖厚岳为宣传部部长，杨奕泉为县委秘书。在会上，县委任命李士芳为中共第一区特派员，邱星楼为中共第二区特派员，巫素怀为中共第三区特派员，江仲华兼任中共第四区委书记，邱雄标兼任中共第五区委书记，朱国珍为中共第六区委书记，胡国枢兼任中共第七区委书记，古江为中共第八区委书记，李英为共青团五华县委书记，李斌、邱雄标、巫素怀为团县委委员。县委根据省委关于县委机构设置的指示精神，设立县委秘书处、组织科、宣传科、军事科、交通科、职工运动委员会、兵士运动委员会。

会后，中共五华县委发出了通告，对整顿健全党的组织，严

肃党的纪律进行了明文规定。经过数月整顿，五华党组织生机勃勃，力量迅速发展壮大。至1929年8月，全县建立了6个区委会、75个党支部，党员达1500人。党代会后，中共五华县委加快八乡山革命根据地的开辟，派遣农民武装突袭八乡山贵人村民团。

（一）八乡山首战告捷

随着八乡山革命斗争的发展，国民党反动派更是惶恐不安，密谋策划用军事"围剿"和经济封锁手段，扼杀八乡山革命根据地。

1929年3月底，国民党当局命令揭阳、丰顺、五华三县驻军头目毛维寿，统率其部及三县警卫队2500多人，分五路"围剿"八乡山。中共五华县委接到情报后，在八乡山小溪村召开紧急军事会议，研究制定反"围剿"战斗计划，确立了"诱敌深入，集中兵力，各个击破"的战略方针，发动组织八乡山群众做好一切战斗准备。八乡山小溪、马屋山等群众听到敌人"围剿"八乡山的消息，便组织了3支精干的农民赤卫队七八十人，编成粉枪队、田刀队、尖串队，分别由古清海、李斌、古宜权带领，潜伏在小溪村四周的高山峻岭中。青年妇女组成担架队、慰劳队，老人、儿童也不甘落后，上山擂鼓、呐喊助威。工农革命军、赤卫队制定以击鼓共同夹击的信号，各自进入战斗岗位，待命歼敌。

4月2日，汤坑民团团长黄夺标率领民团100多人，率先直入伯公坳，国民党丰顺县县长方乃斌率警卫队100多人，翻越田子山，与黄夺标部形成钳形阵地，向小溪村推进。他们未受任何阻击，进入小溪村，见村中空无一人，便指挥部属打家劫舍，焚烧房屋，杀猪宰羊，庆功"围剿"胜利。正当敌人得意忘形、狼吞虎咽吃午饭的时候，战鼓咚咚，号角齐鸣，李斌等人率领工农革命军、赤卫队向敌人俯冲，毫无戒备的敌人顿时慌了手脚，乱作一团。方乃斌更是晕头转向，慌忙带领十多个随从，乘乱冲开一条血路，往田子山逃窜。方乃斌一走，军心大乱，散兵只好往伯公坳逃命。汤坑民团团长黄夺标见势不妙，忙上马指挥部属往伯公坳撤退。等候多时、埋伏在伯公坳两旁山上的工农革命军、赤卫队，在古大存等人指挥下，当即把匪首黄夺标击落于马下。黄夺标毙命，敌军成了无头苍蝇，只好弃旗丢枪，往汤坑方向拼命逃跑，红军乘胜追击20余里，大获全胜。此役，毙敌军四五十名，缴枪100多支、子弹万余发。这就是闻名东江的八乡山第一仗。其他各路入侵之敌，闻黄夺标被毙消息，军心动摇，士气低落，纷纷逃回营地。

（二）"石头阵"漂亮仗

八乡山第一仗的胜利，使国民党反动派大丢面子。为摧毁刚建立的八乡山革命根据地，国民党当局重新调兵遣将，向八乡山发动第二次"围剿"，严令各路兵马奋力"剿杀"，不得观望畏缩，违者按军法论处。中共五华县委深入研究敌情后，便改用"石头阵"痛击敌人，发动组织小溪、马屋山等群众，在小溪娘娘宫角，用藤条将山上大石、木头垒起长一里、高一丈的"石头阵"，待命歼敌。

4月6日，国民党军毛维寿部配合五华、丰顺、揭阳、兴宁等县地主豪绅反动武装1000多人，分三路"进剿"八乡山小溪村。敌军吸取第一次"围剿"失败的教训，改用"搜索前进，步步为营"战术。敌军进入八乡山后，依然十室九空，村村空寨。敌军在八乡山各村大肆实行杀光、抢光、烧光政策后，将过去分散撤兵的策略改为集中撤退、统一指挥的策略，严防革命军、赤卫队伏击。当他们走至小溪娘娘宫角后面的狭道上时，古宜权立即下令割断系着木石的藤条。顿时，山上木石轰隆隆地向敌群滚砸。由于山高路险，上有峭壁，下有深潭，敌军进退两难，加上革命军、赤卫队夹击，敌人丧魂落魄、鬼哭狼嚎，拼命往伯公坳的山沟里钻。此"石头阵"仗，砸死砸伤敌军70多人，缴获枪支弹药一批。

4月9日，八乡山戏子潭、苏茅坪、滩下等村赤卫队，采用伏击、反击等战术，粉碎了敌人进犯戏子潭的阴谋。4月25日，古大存指挥河西、大竹园、贵人等村赤卫队200多人，分三路征讨严标湖反动据点，大获全胜，迫使敌人向龙岭、良田方向逃窜。国民党反动政府不但调动其他反动武装"进剿"八乡山，还下令禁止米、油、盐、棉布、煤油等物资运入八乡山，企图用经济封锁手段，扼杀八乡山革命根据地；还在八乡山出入口和要险处，筑炮楼、设关卡，对进出八乡的客人，严加盘查，肆意开枪射击。面对敌人的经济封锁，中共五华县委一面发动群众，扩大生产，提高自给能力，组织运输组秘密抢运日常用品；一面进行反封锁，严禁八乡山柴炭、竹木、中药、农具等特产外运。经过几个月的较量，丰顺汤坑等地柴炭、竹木、中药、农具脱销，物价飞涨3倍，迫使国民党当局不得不采取以物换物政策，终于粉碎了敌人的经济封锁。

八乡山反"围剿"与反封锁的胜利，大大鼓舞了八乡人民的斗志，他们纷纷报名参加红军、赤卫队。八乡山革命根据地赤卫队发展到4000多人，拥有900支枪支。中共东江特委将五华、兴宁、丰顺赤卫模范队500人改编为东江红军第四十六团，委任李明光为团长，邱宗海为政委。中共五华县委也在八乡山重建教导队，任命古怀为队长。5月下旬，中共五华县委在八乡山贵人村召开各乡工农兵代表会议，八乡山各乡选派代表出席，成立了五华县第九区苏维埃政府，朱炳南为主席，卢济堂为副主席，曾月明、朱国光、马南雄、陈秀蓉为委员。接着，中共五华县委在八乡山小溪、贵人、大竹园、滩良、尖山、高车、蟾蜍田7个乡建立了乡苏维埃政府。随着区、乡苏维埃政权的建立和发展，党领导的工会、农会、妇女会等组织也迅猛发展，八乡山革命根据地拥有工会会员300人、农会会员7000人、妇女会会员1500人。八乡山苏维埃政府还办起了贫民学校、供销社、贫民医疗所、缝衣社等组织，建立了小型兵工厂。

至1929年夏，以八乡山为中心的革命根据地已经正式形成。八乡山革命根据地，是在革命处于低潮情况下，中共五华县委根据党的八七会议的正确方针，充分依靠发动群众建立起来的。它的建立和发展，标志着五华革命由低落转向复兴。

1929年秋，中共东江特委在八乡山建立东江红军总指挥部，古大存任总指挥。1930年2月，中共东江特委机关从潮安迁驻八乡山岳潭。此后，八乡山成为领导东江军民进行土地革命战争的指挥中心，也是东江地区中国共产党所领导的重要根据地。

第五节 参与建立五兴龙革命根据地

土地革命战争时期，五华、兴宁、龙川三县人民在中共东江特委的领导下，在边界山区建立了五兴龙革命根据地，成立了苏维埃政权，开展了土地革命，有效地牵制了广东军阀北上夹击中央红军的兵力，有力支援了中央苏区的反"围剿"斗争，为党和人民建立了不可磨灭的历史功绩。

五兴龙根据地位于东江的西北部，地处两省（广东、江西）、三县（五华、兴宁、龙川）交界的地区，距三县县城均在百里之外，毗邻中央苏区。中心地域包括现在五华县的双头、岐岭、新桥，龙川县的鹤市、铁场、龙母、赤岗、上坪、贝岭和兴宁县的大坪、罗岗、罗浮、黄陂、龙田、石马等15个区，北邻江西寻乌，南界丰顺、紫金，东临梅县、平远，西接和平、河源。这块根据地地形狭长，奇峰险嶂连绵耸立，是东江的战略要地。全盛时期根据地面积达1900多平方公里，境内有800余个村落，总人口达16万。

1927年秋冬，五华、兴宁、龙川三县多次暴动失败后，革命重心转向三县边界山区，进行开辟根据地的艰苦斗争。1928年4月初，三县党员代表在龙川霍山太乙岩召开会议，五华由古清海带领岐岭、新桥、双头党员代表参加会议，会上成立了中共五兴龙县临时工作委员会（简称县临委），推选叶卓为书记，刘光夏、蓝胜青、古清海为委员。县临委成立后，经过两个月的艰苦工作，先后在兴宁北厢建立10个党支部；在龙川中南部建立大塘肚四甲、登云等党的基层组织，并组织了秘密农会，建立了红色据点。下半年，在龙川中部又陆续建立了横江等4个党支部，还建立了20多个农会。

东江第一个革命高潮转向低潮时，刘琴西等转到五兴龙边界活动，组织秘密农会。1928年3月，五兴龙县临委在兴宁成立了工农革命军独立第三营（后改称红军第三营），罗屏汉为营长，潘火昌为党代表，共八九十人，他们积极开展武装斗争，多次出击和打退进攻的敌人。4月3日，迎战兴宁、五华、龙川三县反动军队及民团共1000余人，后因敌众我寡，队伍化整为零。6月，又进行秘密集中，运用游击战争方式，全力消灭各区、乡的民团，并在赤色乡村扩大赤卫队的组织，各区、乡赤卫队负责人尽量由省港大罢工的工人充当。8月，根据五县暴动委员会的指示精神，五兴龙党组织更加积极地开展武装斗争。8月下旬，罗屏汉、陈锦华率领20多名赤卫队员，化装为小商小贩，奇袭兴宁大坪反动警察所和保卫团，缴获枪支弹药一批，击毙警察所所长等多人，并乘胜收缴了罗口乡反动民团的枪械。

大坪暴动后，五兴龙县临委在龙川大塘肚成立了东江游击大队，张国标（张海）为大队长，罗文彩为副大队长，罗屏汉为政委。游击队频繁出击大信、大坪、罗浮等地的土豪劣绅，收缴敌人的枪械以充实自己。1929年年初，龙川县临时革委也建立了以陈锦华为队长的游击大队，壮大三县的武装力量。由于武装力量的扩大并经过艰苦斗争，三县建立的革命据点，由各自独立行动发展到紧密联系、互相配合，逐步形成一个有机的整体。

1929年3月，为配合毛泽东、朱德率井冈山红四军主力分兵闽粤赣边建立根据地的战略部署，五兴龙三县党组织决定在龙川县大塘肚建立闽粤赣边五兴龙县苏维埃政府，统一领导五兴龙三县革命斗争。3月5日，五兴龙三县工农兵代表大会在大塘肚长塘面召开，由东江特委巡视员刘琴西主持，正式成立五兴龙县苏维埃政府，选出曾不凡、潘火昌、罗屏汉、古汉忠（五华人）等7人为常委，曾不凡为主席，潘火昌为副主席，下设4个区政府，区以下设乡政府。此时的五兴龙县苏维埃政府是闽粤赣边区建立起来的第一个联县苏维埃政府，是土地革命战争时期粤东主要的根据地之一。

五兴龙县苏维埃政府成立不久，相应建立了五兴龙县游击总部。为开辟新区，加快游击战争步伐，于3月底召开县苏维埃政府人员、区委、区联队、乡农协以上干部会议，部署把游击战火引向西北部，实现与江西中央连成一片。五华的乡农会会长黄景新、何德强、钟席君、唐展纯、李五琴、戴竹修等人出席了此次会议。

为了实施这一计划，刘琴西号召三县党政军人员要执行"工作忙时细心些""遇到问题冷静些""了解问题全面些"等10条守则。同时坚决贯彻执行中央苏区《关于惩治贪污浪费行为的训令》，制定《关于钱物管理规定》等有关规定，加强廉政建设和人、财、物的管理，厉行节约，反对贪污浪费，形成与人民同甘共苦、勤俭节约、廉洁奉公的工作作风和生活作风，为革命事业提供坚强的纪律保障。同时，把原东江游击大队等武装整编为五兴龙游击大队，罗柏松为大队长，潘火昌为政委，拥有80多支枪。不久，从游击大队中挑选出20名骨干，组成红军独立连，彭城任连长。此外，五兴龙县苏维埃政府会议结束后，中共五兴龙县临委建立了通往五华、紫金、河源、寻乌、定南的8条交通线，加强了五兴龙县临委与中央苏区、东江特委的联系，并在大塘肚开设兵工厂，古汉忠兼任五兴龙兵工厂厂长，招收五华修造枪工人40多名，日夜苦干，赶造单响长枪100支、子弹一批，武装五兴龙革命根据地。在中共五兴龙县临委和县苏维埃政府领导下，五华岐岭、新桥、双头等地党组织陆续恢复、发展。

由于红四军进军东江，五兴龙地区根据东江特委的指示，大力扩大武装力量，加强军事建设。除三县的地方赤卫队外，1930年2月，由古柏、钟锡球率领的寻乌二十一纵队，罗屏汉率领的红三营以及寻乌、平远、兴宁等部分地方武装编成红军五十二团，全团共500多人，刘光夏为团长、陈俊为政委，邝才诚为参谋长。该团成立后即东征西讨，于2月间进攻平远石正，缴获敌人100多支枪。随即回师大信，毙伤进犯大信之敌70多人。3月下旬，该团奉命攻打寻乌反动据点澄江圩时，因对敌人的力量估计过低，缺乏攻坚武器，加上对地形不熟，导致遭受严重伤亡，团长刘光夏、政委陈俊、参谋长邝才诚等主要领导均壮烈牺牲。全团冲杀出来的只存五六十人。5月，罗屏汉在大信苏区重新建立了东江游击队。10月，又扩建为东江游击大队，骆达才为大队长，曾义生为政委，全队140多人。11月20日，在红十一军参谋长梁锡祜、东江特委刘琴西领导下，又组建了红十一军独立营，彭城为营长、罗屏汉为政委，全营500多人。12月，组建了五兴龙游击总队，罗柏松为总队长，潘火昌为政委，全队约200人，下辖3个中队。

五兴龙武装力量的不断发展壮大，给敌人以重大打击。从1929年年初到1930年年底，先后同敌人战斗几十次，特别是龙川大塘肚村，从1929年6月到1930年年底的1年多时间，经历大小24次战斗，打退了敌人5次较大规模的进攻。

1930年12月，中共闽粤赣苏区特委西北分委派刘琴西到新村南扒主持召开五兴龙党代会，会议历时7天，成立中共五兴龙县委员会，选举古清海、潘火昌、蔡梅祥为常委，古清海为书记。会议改组了五兴龙县苏维埃政府，潘火昌为主席、刘荐修任秘书。会议任命伍晋南为团县委书记，张瑾瑜为县妇女会主任，并将三县武装统一整编为五兴龙县游击总队，全队约200人。此时，五兴龙根据地的领导中心由大塘肚转到兴（兴宁）平（平远）寻（寻乌）边的新村南扒，下设4个区委。至此，五兴龙革命根据地正式形成。

1931年8月，红十一军独立营及地方游击队配合红一方面军第七军攻克寻乌县城，随即扩编为寻乌独立团。11月，又配合红三军团解放了会昌县、安远县。原中共西北分委和寻乌独立团的负责人梁锡祜、陈锦华、罗屏汉等14人分别担任寻乌、会昌、安远党政主要领导，巩固了新开辟的赣东南苏区，使之与赣西南苏区连成一片。至1931年冬，五兴龙县委又迁移到了寻乌车头。这时，五兴龙县委实际上已由江西省委管辖，五兴龙革命根据地也成为中央苏区的重要组成部分，有力地支援了江西中央苏区的反"围剿"斗争。

建立苏维埃政权，实行土地革命

1927年5月，古大存等即调农军配合攻克安流筹饷，并立即宣布成立五华县革命委员会，李国光为主席。后驻地迁龙村课院。8月，奉令整顿健全五华县革命委员会，改由古大存任主席，刘荐修为秘书，古怀、古宜权、魏公杰、李英、宋青等为委员。

1927年11月中旬，海陆丰工农政权成立。12月，古大存率领204人（其中中共党员20人）到海丰学习，向彭湃请示工作。后古大存回到五华上山地区，立即筹建苏维埃政权，领导五华人民开展土地革命。

1928年1月6日，第一个乡苏维埃政府在龙村睦贤乡文高公祠首先建立。1月8日，工农兵代表大会在龙村（八区）召开，成立了龙村区苏维埃政府。不久，成立横陂区（六区）苏维埃政府。丁卯年关大暴动后，全县有222个乡农会成立苏维埃政府，开展土地革命。2—9月，国民党调派重兵"驻剿"，县、区、乡工农政权机关遭受严重破坏。

1929年年初，中共五华各级组织恢复联系，五华革命复兴，全县4000多名农民报名参加了贫农自救会。为发展革命，开展土地革命，2月，中共五华县委在第一次党员代表大会上，向到会代表明确提出：1929年年底前完成五华苏维埃政权建设任务。代表们回到各区、乡后，认真传达贯彻县党代会精神，制定了各项工作计划和措施。经广大共产党员3个月的努力工作，5月，在八乡山建立了五华县第九区苏维埃政府，朱炳南为主席。接着，在兴宁水口建立了五华县第十区苏维埃政府，选举朱国珍为主席；在兴宁下堡建立了五华县第十一区苏维埃政府，选举龙正坤为主席；在郭田建立了五华县第四区苏维埃政府，选举江仲华为主席；在安流念目石重建了五华县第七区苏维埃政府，选举胡汉为主席；在梅林重建了五华县第八区苏维埃政府，选举张俊枢（后为甘振华）为主席。区苏维埃政府的建立，推动了各乡苏维埃政府成立。至12月底，五华建立了30多个乡苏维埃政府。在区、乡苏维埃政权日益发展的形势下，成立五华县苏维埃政权的条件已经成熟。中共五华县委遵照东江特委的指示，把握了这个有利时机，决定召开五华县工农兵代表大会，以完成建设五华县苏维埃政权的伟大任务。

1929年12月，五华县工农兵代表大会在八乡贵人村召开。大会由陈庆孙主持，五华县委书记古清海在会上作了报告，号召全县工农兵要拥护苏维埃政府，要在苏维埃政府统一领导下，将土地革命进行到底。大会选举产生了五华县苏维埃政府的领导人，陈庆孙为主席，李英、陈汉才、胡焕寰、张剑珍为委员。县苏维埃政府除下设军事科、财粮科外，并设土地科，负责土地、人口状况调查，处理分田、废债事项。会后，还举行了拥护苏维埃政府的武装大示威。

1929年3月，在东江特委特派员刘琴西的主持下，五兴龙三县工农兵代表大会在大塘肚长塘面召开，会上正式成立闽粤赣边五兴龙县苏维埃政府。1930年12月，中共五（五华）、兴（兴宁）、龙（龙川）三县代表大会决定改组五兴龙苏维埃政府，辖五华、兴宁、龙川各区、乡苏维埃政府。

苏维埃政权建立后，土地革命便在三县各红色区域全面展开，形成分田高潮，五华的嵩头（今双华）、梅林、郭田等苏区的土改分田搞得热火朝天。此时，党的土地政策，主要是根据1929年10月由毛泽东、朱德、古大存、刘光夏、朱子干、陈魁亚、陈海云7人签署发布的东江革命委员会《关于公布执行土地政纲的布告（第177号）》，积极领导全县人民开展土地革命斗争。①

第一件事是扫清残敌，消灭隐患。惩办了骑在人民头上作威作福的陈谷樵、张申八、张成祥、张访云等土顽恶棍。第二件事是扩大工农革命军。东江特委下达五华招收50名青年参加工农革命军的任务。县苏维埃政府贴出招兵布告后，青年人踊跃报名，除动员50名青年参加工农革命军外，仍有200名青年编入县赤卫模范队。并在八乡山设立了子弹厂、炸药厂、修造枪厂。第三件事是发展生产，兴办福利事业。为促进农村经济建设，县苏维埃政府在八乡山设立了贸易供销社，兴办了贫民学校、中医院、西医院，在农村组织起缝衣社、互助组、帮耕队等。

由于苏维埃政府的种种政策和措施得民心、合民意，深受广大人民拥护，全县出现了欣欣向荣的新气象。人们精神奋发，积极参加生产劳动，物资丰富，市场繁荣，群众生活大大改善，新风尚蔚然成风。此时，县苏维埃政府也从八乡山迁至安流东灵寺。

1929年9月28日，中共中央向红四军前委作出"进至梅县、丰顺、五华、兴宁一带游击，发动广大群众斗争，并帮助东江各赤色区域的扩大，择机围缴敌军枪械，集中东江各县赤卫队建立红军"②的指示。10月6日，中共东江特委接到中共广东省委"红

---

① 中共广东省委党史研究室编：《中国共产党广东地方史》（第一卷），广东人民出版社1999年版，第291页。

② 中共五华县委党史研究室编：《中国共产党五华县地方历史》（第一卷），内部资料，1997年，第74页。

军乘机进取东江"的来信后，作出"迅速扩大红军；加强宣传工作；加强士兵运动；加强党的组织与领导力量；实现土地政纲，建立苏维埃；与红四军前委等发生最亲密的关系，普遍发动游击战争等12项决议"。[①]中共五华县委接到东江特委紧急通告后，随即派遣古大存到丰顺的马图与红四军朱德军长联系，汇报五华工作；印发各种宣传资料，进行大张旗鼓的宣传鼓动工作；挑选近百名能工巧匠，到东江特委兵工厂制造单响枪及子弹；没收地主土地，分配给农民，调动农民革命积极性。

1929年11月初，红四军撤出东江后，五华的反动势力又嚣张起来。国民党五华县政府到处捕捉共产党人和革命志士，抄家封屋，地主豪绅乘机迫债收租，搞得五华一片风声鹤唳，仅五华鲤江万屋就被捕30人。1930年1月3日，五华地方反动武装勾结国民党钱大钧部4000多人，分三路"进剿"双华、华拔苏区。红军、赤卫队采用各个击破战术，先后击败了安流、水寨二路敌军。只有鲤江一路来敌，在红军、赤卫队英勇反击下，敌军退守虎石碧石岗，并凭借该地山高岭峻、易守难攻的有利地形，与红军、赤卫队决一死战。红军则采用二路夹攻策略，向山顶发起冲击。第一路由张善金率领长、短枪队绕道至碧石岗后山，盘旋而上偷袭敌军的后方；第二路由张慕尧率部向敌军作正面攻击。当第一路军冲上山顶时，红军吹响了进攻的冲锋号，担任正面攻击的红军战士，在党、团员带动下，个个奋勇向前，向山顶敌人猛冲猛杀。当他们冲上山顶时，就和顽敌展开白刃格斗。在红军、赤卫队前后夹攻下，共击毙敌排长以下34人，伤敌52人，缴枪20多支，子弹2000多发。碧石岗战斗大捷，鼓舞了五华人民斗志。

---

① 中共五华县委党史研究室编：《中国共产党五华县地方历史》（第一卷），内部资料，1997年，第74页。

　　1930年1月下旬（己巳年关），五华第四、第六、第七、第八、第九区共8万余人，在中国共产党领导下，广泛开展"打土豪、分田地"斗争，各区、乡召开武装大会，组织农民武装攻陷了八乡青溪反动的联防会，消灭联防武装100多人，活捉了大地主、联防主任钟玉记；打杀了反动首恶冯亚仁、冯亚成、古永松等人；清理没收了大地主黄调元、黄文思等人家财，分给贫苦农民。通过清除革命障碍，打击反动首恶，威慑了五华地方反动头子，推动了五华土地革命运动开展。

　　为把土地革命引向深入，1930年春节后，五华县委、县苏维埃政府领导人，分别深入到第四、第六、第七、第八、第九区，带领各区、乡农民开展焚烧契约、废除债务、没收地主土地分配给农民的土地革命运动。各区、乡苏维埃政府内设土地科，专责没收、分配土地工作。由土地科统一印制表格，发给每家农户填写家庭劳动力人口、自耕地面积、佃耕地面积及各种祠堂、庙宇地产、公偿田的面积等。通过调查统计，弄清全乡人均土地面积数量，无地、少地农民数量，通过分配土地规划和意见。然后，召集乡人民代表大会，向农民讲清分配土地意义、原则、计划方案，公开宣布无偿没收地主豪绅土地财产，归苏维埃政府统一分配，推选乡清丈人员。会后，以乡为单位，按人口计算，实行平均分配土地。各农户在原耕种基础上实行"抽多补少、抽肥补瘦"的原则，由清丈人员丈量分配，插桩划界，由县苏维埃政府发给农户土地使用证。没收的山林、池塘一律归苏维埃政府管理，但不分配，农民可以向乡苏维埃政府申请承包管理，收益时，必须按收益数量纳税。为鼓励群众参军参战，五华各地执行了西北联会关于红军家属、烈属、荣残军人在分配土地上的优惠政策。据有关文献记载，五华第四、第七、第八、第九区约16万人口，分得13万亩田地。

其中五华第八区农民每人分得1斗种田（按0.66斗谷种折合1亩计算），陂坑农民每人分得1.55斗种田。

农民分到田地后，县委、县苏维埃政府在解决农民"耕者有其田"的基础上，又积极引导农民进行经济建设，帮助农民解决种子、耕牛、农具缺乏的困难，建立合作社，兴修水利，大大调动了农民生产积极性。农民生活大大改善，参加红军革命的热情更高。仅1930年春，五华青年编入红军四十六团的就达200人，红军四十六团由500人发展到1000人。他们为捍卫苏维埃政权，保卫革命根据地抛头颅、洒热血，生命不息，战斗不止，涌现了许多可歌可泣的事例。古大存一家从1925年至1931年的6年中，就有14人参加革命，有12人（其中10名烈士）先后为人民的解放事业战斗至生命最后一刻，一门忠烈光照五华大地。

1931年5月后，由于革命受挫，县、区、乡苏维埃政府随之解体。

扩大武装割据，融入中央苏区

1929年6月18日至7月初，中共东江特委在丰顺县黄礤召开东江党员代表大会。五华等11个县23名党代表出席了会议，五华县青年团负责人列席参加了会议。大会向东江各县提出了"扩大党的政治宣传，加紧日常斗争的鼓动与指导，争取广大群众"的工作总任务，号召东江各级党组织发动群众，开展农村武装割据斗争。中共五华县委根据东江党代会会议精神，进行认真研究和落实。在东江红军支持下，五华各区、乡赤卫队主动向反动据点出击，歼击警卫队、民团等地方反动武装，收缴敌人的武装壮大自己的力量，扩大赤色区域。

1929年6月，中共东江特委派遣红军四十六团教导队队长古宜权率领红军300多人，突袭安流（七区）警委会，经一天浴血奋战，攻陷了安流镇。红军在安流街上散发传单、张贴标语，宣传共产党的政策，号召七区人民团结起来，打土豪分田地。

7月21日，四区地主豪绅勾结张九华统率县警卫基干大队，围捕郭田布尾村革命群众50多人，其中共产党员6人，激起布尾苏区人民极大愤怒。他们集会号召全村人民行动起来，做好反击入侵之敌的准备，并写信派人送给八乡的五华县委领导人，要求派遣红军支援。中共五华县委接信后，一面指示四区委，成立战时军事委员会，负责统一指挥各乡村赤卫队战斗；一面指派共产党员万大来率领县教导队和九区赤卫队100余人，支援布尾人民反击斗争。此役，击毙敌35人，俘敌7人，缴获各类枪支20支。败将张九华并不罢休，调兵遣将先后向四区布尾发动七八次"围剿"，终被红军、赤卫队击败。

为了进一步打击敌人的气焰，五华县委决定增调九区的百余名赤卫队员支援四区武装斗争。8月29日，东江红军第四十六团第二连配合五华县赤卫模范队，深夜突袭四区双华乡治安会，当场击毙反动首恶张翼巨等28人，缴枪7支。9月3日，张九华网罗国民党军黄振中营及各地警卫队从四面包抄布尾苏区。在敌强我弱的形势下，红军、赤卫队马上集中火力阻击敌人，掩护苏区人民撤向八乡山，敌人扑空，撤回驻地。

10月1日，五华安流警卫队、丰顺大罗驻敌、揭阳大阳驻敌，汇集丰顺汤坑驻敌近千人，对八乡山根据地采取包围态势。在四面受敌的险恶形势下，中共五华县委在八乡山召开了党团常委联席会议，作出两条决定：一是充分发动群众做好反"围剿"的准备；二是扩充县赤卫模范队一个中队，在龙潭、牛汶溪设立小型兵工厂，制造枪支弹药支援前线。

会后，经广大党、团员宣传发动，八乡山农民反"围剿"斗志空前高涨，他们纷纷把自己的耕牛卖掉，买回2万多发子弹送给红军、赤卫队。中共五华地方组织还采用先发制人的战术，于10月20日派赤卫便衣队袭击大都警察所，击毙反动警卫队员8人，缴获枪支3支。大都告捷后，赤卫便衣队马上张贴散发《告警卫队员书》《白兵出路歌》。五华党组织认真做好白兵（国民党兵）家属的思想政治工作，劝告他们的子女不要为国民党反动政府卖命，与红军、赤卫队为敌。经耐心说服教育，至1930年上半年，仅国民党香翰屏部五华籍士兵就有60多人离队回乡。加上古大存等领导人在敌人气势汹汹闯进革命根据地时，率领红军迂回退却，诱敌深入，选择敌军薄弱点，集中优势兵力，各个击破，迫使国民党反动军队撤回驻地。

10月18日，为配合中央红四军作战，东江红军第四十六团奉命进驻八乡。20日，朱德率红四军南下东江，革命形势急速好转。面对大好形势，中共五华县委于23日召开党团常委联席会议，传达贯彻中共东江特委常委扩大会议精神，要求各级党、团组织积极发动党、团员深入斗争第一线，踊跃参加特种组织作战（如交通、侦探、救护、运输等），认真组织和发动群众开展秋收斗争。会后，县委印发《党团告群众书》《十大政纲》《目前政治环境与党的任务策略》等宣传资料至各区委、支部。各区委、支部灵活采取各种形式，向工人、农民开展声势浩大的宣传鼓动工作。

游击战争的深入开展，扩大了武装割据的区域，推动了五华党、团组织的发展。在第一、第二、第三区新建立了5个党支部，党员17人；在第五区澄湖、黄龙等乡建立党组织，并成立篷船工会；在第六区叶湖、黎塘里、联和等村建立党组织，并在横陂石窟下成立石业工会；第七、第八两区党组织的发展也有新的突破，除罗经坝几个乡村未建立党组织，其余都建立了党组织。因此西北七县联席会议向各县委、区委、支部发出的指示中明确："五华斗争由抵御敌人的进攻转为反攻，将促成四、七、八区等三个赤色区域割据。"①正如红十一军代表在中华苏维埃全国第一次代表大会上的报告所说："在秋收斗争中形势更加快速的深入，斗争范围也快速的扩大。在五华等处的乡村斗争，已由抗租而进入到没收分配土地、推翻国民党豪绅地主政权、建立苏

---

① 中共五华县委党史研究室编：《中国共产党五华县地方历史》（第一卷），内部资料，1997年，第72页。

维埃的阶段。"①

在武装割据斗争的大好形势下，中共东江特委接受了五华共产党人古大存关于东江武装割据应向西北方向发展，与中央苏区连成一片的建议，命令军委书记古大存率部向江西进军。11月20日，古大存、何石率领四十六团、四十七团，往江西寻乌方向进军，当部队到达郭田坪上时，突遭张九华统率地方反动武装1000多人伏击。由于敌占据坪上四面高山，居高临下，红军作战地形不利，伤亡严重。四十七团团长何石，连长许炳，吴峰壮烈牺牲，古大存负伤。此役是东江红军损失较大的一次战斗。为保存实力，东江红军被迫撤回八乡山根据地。

1930年5月1日，东江第一次工农兵代表大会在五华第九区丰顺八乡山滩下庄屋坪召开，大会成立东江苏维埃政府和古大存任军长的中国工农红军第十一军。大会投票选举产生45名委员、15名候补委员，其中常委15人，组成东江工农兵代表会议政府（8月，改为东江工农兵苏维埃政府）。陈魁亚为委员长，古大存、陈耀潮为副委员长，履行政府一切职能。任命古大存为红十一军军长，下辖东江地区四十六团、四十七团、四十八团、四十九团、五十二团和一个教导团，全军兵力3000人。这标志着统一的东江革命根据地的正式形成，八乡山成为东江最大的红色区域。红十一军组建成军后，军部驻八乡山，设有军校、医院和兵工厂等，是东江革命根据地的一支正规编制的红军部队，斗争足迹遍及东江地区的梅州、汕头、潮州、揭阳、汕尾、惠州、河源等17个县市区，经历了大小战役百余次，为中国革命作出了重大贡献。

1930年10月下旬，中共闽粤赣苏区特委在大南山的大溪坝村

---

① 中共五华县委党史研究室编：《中国共产党五华县地方历史》（第一卷），内部资料，1997年，第72页。

成立。同年11月，中共闽粤赣边特委西北分委成立，领导龙川、五华、兴宁、梅县、大埔、丰顺、平远、蕉岭等县党组织。此时粤东北的五华已属于中共中央计划建立的中央苏区南部区域。1930年12月，中央革命根据地进入第一次反"围剿"，同月10日《中共中央给红军的训令》中称："第一、三军团在目前情况之下，应以赣南和赣东南为作战地区；而以闽粤赣为后方根据地……"①五华红色区域已是中共闽粤赣边特委西北分委管辖区域，成为中共中央计划建立的中央革命根据地的后方根据地范围，是中央革命根据地腹地的南方屏障。特别是随着八乡山和五兴龙革命根据地先后建立，五华红色革命根据地的军民积极参与牵制国民党军的战斗，配合主力红军在赣南粉碎国民党军的第一次"围剿"。五华苏区的革命斗争融入到中央苏区的反"围剿"斗争中。

1931年1月，中共苏区中央局成立，发出《通告》称，闽粤赣特区，包括闽西、粤东北、赣东南一部分。中共苏区中央局划定的闽粤赣特区实际控制区域，包括粤东北部，而五华县就位于粤东北部，是闽粤赣边特委实际控制区域。同年4月4日，《中央给闽粤赣特委信》中明确指出"闽粤赣是整个中央区的一部分"②。"中央区"，即中央苏区。五兴龙根据地的五华县属红色区域，成为中共中央明确的中央区范围。

此后，中央苏区逐渐进入全盛时期。1932年春节，五兴龙县委迁至江西寻乌车头村，属五兴龙县委领导的五华县与中央苏区赣南逐渐密切了关系，开始接受江西省委领导。1932年2月，江西省委调罗屏汉、罗文彩、张瑾瑜、廖醒中、古汉忠等到会昌县

① 中共中央文献研究室、中央档案馆编：《建党以来重要文献选编（一九二一——一九四九）》（第七册），中央文献出版社2011年版，第718页。

② 中共龙岩地委党史办编：《闽西革命文献资料》（第五辑），内部资料，1984年，第133页。

委工作。3月，江西省委又调陈锦华任安远县委书记之后，五兴龙县委由蔡梅祥负责。5月，赣南根据地召开工农兵代表大会，成立江西省苏维埃政府。是月，江西省苏维埃政府委员古柏前来河角圩指导工作，邀集五兴龙县委的同志召开党团联席会议。此后，五华苏区与五兴龙根据地的革命斗争，正式归中央苏区江西省领导，与中央苏区领导的斗争融为一体。

1932年6月，以李富春为书记的江西省委决定，五兴龙根据地组建兴龙县委，继续领导五华、兴宁、龙川苏区的斗争。此时，在五华南部，第八区委书记巫素怀在八区组建一支20多人的八区驳壳队，和古宜权领导的30多人的西北游击队，活跃在五华南部山区；邹权在六区组建一支20多人的红色先锋队，战斗在五华中部地区。同年7月，古宜权率领西北游击队30多名队员突袭八区睦贤乡，地方民团武装全部缴械，处决了民团团长。同年冬，从赣南率部返回五兴龙根据地的古汉忠，主要活动于龙川南部与五华北部周边。岐岭、双头、新桥等地苏区成为兴龙县委领导下的根据地重要组成部分。

1933年春，中央苏区取得第四次反"围剿"胜利后，古汉忠增补为中共兴龙县委委员、兴龙县革命委员会主席团成员，在其领导下五华苏区已恢复了大部分苏区面积。6月，为牵制国民党广东陈济棠部北上事宜，粤赣军区宣布部署五华、兴宁、龙川、平远、寻乌地区开展武装斗争。五华苏区游击队在兴龙县委的领导下，积极牵制"进剿"中央苏区腹地的国民党军。他们先后在五华安流的念目石，龙村葵头嶂、银子窝，梅林深湖村，郭田的照月岭、礤下肚、柑子窝、叶田、鸡公石等地开展袭击国民党地方反动武装和反"围剿"斗争。12月，为了阻止国民党粤军陈济棠部北上江西"围剿"中央红军，驳壳队队长古汉忠带领十多名游击队员，配合赣南游击队，烧毁了官汕交通干线五华境内的三多齐公路木桥，极大地破坏了敌人交通运输线，牵制了陈济棠部北上"围剿"中央苏区的兵力，为中央苏区开展反"围剿"战斗赢得了时间，此举被时任中央军委参谋长刘伯承在中央机关报《斗争》第42期上撰文表彰。

1934年，第八区苏维埃政府主席胡汉在安流进行革命活动时遭到敌人围捕壮烈牺牲。7月，鉴于中央苏区粤赣省苏区大部分失守，中共中央决定，在赣南战地委员会和赣南军区的辖区内成立中央苏区赣南省。8月，组建省苏维埃政府，兴龙县委委员古汉忠等领导的五华境内崇山峻岭中的苏区归中央苏区赣南省管辖。同年10月，中央红军主力长征后，留下的战士则坚持隐蔽斗争。1935年春，兴龙县委书记蔡梅祥到五华岐岭等地检查工作，对中央红军战略转移后五华苏区的武装斗争作出了具体部署。

早在1930年12月，五兴龙革命领导机关迁至寻乌、兴宁交界的南扒新村一带后，五兴龙革命根据地由于紧接中央苏区而成为中央苏区的重要门户。根据地以大塘肚、新村为中心，建立通往五华、紫金、河源、梅县、兴宁、寻乌、定南等地的七八条红色交通线，使五兴龙根据地、游击区与东江特委所在地八乡山和江西中央苏区连接起来。中共五华县委除建立了通往各区、乡的交通线外，还开通了五华—龙川大塘肚、五华—兴宁、五华—大南山东江特委机关、五华—丰顺、五华—紫金、五华—揭阳6条主要红色交通线，有效地沟通了中央苏区与五华、东江特委、各区委的人员信息往来。

中央苏区被"围剿"时期，梅州各地军民冲破敌人的重重封锁，为中央苏区输送了大量紧缺物资，"十万挑夫上赣南"就是对当时广东支援中央苏区的真实写照。国民党在五华各区、乡设卡安哨，阻止物资北上支援红军，五华人民为保障苏区红军和中央苏维埃政府紧缺生活品的供应，冒着生命危险，几乎每天都有一大批挑夫挑担分五六路，从五华的棉洋、龙村、安流、水寨经华城、岐岭、新桥，再经江西寻乌、安远等地将食盐、药品、纸张等紧缺物资挑运到中央苏区腹地，大大地帮助了中央苏区解决生活用品和医疗药品紧缺的困难。

红色交通线和经济线的建立，进一步加强了东江革命根据地与中央苏区的沟通联系。特别值得一提的是，五华有100多名铁匠，先后进入江西兴国的官田、福建永定的茶树下为中央红军修枪造弹，成为中央苏区兵工厂的奠基人。在创建梅县顺里村东江兵工厂、五兴龙兵工厂、兴国官田兵工厂、闽粤赣造枪厂等的过程中，都留下了五华铁匠为中央红军修造枪械的印记。1931年7月，马文和马木松、周亚木、邱林华等42名铁匠乡亲，辗转来到江西瑞金参加红军。红军总司令朱德亲自接见这批工人，说："你们一批会造枪修枪的人到来，（红军）有如旱禾见水啊！"[1]借此，这批工人正式参加了红军，他们陆续成为人民武装兵工厂的主要负责人和技术骨干，是人民军工事业的开拓者。如：马文，历任官田兵工厂职工委员会委员长、中华苏维埃共和国国家企业部部长、八路军总后勤部军事工业处处长、抚顺东北军工部秘书长、东北航空学校政委、中央航空工业建设委员会委员、北京航空学院副院长等职；周鉴祥，历任红军兵工厂组长，延安兵工厂副厂长、指导员，延安机器厂厂长，延安兵工厂厂长、造币厂厂长，佳木斯兵工厂厂长等职；邱林华，历任赣南兵工厂工会主任、粤赣兵工厂副厂长、山东北海军工处一分厂厂长、华东野战军军工部六厂厂长、徐州西关兵工厂厂长等职；刘愈忠，参加红军后一直随军修造枪械，历任红十二军修械班班

---

① 五华县地方志编纂委员会编：《五华县志》，广东人民出版社1991年版，第222页。

长、红二十二军军械股股长、八路军一一五师修械股股长、山东滨海军工部修械厂厂长、华东工矿部材料库主任等职，1937年参加了著名的平型关战役。

五华为中央苏区输送了一批优秀的领导干部和红军战士，古大存、魏挺群、古清海、黄宝球、古汉忠、曾伯钦等一大批青年主动参与或奉调到中央苏区工作。1930年，时任红五十团副连长的曾伯钦，带领数十名五华籍红军战士，参加了同年3月在江西寻乌的澄江战斗。1932年2月，江西省委调五兴龙苏区的骨干古汉忠等到会昌县委工作。1930年11月，古大存因战事需要，未出席大会，但仍被选为中华苏维埃共和国临时中央政府执行委员。1934年1月，东江又派出代表，参加中华苏维埃第二次全国代表大会，古大存继续被选为中华苏维埃共和国第二届中央执行委员会委员。1931年年初，魏挺群受组织安排，辗转到达福建省永定县，任少年共产国际闽西特委（1932年改为中共福建省委）宣传部部长，并主办团干部训练班。1933年奉调至江西瑞金，在中国共产主义青年团中央工作，先后任秘书长、宣传部副部长兼团中央机关报《青年实话》主编，成为中央苏区出色的青年宣传家。1934年10月，中央红军长征，他奉命留在江西苏区，坚持游击活动。红军长征后，由于党内执行"左"倾错误路线，魏挺群等于1934年冬被错杀。党的十一届三中全会后，中共中央为他平反昭雪。1985年4月，广东省人民政府追认他为革命烈士。

中央红军长征时，有数百名梅州籍的优秀儿女跟随主力红军长征，其中目前能查到的五华籍长征红军有曾国华、赖绍宏、刘愈忠、李继生、李异凡、马木松、周亚木、周鉴祥、邱林华、胡安10人，参加人数位居全省第二，其中牺牲在长征途中的有胡安、李异凡、马木松、周亚木4人，其余6人走完了长征全程。五华人民为中央苏区的创建和发展作出了重大贡献。

第八节 五华苏区人民的反"围剿"斗争

红色苏区的日益扩大，引来了反动政府和封建势力的疯狂"围剿"。1930年秋，粤军阀陈济棠密令驻揭阳、丰顺、五华的张瑞贵部配合各县警卫基干队、民团"进剿"以八乡山为中心的革命根据地。国民党军张瑞贵部根据蒋介石的"剿共"办法，每进犯一地，就强化其反动统治机构，实行保甲连坐法，在军事上改用"稳扎稳打，步步为营"战术，疯狂向五华苏区"扫荡"。

中共五华县委针对敌人"围剿"苏区的毒辣手段，成立军事委员会，负责指挥反"围剿"斗争，还制定地方武装组织法，规定16岁起至40岁的男女，编入赤卫队组织。年龄较大的则编入通讯队、侦察队。妇女编入洗衣队、慰劳队、担架队等，其编制为"三三制"。中共五华县委还根据不同时期、不同地区特点，适时提出切合实际的具体战斗口号，领导群众开展斗争。如1930年夏收季节，便提出"保护夏收"和"武装抢收水稻"等口号；1931年春荒时节，便提出"要饭吃，要衣穿，要钱用，团结起来，没收地主豪绅米谷、财产去"的口号，带领群众没收反动地主的粮食、浮财，解决红军、群众的生活困难。在分了土地的乡村，发现地主、富农有"反水"讨田或土地果林没收漏网的现象，便提出"开展查田运动"的口号，领导群众深入土地革命斗争，进一步扩大土地革命斗争的成果。针对敌人在白区诱惑群众上当，走上投靠敌人以至对抗革命的道路的政治阴谋，县委指示各级党组织和武装队伍，必须加强对群众的宣传工作，揭露敌人阴谋，发动群众与之斗争。坚持在根据地内斗争的红军战士和县赤卫队员，时时爱护群众，处处关心群众利益，急群众之所急。看到农民缺衣少食，红军战士和县赤卫队员就把仅有的一点粮食和衣服送给他们。由于党和红军与广大群众同呼吸、共命运，进一步激发他们支援红军和参加反"围剿"斗争的积极性。在广大群众支援下，红军、赤卫队取得了一次又一次反"围剿"斗争的胜利。

一、竹头塘诱敌战

1930年7月5日，国民党军纠集五华地方反动武装1000多人进攻水寨。古宜权带领红军和县、区、乡赤卫队1000多人，采用诱敌深入，寻机歼敌战术，将敌军从水寨引进八乡山通往水寨、兴宁的要道太和竹头塘险要地段，向敌军中间冲刺，使敌首尾不能相顾。竹头塘苏区人民手拿粉铳、大刀、长矛乘势冲击敌先头部队，打得敌人措手不及、拼命逃窜。国民党反动军队见红军、赤卫队攻势凶猛，火速从兴宁调兵支援，挽救败局。当大批敌援军赶到时，古宜权即带领红军、赤卫队实行战略转移。此役，毙敌多人，缴获战利品一大批。

二、深湖阻击战

1930年8月6日，安流福昌乡豪绅李雄球、李天佑勾结五华、兴宁两县警卫基干队1000余人，"进剿"梅林深湖乡苏区。深湖乡苏维埃政府马上动员农会会员、少先队员登上塘背寨附近的高山上，擂鼓吹号，摇旗呐喊，赤卫队队长带领70多名赤卫队员，凭借居高临下的有利地形，采用声东击西的战术，与敌周旋。敌军见四面山上红旗招展、鼓角齐鸣、枪声四起，误以为中了红军、赤卫队主力伏击，在胡乱向村中扫射一阵后，敌首急令向安流撤兵。深湖乡赤卫队乘势追赶敌军十多里。战后，国民党反动政府不甘心失败，于8月17日再次集重兵4000多人，分两路"围剿"深湖乡苏区，一路从梅林优行进击，一路从金坑直插深湖苏区。当敌军进至优行村时，立即遭到李英统率的县赤卫队的截击，敌军面对这突如其来的痛击，急调头往回撤，后又遭优行乡赤卫队正面堵截，被困在优行乡。战至黄昏，恰逢天下大雨，敌人个个成了落汤鸡，龟缩在一座大屋里。李英率队乘雨夜突袭敌军驻地，敌军大败而逃。另一路敌军窜进深湖乡，深湖乡苏维埃政府指挥赤卫队，据守村口三座炮楼和西边高山，成犄角之势，阻击敌人进犯。在广大苏区人民支援下，赤卫队先后打退了敌人十多次进攻，击毙敌人一大批。战至次日凌晨，赤卫队弹尽援绝，敌军攻陷炮楼，将村民包围，赤卫队带领村民奋力突围。此战，敌军伤亡惨重。

三、念目石截击战

安流念目石是八乡山通往梅林、龙村等地的交通要道。1929年夏，五华县第七区苏维埃政府在该村成立。念目石人民在区苏维埃政府领导下，全歼了安流地方反动武装百余人，缴获步枪40多支，子弹1000多发。因此，念目石成为国民党五华反动政府的眼中钉、肉中刺。1930年秋，县警张九华亲率地方反动武装500多人"围剿"念目石村。赤卫队马上开赴山背田，截击张九华地方反动武装，经五六小时激战，因力量悬殊，缺乏弹药，20多名赤卫队员遭敌包围。面对敌军的重重包围，赤卫队员毫不气馁，奋勇向前，与敌血战到底。恼羞成怒的敌军进入念目石村后，肆意屠杀村民，焚烧房屋，洗劫耕牛、农具、物品等，幸存的村民只得往外逃生，造成100多人的村庄才半年多的时间就断了烟火。敌人能毁灭念目石人民的村庄，却不能磨灭念目石人民的意志。虎口逃生的40多个村民回到村子，没有房子，就钻山洞；没有粮食，就挖猴头菇、硬板头（土茯苓）充饥；没有炊具，就利用破缸烂钵作炊具；没有棉被，就拿稻草蓑衣当被盖，他们就这样挨过艰苦的岁月。他们对党忠贞不渝，直至1949年中华人民共和国成立，村中没有一个人去当国民党兵，没有一个人做反动的保甲长，没有一个人向国民党反动政府投降自首。故该村被五华人民称为"红到底的念目石村"。

接着，大九塘、竹山村、曹塘、沸水塘、华拔、双华、军营、郭田、布尾、坭坑、桃里寨、黄泥寨等苏区人民英勇反击敌军的"进剿"，重创敌人后，各区、乡赤卫队往八乡山转移。敌军攻陷这些苏区后，大肆进行"清乡"。滥捕村民，以"共匪"罪杀头枪决，焚烧房屋、山林，迫使苏区人民逃离家乡；对苏区人民的耕牛、农具统统抢走，抢不走的，一概毁灭；对成熟的水稻，则抢割之，对未成熟的水稻，则放牛马践踏、毁坏。

四、贵人村阻击战

1930年秋，东江行动委员会领导机关转移到大南山后，红十一军军长古大存率领四十六团和教导团留在八乡山坚持斗争，以牵制敌人。1930年冬至1931年夏，广东军阀先调毛维寿部，后调张瑞贵一个旅的兵力，除以小部兵力（一个团）对付大南山根据地外，集中大部兵力及五华、丰顺各县警卫队共500多人，分数路"围剿"八乡山。在古大存指挥下，红军在八乡山外围猫坑、畲平、嵩头等地多次击退了敌人的进攻。但敌军仍重兵围困，步步为营，进行军事封锁，致使八乡山地区粮食和物资供应困难。八乡山入冬后，山高气候寒冷，红军战士缺衣少食，有时两天仅能吃一餐稀饭，每人最多只穿三件单衣，而被褥更成问题，有的只是用几块破布当被盖，或两个人共用一块旧的军毡。尽管如此，红军战士毫无怨言，坚持斗争。1931年春，敌人再次重兵围困时，古大存命令古宜权率教导团向西北突围。教导团经过一个多月艰苦斗争，胜利突围，与红军四十九团汇合，进入海陆紫苏区。

教导团突围后，留守在八乡山的红军四十六团，兵力更为单薄，斗争更加艰苦。但是，古大存临危不惧，他组织军民，一面在地处八乡山咽喉的贵人村修筑坚固炮楼碉堡，阻击敌人进入苏区腹地，一面伺机袭击敌人，坚持斗争。估计敌人将再次重兵进攻八乡山，红军领导人和五华县委动员贵人村周围四乡人民，在贵人村筑起可以阻击和防御敌人的品字形堡垒。每个堡垒中心筑起炮楼，周围挖有壕沟，围墙筑得又高又长，在外面再建立木栅，木栅外围地带装上竹钉，其外围又筑起一层木栅和竹钉。

1931年4月，五华反动分子张九华带领400多人武装进攻八乡山。古大存调集红军、赤卫队200多人坚守，敌屡攻不下，只得撤退。6月1日，敌独立二师（张瑞贵旅改编）第三团一个营（李营）及五华县反动警卫队近千人，重点进攻贵人村堡垒。敌人多次以一个排的兵力进行冲锋，都被坚守堡垒的战士击退。整场战役历时两天三夜，敌共被击毙击伤80余人，而红军战士仅牺牲1人、负伤2人。后因弹尽粮绝，红军、赤卫队不得不于6月6日弃守撤离。品字形堡垒丢失，红军无险可守，敌人开始深入腹地。这时又接到中共东江特委的撤退命令，同时发现有叛徒做敌人内应，古大存遂于6月11日率领四十六团共100多人，从滩下撤出八乡山，经戏子潭到揭阳龙潭（今属揭西），再转移到陆丰县下沙至紫金洋头炮仔，与古宜权率领的教导团汇合，在海陆紫及陆惠边界开展游击战争。转移途中，数十位干部战士遭杀害，其中红十一军负责军需的古公鲁及红色宣传员张剑珍、红军战士徐妙娇（古大存的妻子）在棉洋等地被捕，解往华城被杀。五华赤卫队中队长万大来受伤后隐蔽在群众家，后因叛徒曾谷球出卖而牺牲。至1931年6月，八乡山革命根据地全部被敌人侵占，苏区人民遭到敌人残酷政策的摧残。

第九节 革命低潮时的五华苏区游击斗争

1930年12月底，蒋介石对中央苏区发动了第一次"围剿"，国民党粤东驻军为了配合蒋介石军事行动，开始向五华苏区发起了大规模的军事进攻，加上党内肃反严重扩大化，致使五华革命根据地的斗争受到了严重挫折，革命形势逐步转入低潮。同年秋冬，中共中央派邓发、李富春到大南山召开中共闽粤赣边区第一次代表大会，取消了东江行动委员会，改组中共东江特委。

1931年春，由于党内执行错误的"左"倾路线，红军武装大大削弱。五兴龙游击总队几乎被搞垮，只剩下二三十人，八乡山也只剩下红四十六团100余人在坚持斗争。至1931年下半年，红十一军撤出八乡山，五兴龙党政机关也转移至寻乌县芳田村一带，五华苏区的革命形势陷入了困境。国民党反动派采取碉堡围困、经济封锁、移民并村、保甲连坐、大肆烧杀等最残酷、最毒辣的手段，实行反复"清剿"。国民党军队所到之处，血流遍地，一片废墟，整个五华陷入腥风血雨中。据不完全统计，自1927年后，全县被反动派杀害的人数达3072人，其中被杀害的干部1196人（中华人民共和国成立后被评为烈士），群众1876人。受摧残的村庄有240个，被烧毁房屋10327间，被抢走耕牛4221头，以及物资一大批。其中优行、深湖、禾田水、念目石等14个村被夷为平地。面对国民党统治集团的高压残酷统治，为牵制、打击敌人，扭转东江革命被动的局面，东江特委决定重振旗鼓，组建若干支精干游击队，向东江西北方向游击。游击队有人员近百人，在险恶政治环境中，在紫金、五华边境，采用化整为零、分散游击、山内平原一起行动的办法，袭扰敌营、毙伤敌军、截敌运输、破敌交通、焚敌车辆、捣敌仓库、断敌电线等，有力地支持了大南山反"围剿"斗争，取得了多次战斗的胜利。

1931年夏，地主恶棍魏颂周在龙村葵头嶂组织"护路队"，借护路为名，行敲诈勒索之实。他们肆意搜查来往客人、过往物资，严重阻碍党的交通联络。古宜权率领十多名队员拔掉了这只"拦路虎"。巫素怀率领五华八区驳壳队配合西北游击队、紫金龙炮苏区军民，将紫金县警卫基干队300多人引入伏击圈，经3个小时激战，歼敌30多人，俘敌20人，缴获长、短枪50多支及子弹一批。五华八区驳壳队还经常指导群众对敌斗争，惩办了一批反动首恶及内奸，狠狠地打击了五华地方反动武装残害苏区的反动气焰。

1932年7月，红十一军团长古宜权率领30多名战士突袭五华睦贤乡，消灭了睦贤乡民团，处决了民团团长龙祝初等3人，大快人心。9月，古宜权又率红二团一部到龙村睦贤银子窝游击，拟惩罚当地大地主龙益昌等人。地主龙益昌获悉，星夜派人到安流勾结国民党军张廷中部前来"围剿"。古宜权发觉后，马上率部胜利突围。后古宜权率部移驻普宁汤头村。敌张瑞贵独一师一个团配合警卫队共1000多人，突袭汤头村。古宜权指挥团部20余人奋起反击。由于敌强我弱，面对涌上来的敌人，古宜权眼见弹尽援绝，无力挽回局面，自己又受重伤，将有被敌俘虏的危险，于是饮弹自尽，壮烈牺牲，时年27岁。

1933年6月，古大存以东江红军第一路总指挥的名义，率领游击队到汤坑礤下肚活动，当获悉汤坑区区长来该村处理群众械斗案后，马上布置数名游击队员到郭田照月岭设伏，以闪电式战术，将汤坑区区长击毙。1934年5月31日，为开通“围剿”苏区的公路，丰顺县县长林彬带领随从坐车到丰（丰良）汤（汤坑）公路督查工作。古大存率领12名游击战士埋伏在南蛤龙岗荆棘丛中，待林彬一下车，便将其一枪毙命，其余随从连滚带爬，哀求饶命。击毙反动县长林彬后，古大存马上派人在丰顺汤坑等地贴出布告，署名“东江红军第一路总指挥古大存”。国民党反动政府闻之，坐卧不安。军阀陈济棠马上从大南山调张瑞贵、邓龙光两师兵力到丰顺、五华边境，搜寻古大存率领的红军。古大存即率队回大南山，敌军扑空。1935年夏，古大存又率领张观亮、陈华、曾史文等17名红军战士，携带机关枪1挺，驳壳枪等武器10支以及手榴弹、子弹一批，辗转到达大埔高陂一带，建立和发展了6个党支部，组织工会、贫农团开展游击活动。

可以说，五华苏区人民从1927年冬至1935年秋，在中国共产党的领导下，坚持了7年多的艰难曲折的工农武装革命斗争，经受了血与火的考验，建立了苏维埃政权，开展了土地革命，有效地牵制了广东军阀北上夹击中央红军的兵力，有力地支援了中央苏区的反“围剿”斗争，为党和人民建立了不可磨灭的历史功绩！

4

第四章
中共五华县地方组织的重建和抗日救亡运动

第
一
节 **中共五华县地方组织的重建与发展**

　　1931年9月18日，日本武装侵略沈阳，制造了"九一八"事变。此后，在国民党对日本妥协的"不抵抗主义"和"攘外必先安内"的反动政策下，日本帝国主义加紧了对中国的侵略。1938年日本侵略军铁蹄踏进广东后，日机多次侵入五华县境狂轰滥炸。11月9日，11架日机空袭五华县华城，投弹29枚，炸死4人，伤11人，炸毁房屋40间。11月10日，8架日机轰炸五华横陂，投弹30多枚，炸毁民房、店铺13间，炸死5人，伤10人。1939年4月，7架日机轰炸华城东山坳，炸死3人，伤12人；另有2架日机轰炸水寨、横陂夏阜，炸死2人、耕牛2头。1941年4月15日，1架日机轰炸安流，投弹5枚，炸死4人，伤8人。

　　在日本侵略军疯狂侵占中国的民族危难当头，五华人民掀起了抗日救亡热情。自1938年开始，广州五华学会组织回乡救亡工作团，回到五华各地组织宣传队开展救亡工作。岐岭、华城、新桥、转水、水寨、横陂、锡坑、夏阜、安流等地小学及全县中学积极组织下乡宣传队，增强五华民众对抗日的认识，激发爱国热情。1938年7月，横陂小学特制描绘中共领导军队英勇抗敌的抗战漫画100多幅，遍贴于横陂圩街头巷尾，激发民众踊跃支援抗战热情。同时，五华青年踊跃参加军训，分别在华城、水寨、安流集中训练，受训青年共650人；大田福文、锡坑、横陂、夏阜、岐岭等乡还举行武装大会，组织起民众武装自卫队；节约献金、火炬巡行等抗日救亡运动已在全县各地蓬勃兴起。

早在1935年北平爆发"一二·九"学生运动时，广州学生就组织中国青年同盟等进步青年组织，举行抗日示威游行。当日本侵略军进攻广州的炮声打响后，中国共产党指示各先进青年团体，号召广大青年开赴农村，直接参加抗日救亡工作。

1937年8月，中山大学毕业生、中国青年同盟成员钟靖寰回到五华县立一中，通过进步人士钟国楼等的介绍，在《五华周报》以公开的编辑身份作掩护，从事党的工作。为扩大宣传阵地，争取上层人士的支持，将该报改为具有统一战线性质的《五华日报》，由钟靖寰任总编辑。同年10月，钟靖寰以《五华日报》名义，先后两次召集爱国青年、教师、职员、工人和各阶层爱国人士、读者开座谈会，讨论如何开展抗日救亡问题。

1938年2月，钟靖寰为更好地接近群众和教育培养青年，将《五华日报》交廖汉英接办，自己即转入五华县立二中任教。在此之前，在第十二集团军政治部宣传队工作的共产党员钟远蕃回来五华，与钟靖寰取得联系，互相配合展开抗日宣传，党的影响日益扩大与深入。同年4月，钟靖寰经上级党组织批准加入了中国共产党。同月，钟靖寰根据中共广东省委指示，在县立二中、县立一中等学校的进步青年中，培养了一批积极分子，先后吸收进步青年黄可夫（原名黄河清）、陈景文（原名陈训言），先进教师钟雄亚、何德雄，以及进步学生黄展英、黄韬（又名黄君畴）、黄斐成、李汉兴、陈宜广等十多人加入中国共产党。与此同时，钟靖寰、钟雄亚、何德雄3人建立了中共县立一中教工支部，钟靖寰为书记。这是五华县重建中共地方组织的第一个中共支部。中共县立二中教工支部积极培养发展党员，首先发展了第一批学生党员李政寰、李中达（又名李妙钧）、郑群（又名郑挺生）3人。从此，因受敌人摧残破坏的五华党组织，正式恢复重建，出现了多渠道进行、由点到面、逐步推开的好势头。

一、中共五华县工作委员会（1938年5月—1938年11月）

1938年5月，奉中共广东省委指示，为使全县中共组织建设工作有一个统一的领导，中共五华组织在县立二中成立中共五华县工作委员会，隶属中共广东省委领导。钟靖寰为书记、黄河清为组织委员、钟思明为宣传委员。全县抗日群众组织如雨后春笋涌现出来，群众觉悟普遍提高，在政治上有觉悟、与群众有密切联系的积极抗日人数不断增加。中共县立二中教工支部即在此时采取积极而又慎重的态度，进行挑选、培养、教育建党对象，适时地、个别地加以吸收为党员。6月，县立二中党支部领导抗日前卫队在开展抗日救亡宣传活动中，先后吸收了一批党员，校内吸收的有刘大波（又名刘汉寰）、周福郎（又名周立群）、曾光（又名曾杞贤）、陈杰民（又名陈耀进）、朱晖（又名朱荣锦）、李胜祥、魏锦坤、黄锦松、陈炳胜等；校外吸收的有钟寰（又名钟育元）、陈江天（又名陈举君）、魏锡章、魏麟基等。在此基础上，建立了中共县立二中学生支部，刘大波（后朱晖）为书记，周福郎负责组织，朱晖（后陈杰民）负责宣传。

1938年11月，由中共广东省委常委尹林平派遣广东省无线电管理局原技术员、共产党员钟应时返回五华工作，同行的有广州电台原工人、共产党员钟桂周。他们回到家乡三多齐后，即与中共五华县工作委员会书记钟靖寰联系，组建中共三多齐支部，钟应时（后钟俊贤、钟鑫耀）为书记。这是中共五华地方组织重建的第一个中共农村支部。12月，中共三多齐支部又先后吸收钟鑫耀、钟坤儒等加入中国共产党。

第一个中共五华农村支部的建立，促进了全县各地中共农村支部的迅速发展。接着新桥、华城、岐岭、大田、转水、官桥、青塘、华拔、夏阜、梅林、龙村、长布、潭下、联长、水寨等地中共农村支部都陆续建立起来，加强了党对农村的"生根"工作。

二、中共五华县委员会（1938年12月—1941年11月）

1938年12月，奉省委之命，到东江地区筹组东江特委的省委常委尹林平来五华检查工作，传达省委指示精神，并与县工作委员会领导人对五华的情况进行分析。他们认为全县党员人数已达七八十人，且领导干部已具备，因此，决定在县立一中成立中共五华县委员会，并对原县工作委员会的领导成员作调整，隶属于东江特委。1939年2月，新的东江特委成立后，在紫金古竹召开各县县委书记会议，中共五华县委书记钟靖寰、宣传部部长张直心参加会议。为加强县委领导力量，会议期间，特委领导与钟靖寰、张直心研究决定增加陈训言、钟应时为中共五华县委委员。此时钟靖寰为书记，陈婉聪（女）为组织部部长，张直心为宣传部部长，陈训言为民运部部长，钟应时为青年部部长。

1939年暑期，国民党第一次反共高潮到来，东江特委为保存实力和隐蔽组织，扎根农村作长期斗争，于10月间，将政治面貌已经暴露的原中共五华县委成员钟靖寰、张直心、陈婉聪、钟应时等调离五华，重新调整县委领导成员，隶属中共东江特委。此时李汉兴为书记，黄君畴为组织部部长，陈宜广为宣传部部长，陈训言、钟寰为委员。1940年1月，中共五华县委组织部部长黄君畴、宣传部部长陈宜广奉命调离五华。中共五华县委书记李汉兴从省委党训班（曲江）学习回县后，县委领导成员作了调整，隶属中共东江特委。此时李汉兴为书记，陈训言为组织部部长，钟寰为宣传部部长。1940年7月，县委领导成员又作了调整，此时李汉兴为书记，钟寰为组织部部长，钟俊贤为宣传部部长。1940年9月，由于中共五华县委书记李汉兴在领导五华学运斗争中暴露了政治面貌，遂奉命调离五华。中共龙川中心县委调余进文（龙川人）任中共五华县委书记，县委成员相应作了调整，并隶属中共龙川中心县委。此时，余进文为书记，钟俊贤为组织部部长，钟寰为宣传部部长。1941年1月，根据斗争形势的需要，中共五华县委员会增设统战部，并对县委领导成员作了调整，隶属中共后东特委（全称是中共东江后方特别委员会）。此时，余进文为书记，李妙钧为组织部副部长，钟俊贤为宣传部部长，钟寰为统战部部长，张茹为妇委委员。1941年1月，由于国民党顽固派发动皖南事变，第二次反共高潮达到高峰。省委针对当时的反共逆流，指示精简各级领导机关，加强领导，以应付突然事变。后东特委根据省委指示，决定调钟俊贤任后东特委组织干事，隶属后东特委。此时，余进文为书记，李妙钧为组织部部长，钟寰为统战部部长，宣传部部长暂缺。1941年9月，李妙钧调河源西部工作，县委组织部部长由李政寰接任，隶属后东特委。此时，余进文为书记，李政寰为组织部部长，卓扬为宣传部部长兼青委书记，钟寰为统战部部长。

　　1939年冬至1940年12月间，根据上级关于"发展边区党组织，开展武装斗争"的精神，成立紫五边区委员会，钟靖寰、麦任为书记，侯过负责组织，张华基、魏洪涛负责宣传。

　　中共五华地方组织重建后，根据当时国共合作的局势，深入发动群众，先后组织成立塔岗青年读书会与华城青年读书会、五华县青年抗敌同志会、青少年抗日讲习班、新桥乡抗日醒狮队、五华县立二中抗日前卫队、五华县乡村服务剧团等一批有组织、有领导的抗日救亡团体。通过这些进步团体，培养发展进步青年入党，壮大党的队伍。1939年6月，全县党员已达120人。为加强党的领导，发展党组织，中共五华县委决定建立第一区（华城）

工作委员会、第二区工作委员会（后分转水区委员会和横陂区委员会）和第三区（上山区）工作委员会（1940年9月改为梅林区委员会）。至1940年年底，全县党员人数发展到400人。基层党支部也逐步建立起来。1941年2月，为在揭阳与五华交界的边远山区良田开辟革命据点，建立革命武装，开展武装斗争，中共五华县委经请示后东特委同意，决定建立良田区工作委员会。

三、中共五华县特派员制（1942年2月—1943年4月）

1941年12月，后东特委根据上级指示，为应付国民党加紧反共的形势，宣布中共各县委员会改为特派员制。原中共五华县委书记余进文调连平县工作。1942年2月，中共五华县委员会改为特派员制。此时，五华县特派员卓扬负责北片，李政寰负责南片、中片。1942年4月，五华县特派员卓扬调任后东特委宣传干事，由特派员李政寰负责全面工作。1942年5月发生"粤北事件"，省委书记李大林、组织部部长饶卫华被捕。为防止敌人对中共组织的破坏扩大，中共五华组织贯彻执行中共中央关于在国统区实行"隐蔽精干，长期埋伏，积蓄力量，以待时机"的"十六字"方针，根据上级指示，于7月间提出"渡过严冬，等待春天到来；留得青山在，不怕无柴烧"的口号，并布置全县党组织做好隐蔽精干、保存力量等工作。至此五华党组织转为单线联系，暂时停止组织生活。

1943年4月6日，五华县特派员李政寰在华城被捕，上级指示五华地下党组织由后东特委组织干事钟俊贤直接负责联系工作。

四、中共五华、龙川边区特派员制（1944年8月—1945年8月）

1944年5月，李汉兴在龙川县老隆镇接中共后东特委组织干事钟俊贤传达后东特派员指示后，开始逐步恢复中共五华组织的工作。1944年8月，后东特委指示设立中共五华、龙川边区特派员制，隶属后东特委。此时，钟俊贤为特派员、钟应时为副特派员。1944年10月，钟俊贤不再兼任五华、龙川边区特派员，由原副特派员钟应时任特派员。

1945年2月，后东特委派黄君畴为中共五华、揭阳（河婆）边区特派员、魏麟基为副特派员。6月，又增派曾光为副特派员以加强五华、揭阳边区河婆良田的党组织建设，巩固和扩大武装力量，开展武装斗争。

抗日救亡团体的兴起

全面抗战爆发以后，五华各界民众踊跃投入抗日救亡运动。各抗日救亡团体如雨后春笋，纷纷建立，遍及城乡，展开了声势浩大的抗日宣传、抗日支前和抗日游击战争的准备。此时，五华主要的抗日救亡团体有：

一、塔岗青年读书会与华城青年读书会

1938年1月，就读于中山大学的中共党员学生钟远蕃及原就读于广雅中学的进步学生陈宜广（1937年秋回五华借读县立一中）、进步人士钟谋辉等，带了许多抗日宣传品和青年读物回到华城塔岗村，倡导组织了五华县第一个青年读书会——塔岗青年读书会。会址设在"和益当"围龙屋正中的一间公堂屋里，门上挂着"塔岗青年读书会"的木牌子，屋内摆上整齐的桌凳，两边墙上钉有书架，书架上摆有艾思奇的《大众哲学》，《中国近代史》，恩格斯的《反杜林论》，列宁的《国家与革命》《帝国主义论》和《俄国资本主义的发展》等进步的哲学社会科学、经济学著作；还有鲁迅、郭沫若、茅盾、巴金、老舍、邹韬奋、郁达夫、曹禺等一大批进步作家的作品。先后参加读书会的青年学生有钟光汉（又名钟莹）、钟挺英等20多人。众知识青年相互吸引到一块，如饥似渴地学习，积极探求革命真理，追求进步。全村迅速掀起了读书热潮，开创了一个团结抗日的宣传阵地。读书

会还每星期召开一次会议，各自汇报学习心得体会并进行时局讨论。由于读书会办得生动活泼，众多进步青年踊跃报名参加，前来借书、看书的人络绎不绝。后因读书的人数多，为适应形势发展的需要，把会址迁至德义学校（今塔岗小学）。

1939年，又把读书会扩展到华城，成立了华城青年读书会。吸收了张增珠、张淑勤、曾玉英、张铭钧、张素梅、钟楼梧等进步青年入会。后来，华城青年抗敌同志会成立，读书会便与之合并。这时，读书会的活动更为频繁，为把进步书报和进行抗日救亡的实践结合起来，读书会每星期或半月出版一期壁报，张贴到华城天妃庙等处墙上，每逢节日还贴大字标语。寒暑假，读书会组织抗日救亡宣传队，针对时局发展讲演，歌唱抗日救亡歌曲，如《流亡三部曲》《大刀进行曲》《工农兵学商一齐来救亡》等革命歌曲。同时，演出话剧，上街宣传。组织群众喜闻乐见的醒狮团，在狮背布面画上中国地图，标明哪些是沦陷区，哪些是抗日游击区，哪些是大后方，以舞狮的形式到各村各户开展抗日救亡宣传活动。这对唤醒民众的抗日热情，揭露国民党消极抗日、积极反共的丑恶行径，宣扬共产党、八路军、新四军抗日、爱国、救民的主张，收到了良好的效果。

读书会从1938年年初至1939年年底，历时两年。由于读书会宗旨正确，适应知识青年追求进步、向往革命的愿望，涌现了一大批进步青年。通过读书会开展学习、宣传马列主义，许多读书会成员进步很快，纷纷申请加入中国共产党。后来，这些中共党员大部分都成为革命骨干。在塔岗青年读书会和华城青年读书会的影响推动下，全县各乡村青年阅读进步书刊蔚然成风。通过读书活动，全县人民特别是青年学生对中国共产党团结抗日方针、政策有了深刻认识，扩大了党的政治影响，增强了党的向心力，发展了党组织，推动了中共五华地方组织的发展与壮大。

二、青年抗敌同志会

1937年8月，中共中央在陕北洛川召开政治局扩大会议，要求在一切国民党统治区，放手发动抗日群众运动，争取全国人民应有的政治经济权利。这就为国统区的抗日救亡工作制定了总政策和总方针。全面抗日战争爆发后，五华各乡（镇）建立起来的青年抗敌同志会（简称青抗会）就是洛川会议的产物。它既是五华尚占统治地位的国民党所允许成立的公开合法的群众组织，又是共产党的外围组织。

1937年10月，《五华日报》总编辑钟靖寰，先后主持召开两次读者座谈会。与会同志经过热烈讨论，一致认为，要抗日救亡就必须发动青年为先导。会上，成立了五华县青年抗敌同志会的雏形，钟靖寰为负责人。此后全县各乡（镇）青抗会陆续建立起来，群众性的抗日救亡宣传蓬勃兴起。

1938年5月，中共五华县工作委员会成立后，加紧进行发展党员的工作。至1939年春节前，全县各乡（镇）中共党员（包括从外地转入的党员）已达50人，主要分布在县立一中、县立二中及一些乡（镇）小学。由于党员分布不均，有的乡（镇）有3名党员以上；有的乡（镇）仅有1~2名党员；有的乡（镇）则连1名党员也没有。因此，各乡（镇）建立的青抗会出现如下三种类型：第一种是1939年春节前，先有中共支部才成立青抗会的乡（镇）。青抗会的首创骨干与领导骨干是该乡（镇）范围内的中共支部成员。支部负责人为青抗会的总干事，其余党员为顾问或干事。一些进步青年当选为干事，开明人士当选为顾问，形成了较为完整的抗日民族统一战线组织。如孔化乡、河口的青抗会就属这一类型。第二种是乡（镇）范围内只有1~2名党员，还未成立中共支部的，青抗会的组织者和领导者也必然是该乡（镇）的中共党员。一些进步青年当选为干事，一些开明人士当选为顾问，同样形成了较完整的抗日民族统一战线组织。如华城镇、岐岭一带的青抗会（由钟雄亚、钟应时、钟思明负责），转水和水寨一带的青抗会（由李汉兴、陈江天、李政寰、郑群、钟寰负责），横陂青抗会（由陈景文、魏麟基负责），龙村及梅林一带青抗会（由黄可夫、廖品初负责），新桥青抗会（由郭明负责），以及锡坑、夏阜、玉茶等地青抗会都属这一类型。第三种是乡（镇）范围内还没有党员的，同样成立青抗会。如合水与沥背合起来的乡青抗会的具体组织者与直接领导者就是还未入党的进步青年，该乡选举钟振常、胡标兰（2人均于1946年入党）为青抗会领导。无论属哪一类型的青抗会，都是在中共五华县工作委员会（后中共五华县委员会）领导下进行抗日救亡宣传活动。

各乡（镇）青抗会建立后，积极组织力量，利用各种生动活泼的宣传形式，进行广泛深入的宣传，唤起民众积极投入抗日救亡活动。1938年暑期，中共五华县工作委员会在岐岭小学举办学习和工作相结合的青年抗日讲习班和少年抗日讲习班，学员增至100多人。学习期间，组织学员深入乡村开展抗日救亡宣传，创建各种抗日青年组织，从而推动全县抗日救亡运动的发展。县委领导成员钟靖寰、黄可夫、钟思明和钟雄亚等在讲习班组织岐岭乡青抗会。这是全县较早成立的青抗会之一。岐岭乡青抗会成立后，发动会员捐赠各种书报，设民众阅报室；抗日醒狮队利用春节期间，深入农村向群众拜年。运用这种适合民间传统的文娱活动，从事宣传抗日救国活动，颇受广大群众欢迎。由青抗班发展到组织青抗会，壮大抗日队伍，培养发展一批共产党员，为后来创建皇华小学、皇华中学打下了坚实基础。

中共五华县工委总结推广岐岭乡青抗会的经验后，就读县立一中的进步青年郭明积极串联发动，于1938年10月成立新桥乡青抗会。新桥乡青抗会成立后，于1940年1月组织新桥乡抗日醒狮队。这是中共五华县工委领导下的统一战线的组织，是进步的群众团体。队员以青抗会会员为基础，扩大吸收热爱祖国且爱好舞狮和武术的青年参加，由20多人发展到四五十人。负责人是中共新桥乡支部书记郭明，主要骨干有李植廷、郭汉邦、赖振权、戴远松、卢谋、王今（又名王锦源）、戴汉寰、戴立天等。醒狮队除在新桥乡各村巡回演出外，还到县内外的华城、河子口、岐岭、潭下，甚至龙川县铁场，兴宁县的叶塘、新陂、附城等地演出。演出的收入用于召开队员大会的各项支出和购买进步书籍（设有地下图书室）等；此外，还筹备购买枪支、子弹，准备待日军打进五华时带领群众上山打游击。

1938年下半年，横陂籍进步青年魏麟基从潮汕抗日教导队回到家乡，组织横陂青抗会，有横陂、锡坑的青年教师、学生和从广州回来的知识青年共200多人参加。他们通过办夜校、演戏、教唱抗日救亡歌曲等方式，广泛进行抗日宣传。中共五华县工委派陈景文、李志仁参加横陂青抗会，把活动纳入共产党的直接领导。同时，在龙村奎文小学也成立龙村、梅林、华阳、塘湖一带的青抗会，有300多人参加，负责人为黄可夫。至1938年年底，华城、转水、河口、水寨、玉茶、大布、夏阜、安流等地的青抗会相继建立起来。至1939年春，五华各乡（镇）都有青抗会组织的活动，成分上由开始的知识分子占多数，逐步转变成青年农民占多数，使全县燃起了抗日救亡的火炬。

1939年夏，由于国民党顽固派五华当局消极抗日，惧怕抗日烽火燃到其头上，掀起第一次反共逆流，下令解散各乡（镇）青抗会组织。但在中共五华县委领导下，以青年农民为中心力量，采取醒狮队、联谊会、穷人会、月子会、时事讨论会、办夜校等各种形式，坚持开展抗日救亡宣传活动，以促进中共五华地方组织发展，不断壮大党的队伍。

三、县立二中抗日前卫队

1938年4月，中共县立二中教工支部成立后，在中共教工支部领导下，党员教师及进步教师结合教学，向学生进行抗日形势教育，灌输革命思想，组织和领导师生开展抗日救亡活动。由于革命思想的启蒙，师生们满腔政治热情，恨不得马上投笔从戎，奔向延安，洒血疆场，英勇杀敌。

同年6月，中共县立二中教工支部在支部书记钟靖寰推动下，由进步人士李抟和部分党员共同发起成立抗日前卫队，推举校长李抟为队长，钟靖寰为政治部部长，童军教练李锡伦为军事部部长。参加队员有进步师生七八十人，约占全校人数的45%。成立大会那天，还举行声势浩大的示威游行，由学校出发，经河口、下坝、水寨、大布、平民医院、大坝圩，最后返回学校。

抗日前卫队在中共教工支部领导下，开展了各种各样的抗日救亡宣传活动。首先是开展各类军事体育活动。如爬山比赛、划艇比赛、越野赛跑等，得冠军者奖给毛泽东著作《抗日游击战争的战略问题》《论持久战》。寒假，抗日前卫队由队长率领全体队员，开往60华里（约30公里）外的县城华城进行军事野营，学生们都踊跃参加。其次是走向社会进行义卖宣传活动。抗日前卫队以学校名义出版了一期《二中校刊》，钟靖寰为主编，由抗日前卫队队员到社会上去义卖，主要对象是富户商家。一张校刊少则二三毫，多则几元不等（皆以白银计）。义卖获得的钱交由学校转给前线，支援抗战。再次是配合校外青抗会，通过下乡唱革命歌曲、演讲、演双簧、演话板剧、演山歌剧、演白话剧等形式进行宣传；或在圩镇用竹木搭起简单的戏台，登台演出；或利用村前村后的草坪做剧场，进行表演。如在横陂圩口大榕树下，魏麟基在临时搭建的戏台上演双簧，演得活灵活现，对群众教育很大；在鹤山寨后面寨岗上的大草坪，钟靖寰主演《放下你的鞭子》，生动的表演引得不少观众掉下眼泪；陈景文用一根蚊帐竹做道具，演唱《五更叹》，自演自唱自叹，控诉旧社会不平；在长岗岭，魏锦坤和黄锦松演话板剧，向群众宣布汉奸罪状；在县立二中图书馆的舞台上，进步人士演白话剧，使群众觉得为抗战而死，虽死犹荣。

这些生动活泼的宣传活动，不但对于唤醒群众积极投入抗日救亡活动起到了积极作用，而且对于团结进步青年，发现和培养入党对象，发展中共组织，壮大党的力量起到了积极的作用。

四、五华乡村服务剧团

中共五华地方组织重建后，在中共五华县工委领导下，以共产党员钟思明、陈景文、陈宜广等为骨干，成立了五华乡村服务剧团，全团三四十人。剧团以群众喜闻乐见的话剧、街头剧、民间艺术表演等形式，在全县范围内开展抗日救亡宣传活动。团长钟思明既是导演，也是主要演员之一。经常参加剧团演出的有钟思明、陈景文、陈宜广、郭明、张鼎中、熊淑谋等。到各地演出时，就地物色演员担任一些配角。演出的节目多是自编、自演、自唱，道具、服装亦由演员自己挑选。由于演唱的内容切合抗日救亡形势，演员满腔爱国热情，风格活泼，受到群众欢迎。

在第二次国共合作初期，国民党五华县县长蓝逊，思想较开明，对乡村服务剧团积极支持，由国民党县政府按月拨给一些经费，用以购置简单的道具及宣传活动。演员到各地演出均由当地招待，而个人生活则各自解决。全体演员及临时参加剧团活动的人员，以能在剧团为抗日救亡出力而感到光荣、自豪。剧团无论走到哪里，都受到各方人士的欢迎与支持。在中共五华地方组织领导下，剧团成为团结青年、培养宣传抗日救亡骨干的阵地。

五华乡村服务剧团的成立和活动，调动了五华广大青年的爱国热情，各区先后成立青抗会，配合剧团在各地开展宣传活动。后来由于政治环境变化，剧团被迫停止活动，多数演员分散到各区、乡，以小学教师身份为掩护，团结当地青年，继续开展抗日救亡宣传活动。1939年春，剧团主要骨干陈景文，在中共五华县委统一安排下，从华城转到梅林小学以教书职业为掩护，任第三区工作委员会书记。他除了负责党的工作外，还在安流、龙村、梅林一带，发动当地青年，以话剧、歌咏等形式，深入农村，开展抗日救亡宣传活动。

五华乡村服务剧团自始至终都起着启蒙推动作用，华城、岐岭、新桥、转水、水寨、横陂等地，以原剧团演员为骨干组织青年开展抗日宣传活动。

由于国民党顽固派消极抗日、积极反共，1939年开始出现的反共逆流波及五华。国民党当局及一些顽固分子，对进步青年开展的抗日救亡活动逐步由眼红到刁难、阻挠、禁止。各地青抗会被迫解散，成立只有七八个月的五华乡村服务剧团也不得不暂停活动。主要演员（多是共产党员）则在中共五华地方组织的统一安排下，分散到农村，继续从事抗日救亡活动。

抗日民族统一战线的形成 第三节

全面抗战爆发后，中华民族面临灭亡的危险。中国共产党以民族利益为重，号召全国人民团结起来，停止内战，一致抗日，以国共合作为基础的抗日民族统一战线在全国很快形成。中共五华地方各级党组织灵活主动地采取了一系列正确的统一战线方针、政策，从而得到了全县各阶层爱国人士和广大人民群众的支持。

一、争取国民党五华县政府上层人物的支持

1937年，重建中共五华地方组织前最早的进步刊物《五华日报》，是由原县立一中进步教师钟国楼和开明人士魏雄武、曾聘珍等创办的《五华周报》改组扩大而成的。报社除了争取国民党五华县县长曾友文和国民党五华蓝衣社头目、县教育科科长魏益坚的支持外，还积极争取了国民党五华县党部书记长钟学煌，以及《五华周报》的前创办人、县立一中进步教师参加，成立董事会。董事会推荐魏雄武为社长，负责重建中共五华地方组织的钟靖寰任报社总编辑兼采访记者，负责广播新闻记录。后由进步人士陈启华收新闻电报，但钟靖寰仍帮助翻译、编审等，从而取得上层人士的信赖和赞许，促进了抗日民族统一战线的巩固和发展。

在争取乡村教育的领导权时，也开展了上层人士的统一战

线活动。如争取经济学教授李抟就任县立二中校长，由他聘任钟靖寰（中共党员）、中央研究院助理研究员陈槃、中山大学研究杜甫得奖的钟国楼和知名文化人魏中天等一批进步教师。通过县长蓝逊，先后使进步人士邓中邦、钟国楼出任县立一中校长。同时，推荐一批开明人士出任私立中学校长，如李立群、魏雄武、程燮强先后分别任水寨振兴中学、横陂崇文中学、新新中学校长。

二、争取基层乡绅地方实力派支持

五华地方实力派基层人数多、分布广，包括各地的乡绅、族长、乡长、保长等。中共五华组织积极组织青年抗敌同志会，利用当时国民党允许的合法群众组织的名义，充实农村学校、夜校、读书会、故事会、互助会、醒狮团（队）等社会团体，争取乡中士绅的信赖和嘉勉。如在抗战初期，中共五华县第二区委书记钟寰在转水小学任教时，利用各种关系争取团结黄龙乡乡长钟竹英和大岭乡乡长邓赞平，使统一战线工作颇有成效。钟竹英是钟寰的叔辈，邓赞平的儿子邓达聪是钟寰初中同学，邓达聪和钟寰结拜为异姓兄弟。在平日交往中，钟寰尊重长辈，不干预乡长的事情，乡长也放心让钟寰去办事，关键时刻还给予支持和保护，故钟寰在学校能顺利地安排党员任教、开办党员训练班，并以此为据点，掩护中共五华县委工作近2年时间。

1941年春，国民党五华县政府责成各乡成立农会。4月，黄龙乡农会成立，乡长钟竹英直接指名钟寰为乡农会会长。钟寰则利用农会公开合法的关系，逐步打入上层工作。7月，五华县农民协会成立，钟寰当选为县农民协会副主席。又如官桥支部陈江天对乡绅陈信初、陈煜初、陈信吾、陈任吾、陈玉琪等做了大量的工作；青塘支部吴肇锦、吴枢祥、吴风桂做了乡绅吴少荣、吴化如等的统战工作；新桥支部郭明、李植廷、郭汉邦等做了国民党巡官李在中的统战工作。

三、争取国民党官员中开明人士的支持

陈汝棠（1893—1961），广东省高明县人，在国民党中颇有名望，是中国共产党长期合作的朋友。20世纪30年代初，陈汝棠主持粤政，任陆军医院院长。1936年，陈汝棠下台，到香港后，跟香港八路军办事处廖承志等合作，开展抗日救亡运动。1941年冬，香港沦陷，在东江纵队与港九地下党营救下，与大批民主人士、进步文化人士脱险回到广东。后辗转来到五华长布，住在基督教牧师徐镜如家，改名程佐庭。他以行医作掩护，广泛接触当地上层人士。由于他医术精湛，医德高尚，对农民求诊少收费或免费，深受群众信赖和爱戴。1944年，张日和从韶关回到五华，到萃文中学任教，隐蔽进行革命活动，很快同陈汝棠联系上。陈汝棠则以行医为掩护，对大田、长布大批族长、绅士的政治见解、思想状态摸得非常深透，为地下党的工作开展提供了十分有利的条件。不久，张日和按照东江特委的指示，经同陈汝棠商定，向积极求进步的上层人士公开陈汝棠民盟的身份，有计划地吸收一些人加入民盟。如长布乡乡长张志新，经过统战工作后，虽领着国民党给的薪酬，实际却掩护支持中共工作，成为"两面政权"，当地乡绅也不愿与中共为敌。1945年至1946年冬，国民党军进驻长布与东江纵队作战时，这些进步人士不同国民党军合作，而一直同中共方面联系，并秘密运送弹药、粮食支援中共部队。因此，在解放战争时期，大田、长布成为人民游击队向五华全县推进的基地。

中共五华地方组织的统战工作卓有成效，促进了五华重建党组织工作的迅速发展。在抗战初期，由于中共五华地方组织重建

时间短，顽固派力量还占有极大的优势，特别是以官僚地主为代表的人物，对共产党所领导的抗日救亡运动采取了仇视的态度，千方百计破坏统一战线工作，但党组织在原则问题上寸步不让。面对复杂的情况，中共五华地方组织采取"有理、有利、有节"的原则，与顽固派展开针锋相对的斗争，扩大统一战线队伍。

一是运用群众力量威慑顽固派。反动组织蓝衣社头目魏益坚是县立二中训育主任，极度反对县立二中抗日前卫队的活动。由于抗日前卫队人多势众，同时抗日救亡又是一致的目标，因此与他同伙的一些顽固派，在广大群众的威慑下，也只能顺应抗日洪流。

二是利用封建矛盾制约封建士绅。钟、张、李姓是五华县的三大姓，党组织有时也利用这姓氏矛盾去警告顽固派。如顽固派孔昭苏，曾对钟姓的一些共产党员骨干进行谩骂、攻击，党组织利用钟姓乡绅出面警告孔昭苏，从而使孔昭苏等攻击进步分子行为有所收敛。又如水寨大布李姓大顺派与瑞屏派是封建房姓间对立的两派，而大顺派进步人士多，党组织即巧妙地利用这一矛盾，扶植大顺派的进步力量，孤立和揭露顽固士绅李瑞屏，争取大顺派的进步青年同情和支持抗日。

三是摆事实讲道理，明辨群众是非。如当时顽固派头子陈曾绾所主办的《华风报》，专以造谣、诬蔑、攻击共产党和抗日群众团体。而党组织在抗日宣传活动中，摆出事实真相，让广大群众抨击顽固派的攻击伎俩，群众讽称它为"麻疯报"，使它声名狼藉。

抗日战争时期，国统区的五华人民，在中共五华地方各级组织领导下，高举抗日民族统一战线大旗，进行了艰苦卓绝的工作，团结一切抗日力量，掀起了轰轰烈烈的抗日救亡运动。

反击反共逆流，坚持隐蔽斗争

1939年暑期，国民党五华当局策应上层国民党当局掀起的反共逆流，在政治上实行法西斯独裁，绞杀民主，经济上横征暴敛，大发国难财。在反共的《华风报》上刊登解散青抗会等爱国群众团体的"命令"，反共逆流席卷整个五华，中共五华县委组织领导的公开合法的爱国群众团体几尽丧失，支持抗日救亡的国民党五华县县长蓝逊被撤职，接任县长刘奋翘一上台，即与国民党县党部书记长曾伟贤相勾结，对学校施行法西斯统治。同年下学期，县立一中、县立二中的校长易人，一批进步教师被解聘，在学校建立法西斯的训导制度，执行法西斯愚民教育，派校警进驻学校，禁止学生的爱国活动。为反击国民党的反共逆流，中共五华县委发动和领导了一系列抗日救国学生运动，宣传了中国共产党"停止内战、一致抗日""打倒日本帝国主义"的抗日主张，揭露了国民党五华当局的妥协退让、腐败无能，提高了中国共产党的威望，扩大了中国共产党的影响，推动了五华抗日爱国运动的兴起。

一、领导学生运动，反击反共逆流

1938年10月，广州、武汉相继沦陷。12月，汪精卫通敌卖国。1939年1月，国民党五届五中全会召开，制定了一整套"溶共、防共、限共、反共"的方针，指使国民党军队大搞反共摩擦，训练大批特务破坏中共组织，制造抗日战争时期的第一次反共高潮。

蒋介石集团的反动方针，很快推行到五华，五华的抗日救亡运动和学生运动首当其冲。1939年夏，新县长刘奋翘一上台即与国民党县党部书记长曾伟贤相勾结，撤换了一批开明进步的中学校长，解聘了大批思想进步的教师，任用国民党的"党棍"当校长，派遣受过专门训练的人当训导主任，在学校建立所谓的训导制度，禁止学生开展抗日爱国活动，迫令进步校刊停刊。读书会、歌团、剧团、壁报社一律禁止，热烈的抗日气氛被压制下去，进步活跃的思想重新被禁锢起来。青年抗敌同志会、乡村服务剧团以及其他进步社会团体也被迫停止活动。在阴云密布、暴风雨即将到来的严峻形势面前，中共五华县委组织发动了县立一中、二中、三中以反对学校当局压制抗日救亡运动、压制民主自由为主要内容的学潮。

县立二中有政治活跃的抗日前卫队组织和旗帜鲜明的校刊。国民党县政府于1939年暑期撤去进步校长李抟，换上思想顽固的李只仁，并将进步教师钟靖寰、钟雄亚、何德雄（均是共产党员）等解聘，取消抗日前卫队，不许学生读进步报刊，引起学生的强烈不满，爆发了驱逐反动校长李只仁的斗争。县立一中于1938年下学期至1939年上学期，在进步人士邓中邦任校长期间，聘请了一批共产党员和进步人士任教，全校抗日救亡运动和学习热潮搞得有声有色。经常与校外青年抗日同志会、乡村服务剧团一起，上街演讲、演街头话剧，晨呼晚唱，宣传抗日，成立学生抗日救国联合会，组织义卖队，筹款支援抗日前线。国民党当局更加害怕，竟无理撤换进步校长邓中邦、解聘进步教师，换上思想顽固、听命于县党部的曾祥朋接任校长。曾祥朋秉承国民党县党部的旨意，禁止学生组织团体，宣布"五华社会不容许有异党活动"。广大学生群情激愤，纷纷出壁报、写文章、上讲坛、刷标语、画漫画进行揭露批判，反对压迫师生，要求读书自由。1939年11月，乘曾祥朋将学校迁往农村之机，组织了1400多人参加游行示威，进行驱逐反动校长的斗争。学潮斗争坚持了一年，接连驱逐了两任反动校长（曾祥朋、孔昭苏），斗争取得了胜利。1940年9月，在社会人士的广泛支持下，进步人士钟国楼出任县立一中校长，一批进步教师和被迫离校的学生又回到学校，爱国学生运动重新恢复，五华县立一中之后一直成为党的主要活动基地。

1940年9月，在县立一中、二中爱国学生运动影响下，县立三中也掀起了驱逐顽固派校长魏麟圣的学潮斗争。魏麟圣在全县轰轰烈烈的抗日救亡运动中，不但限制学生组织爱国活动，而且拒绝接收从二中转学的进步学生，此为导火线，引起学生的义愤，实行罢课。经过一段时间的罢课，国民党县政府不得不把魏麟圣调走，学潮斗争也取得初步胜利。

县立一中、二中、三中三所中学的学生运动，始终针对国民党蒋介石反动集团发动的反共高潮，高举抗日、团结、进步的大旗，反对国民党顽固派投降、分裂、倒退的阴谋。学潮斗争实际上是一场政治斗争，大批学潮斗争中成长起来的先进分子，经受政治锻炼，思想政治觉悟迅速提高，纷纷要求加入共产党，走民族解放的革命道路。特别是五华县立一中，以其强大的党组织为堡垒，团结大多数学生群众和教师，与社会贤达、开明士绅紧密联系，建立了革命的坚固阵地。虽然1940年至1943年蒋介石集团接连发动第二次、第三次反共高潮，但五华县立一中的阵地却岿然不动，大批骨干在斗争中成长，输送到东江纵队前线及后东地区各县，为革命作出了巨大的贡献。

二、举办党干训练班与整党审干

在党领导的五华学运斗争中，中共五华地方组织发展很快，在斗争中涌现出的一大批积极分子都先后被吸收为中共党员。至1940年春，全县党员发展到近400人，壮大了党的力量。中共五华县委为贯彻执行中共广东省委第五次执委扩大会议关于"巩固党的组织是当前中心任务"的决定，巩固党组织，保存党的干部，使党员扎根于群众之中，使之适应日益险恶的政治环境，迎接更艰巨的斗争，自上而下有领导地、一级一级地举办党干训练班，边加强对党员教育，边进行整党审干，纯洁党的队伍，提高党组织战斗力。

1939年7月，中共广东省委先后举办了县委干部、特委干部训练班。中共东江特委为贯彻训练班的精神，于同月在紫金古竹榕树下村举办党员干部训练班。中共五华县委派陈宜广、钟寰、陈江天、陈景文等参加学习。40多天的学习培训，提高了受训党员的政治思想水平，加强了组织纪律性。同时，把暴露了的党员干部经训练后，分派到新区工作。

中共五华县委组织部部长黄韬、宣传部部长陈宜广，在五华学运斗争中已暴露了政治面貌，于1940年1月奉命调离五华。中共五华县委成员作了部分调整：李汉兴为书记，陈景文为组织部部长，钟寰为宣传部部长。这年春，县委书记李汉兴参加中共广东省委在曲江举办的县干学习班。学习回县后，中共五华县委即在转水青西庚禾塘学校举办中共支部书记以上的党员干部学习班，20多人参加学习。会议学习贯彻了中共广东省委第五次执委扩大会议精神和中共中央提出的"坚持抗战，反对投降；坚持团结，反对分裂；坚持进步，反对倒退"三大政治口号和《关于巩固党的决定》，动员全县400多名共产党员和五华人民为遏制国民党的投降反共逆流，争取时局好转而斗争，要求半年内完成对党员的审查、教育工作。学习班结束后，第一区委书记调整为钟俊贤担任。1940年6月，在梅林中心学校举办了第三区（上山区）党训班，由第三区委书记陈景文主持，学员有魏恩布、魏恩伦、廖品初等6人。党训班主要学习党章、目前形势、群众运动、统一战线、秘密工作等内容。经1个月的学习，党员加深了对党的坚持抗战，坚持抗日民族统一战线，准备反攻的方针政策的认识。学习期间，根据上级党组织的指示精神，为巩固党组织，纯洁队伍，还进行了组织整顿工作，把队伍中不纯分子清除出党，对党员进行了革命气节教育。

为保护暴露了的党员干部，1940年7月，中共五华县委成员进行了调整，李汉兴为书记，钟寰为组织部部长，钟俊贤为宣传部部长。同时，第一区委会成员也相应作了调整，钟光汉为书记，张志宏负责组织，张永良负责宣传。9月，中共五华县委书记李汉兴又奉命调离五华。东江特委调余进文任中共五华县委书记，钟俊贤为组织部部长，钟寰为宣传部部长。与此同时，第三区工作委员会改为梅林区委员会，黄可夫为书记，廖品初负责组织，龙沧负责宣传。第二区委员会分为2个区委员会，其中转水区委员会，陈江天为书记，周福郎负责组织，陈炳胜（后吴枢祥）负责宣传；横陂区委员会，郑群为书记，李政寰负责组织，曾光负责宣传。基层领导干部的调整，加强了组织生活，严密了基层组织，保护了暴露的党员干部。

1940年冬，中共五华县委在转水中心学校举办区委一级党员干部训练班。训练班由中共五华县委负责人余进文、钟俊贤、钟寰主持，参加学习的有陈炳胜、何奇（俊杰）、吴凤桂等20多人。两周学习结束后，学员回到各自的工作岗位上，筹组春节开展抗日宣传活动。

1941年春，中共后东特委成立后，在河源文秀塘黄中强家中举办了第一期县级干部训练班，为期1个月。五华县委派李政寰、张志宏、李中达参加。学习班采用边学习、边讨论的方法，提高了学员的思想觉悟和领导水平，促进了五华建党工作健康发展。暑期，中共后东特委又在河源县黄村白云嶂南拔寨张华基家里举办学生运动训练班，由饶璜湘主持。五华派郭明、邓基参加。他们学习回来后，即在华城张增珠家举办学习班。此时，李政寰调任中共五华县委组织部部长，卓扬为宣传部部长兼青委书记。8月，中共后东特委在河源文秀塘举办县干部训练班，由中共后东特委青年部部长李汉兴主持。五华派李政寰参加。学习回县后，为贯彻中共后东特委县干训练班精神，中共五华县委在转水中心学校举办了两期党干训练班，由余进文、李政寰、卓扬主持。为了不暴露党干训练班的目标，选择星期日上课，学习结束后又回各自的工作岗位。

在举办各级党员干部训练班期间，组织上进行了整党审干，将极少数动摇、腐败分子清除出党。对一些社会关系复杂、阶级立场有疑问的党员则采取暂时回避的办法，不与之联系，加强对其监督考察。安流有一名中共地下交通员，他以乡村行医职业为掩护，由于骗取钱财、生活腐化，县委决定停止他的组织生活。转水官桥有一名预备党员，因思想动摇，经常不参加组织生活，延长其预备期，进行再考察。

1941年秋，中共后东特委了解到五华县立一中26名中共党员全部暴露。后东特委要求县委对中共县立一中支部的党员进行审查，弄清楚党员政治面貌暴露的原因。为此，县委书记余进文、宣传部部长卓扬集中精力，对中共县立一中支部的党员进行审查，整顿党的组织。方法上，利用假日，分别在陈敏、张增珠家里举办党训班。中共县立一中支部书记邓基配合县委进行整党审干，加强纪律教育和气节教育；对个别表现不够好的党员则暂时停止其组织生活，继续进行教育和审查。

与此同时，中共五华县委组织部部长李政寰，为贯彻中共后东特委党训班精神，于10月在梅林圩梅光客栈楼上举办梅林区党员训练班，参加学习的有魏恩布、古霍光、甘察言、张远明、甘联风等人。1941年冬，又在锡坑乡振东学校举办横陂党员学习班，为期半个月，参加学习的有魏琦（又名魏文标）、魏吉文、李成群、李立康等十多人。

1940年年初开始，中共五华县委举办党干训练班，并进行整党审干，有组织有领导，先区委后党员，从上至下对党员干部逐个审查，对不合格的党员干部给予开除。在整党审干的同时，中共五华县委根据中共中央对国民党统治区提出的"隐蔽精干，长期埋伏，积蓄力量，以待时机"的方针，一方面，对政治面目暴露的党员干部调动转移，以保护组织的安全；另一方面，县委还十分注意加强革命气节教育，提高党员干部的实际工作能力，以应付突然事变，巩固组织。

三、开展各种形式的隐蔽斗争

1941年1月皖南事变后，国民党顽固派五华当局不但镇压抗日民主运动，攻击和迫害中共党员和抗日进步人士，而且强迫学校师生参加国民党，建立国民党区分部组织，以训育主任、军训教官为骨干，制约师生的抗日活动。针对当时特殊斗争形势，中共五华县委批准同意中共党员黄君亮、黄道俊等人加入国民党组织；先后派中共党员吴凤桂、黄可夫等人，利用各种关系，打进国民党基层政府内部，分别担任转水青塘保长、龙玉湖乡副乡长；指派县委统战部部长钟寰打进国民党五华县农会，任副主席；等等。他们以国民党党员、官员身份为掩护，认真做中共统战工作，进行隐蔽斗争，争取团结了一批国民党中上层人士，使中共五华地方组织顺利度过了困难时期，迎来了光明前景。

（一）开辟良田和大田的隐蔽斗争基地

良田（原属揭阳，现属揭西）隐蔽斗争基地。1938年，魏麟基在潮汕抗日教导队工作时的教导队主任林先立，出任国民党揭阳县县长，邀魏麟基去县政府工作。为了在林先立掩护下更好地开展中共的工作，经中共五华地方组织同意，魏麟基于1940年春到国民党揭阳县政府工作，负责训练揭阳抗日教导队。1940年冬，魏麟基陪同林先立到河婆良田铲鸦片烟、毁烟苗。林先立目睹良田文化落后，思想上产生了开发良田文化的愿望。魏麟基借此良机，遵循林先立的意愿，争取当地人士的赞同，创办了一所为中共所控制的完全正规学校。为尊重林先立，故起名为先立小学。

中共五华县委根据上级党中组织有关"党组织要在国民党统治最薄弱的地方扎根、发展，建立革命根据地"的指示，认为良田地处揭阳、陆丰、五华、丰顺交界处，加上国民党统治下的群众受"三座大山"的压迫，苦难深重，生活贫困，易于激发起来革命，又有揭阳县政府上层人士关系，有利于开展统战工作，因此，决定开辟良田隐蔽斗争基地。1941年春，中共五华县委除原派出魏麟基外，又增派郑群（化名郑洪龙）、魏祥育、杨丽英（女）4人开辟良田基地。他们以办学掩护革命，于3月建立了中共良田区工作委员会，郑群为书记，魏麟基、杨丽英为委员。

中共良田区工作委员会为加强党的领导，继创办了先立小学之后，又在嶂上村办起分校、夜校，深得群众的支持与信赖。党组织利用上课、家访等机会，深入群众，宣传中共的抗日主张和抗日民族统一战线政策，发动群众参加抗日救亡运动。并在年纪较大的学生中进行阶级教育和党的知识教育，不久就培养、发展了当地进步青年刘汉枢、刘盛浴、刘德秀、刘盛煌、刘德凑、刘桂英、赖国梅和从五华派去的进步教师万梦熊为中共党员。1941年秋，郑群、杨丽英调走，中共良田区委成员作了调整：刘成章（又名刘锦帆）为书记，魏麟基、魏祥育为委员。他们一如既往，深入群众，宣传抗日主张，又培养吸收了刘德洪、刘盛典、刘盛营、刘德赛等一批进步青年加入中国共产党。

　　1941年10月，揭阳县政府调魏麟基任河婆警察所所长（俗称巡官）。他在河婆工作，和当地社会人士有较好的关系，中共五华县委决定把党的组织工作向河婆地区发展。1942年春，经研究决定先开辟两个点：一个是石肚村山区，地处揭阳、普宁交界，有利于与中共潮汕组织和大南山根据地联系；另一个是河婆南森乡，魏麟基和当地人关系比较密切，有利于开展工作。因此，中共五华地方组织派曾光（化名曾明）、魏祥育、苏梅初（化名李惠芳）到南森中心小学任教；派何兴仁到石肚小学教书；派魏丙到河婆警察所为共产党的交通员。同时增派李克光（又名蔡子培）、李育平（又名李平）到良田羊沥坑学校。2月，由于形势的变化，组织形式也改为特派员制，刘成章为中共河婆、良田特派员，曾光为副特派员。

　　1942年7月，根据"粤北事件"后的形势，中共决定停止组织活动，采取单线联系，分散隐蔽，长期埋伏，积蓄力量，等待时机；号召中共党员"勤业、勤学、勤交友"。同年秋，良田党组织决定：良田中心学校蔡子培调走，由万里江接任；石肚何兴仁调走，由欧阳源接任；南森曾光调走，不另派。此后，良田党组织成为东纵和韩纵的联系点和武装活动的基地。

　　大田隐蔽斗争基地。中共五华县委于1939年7月派陈宜广、钟光汉、邓其玉等一批共产党员到五华西部边陲大田乡，在福兴村育文学校举办青年读书班，组织县立一中的进步青年学生学习马列主义、中国革命史、党的基础知识，张日和、张俊乔率先参加了读书班。同时，还办起了文化夜校，发动附近青年农民张开、张石源、张星球等20余人到夜校读书。通过学文化、传播革命思想，中共地方组织的活动据点逐步建立，在群众中打下了坚实的思想基础。

1940年年初，中共五华县委派薛弼珊、薛冠洲到大田石灰坝开辟革命据点。他们受聘为育文学校教师，党组织决定以育文学校为据点，建立中共地方组织。至1941年，张俊乔、张开、张石源相继加入了中国共产党，建立了中共大田支部。同时，利用石灰坝建醮的机会，五华县城的一批共产党员张素梅、张斌（又名张铭鼎）等，前往大田与当地进步青年一起演出话剧、歌咏，宣传抗战、民主、进步，团结一致，共同抗日。他们建立了当时南水地区第一个中共组织，使该村成为东江特委同东江纵队前线信息往来的枢纽之一。当时，骏兴楼的男女老少为革命干部提供食宿，乐于从命；经华楼的群众为设在门前的交通联络站守口如瓶，从不向外泄密，保证革命信息准确传递和交通员安全；光润楼架设无线电台，中共后东特委书记梁威林在此指挥若定，电台台长钟应时每天不间断地接收电文；大夫第为特委机关报《星火报》的印刷及其编辑工作人员的居住提供场所。尽管国民党警卫队多次清查，均毫无所获。

1940年7月，薛弼珊因工作需要离开育文学校，五华党组织派钟鸣接替工作。同年冬，为加强党的建设，中共后东特委在育文学校举办党员干部训练班，参加训练的有后东特委所属各县区委书记以上干部共30余人。中共五华县委派欧阳源、钟鸣等参加学习。训练班由中共后东特委宣传部部长饶璜湘、组织部部长钟俊贤主持，后东特委书记梁威林曾来训练班讲课和指导学习。为开展武装斗争做准备，中共大田支部还发动虎井村群众利用公偿资金制造武器，聘请转水青塘尾造枪工人，在油坊开炉造枪。经过半年，制造七九步枪及左轮手枪50余支，分发给虎井村进步青年掌握，为筹组抗日武装创造条件。

为巩固和发展大田隐蔽斗争基地，中共五华地方组织不断派出共产党员，以教书作掩护，开展党的工作。1942年，共产党员张逸（又名张荣辉）从老隆师范毕业回到大田中心学校任教；共产党员颜玉宏在汶水小学任教，当时，中共五华地方组织已由福兴向外扩展。同年秋，中共五华地方组织派曾光到育文学校接替钟鸣的工作。1943年5月，曾光接受组织的新任务离开大田，旋即派钟志文到育文学校工作。这一时期，党的工作除继续团结教育校外青年外，同时注意提高在校高年级学生的政治思想觉悟，以便毕业后输送到各中学成为学生运动和抗日救亡运动的骨干力量。大田革命据点的开辟，为后来中共后东特委机关迁驻大田打下可靠基础。

（二）创办培养革命干部的皇华中学和新新中学

皇华中学。该校位于岐岭镇，毗邻龙川，水陆交通方便。抗日战争时期，中共五华县委为了在岐岭建立革命活动据点，于1941年春由中共岐岭支部组织社会力量创办了皇华小学，派共产党员黄君亮任校长，共产党员和进步人士任教员。同时，建立了中共皇华小学支部，黄君亮为书记。1942年春，中共后东特委为了培养党的骨干，通过统战工作，取得国民党地方当局同意，将皇华小学升格为皇华中学，秘密为中共地方组织活动提供场所，黄君亮任董事长兼代理校长。中共后东特委书记梁威林经常到校指导工作，并派后东特委副特派员饶璜湘到皇华中学任教员，以加强中共后东特委对学校的直接领导。与此同时，从后东各县调一批有大学学历或相当学历的中共党员到该校任教。1943年上学期，聘请开明人士、博学多才的黄伯敬任校长。1944年，经努力争取，学校得到广东省教育厅批准立案注册，成为国民党当局承认的合法中学。皇华中学创办后，先后培养吸收了80多名中共党员。300多名毕业生和教职员中，有220多人直接参加了抗日战争和解放战争，而且大部分是当时部队的骨干力量。皇华中学是中共后东地区的坚强堡垒之一，为党培养了大批的革命骨干，对革命作出了不可磨灭的贡献。

新新中学。该校位于华城镇新桥长安圩，今新桥中心小学所在地。1944年10月，中共新桥乡支部恢复组织活动后，经请示上级党组织同意，并争取新桥乡热心教育的各界人士支持，于1945年春，在新桥长安圩利用原中心小学校舍创办了初级中学——新新中学。

该校开办之初，由当过国民党五华县县长的钟道存挂名董事长，毕业于法政大学的新桥乡开明人士程燮强负责董事长的实际工作并担任校长。学校里秘密建立了党支部，郭明为书记。后东特委派中共龙华边副特派员钟应时担任教导主任兼教员，郭明担任训导主任兼教员，共产党员李植廷任教员。该校党员教师经常对学生进行以抗日救亡为中心的宣讲教育，积极在学生中发现、培养入党对象。中共新新中学支部根据"发展进步势力，争取中间势力，孤立、分化和打击顽固势力"的方针和"有理、有利、有节"的斗争原则，争取团结了大多数教职员工、家长和社会人士，孤立、打击了以顽固乡长、国民党区分部书记、校董曾笃周为首的顽固势力。

新新中学办至第二学期末，就被国民党当局勒令停办。停办后，部分学生转学到皇华中学等校就读，大部分失学在家。然而，创办仅一年的新新中学，在广大群众中宣传了抗日救亡的道理，播下了革命的种子，培养了一批有用的人才。第一届初中班50名学生中，就有中华人民共和国成立前后为祖国工作的教授、中小学教师、机关干部和解放军战士等30余人。

（三）建立地下交通站点和开辟地下交通线

1942年5—6月，国民党顽固派在华南制造了震惊全国的"粤北事件"和"南委事件"，这是继皖南事变之后，国民党蓄意制造的迫害共产党人、破坏团结抗日的严重事件。国民党五华当局秉承蒋介石的旨意，组织大批便衣特务跟踪追查，疯狂向中共五华地方组织发动进攻。4月6日，据钟彬麟报告，中共横陂地下党员魏祥穆叛变投敌，五华县特派员李政寰为保中共五华地方组织免受损失，亲自到华城通知华城镇小学邓基和从崇文中学考入县立一中高中部就读的李竹康等一批共产党员撤退时，在县立一中校门口被国民党特务曾利云、谢冠群跟踪逮捕，诬以"饥饿团团长""抢劫粮车"等罪名，解往兴宁专署监禁。李政寰被捕后，五华一时乌云密布，情况非常危急。中共五华地方组织交通员陈敏和后东交通员钟彬麟，先后前往老隆分别向后东特委负责人郑群、饶璜湘等人汇报。特委听取汇报后，作了如下指示：凡与李政寰来往密切，引起敌人注意的党员干部，要迅速转移隐蔽。确实无法隐蔽的党员干部，如有条件升学的就升学。留在五华政治面貌未暴露的党员干部，应继续执行"十六字"方针和"三勤"任务。并指定钟彬麟负责五华各个交通联络站的单线联系人。与此同时，郑群、李竹康、李迈等人通过李政寰的家属亲友关系，发动各阶层进步人士声援，反击反动派诬罪抓人，有效地遏制了事态的继续发展，使党组织免遭破坏。

同时，为了保持与中共后东特委和良田、大田革命新基地以及留守机关的联系，中共五华地方组织在五华境内建立了必要的秘密的地下交通站点和开辟地下交通线。当时，党组织的交通联络站是绝对秘密的，只能通过交通联络员与联络站的负责人单线联系，不发生横向联系。而交通员传达上级指示和将中共地方组织有关情况，以及掌握到的敌情、社情及时向上级党组织汇报。联络站的负责人，有的是由交通联络员兼任，如大田的张开、张石源为大田石灰坝育文学校的交通员，龙村的黄煌为龙村黄可夫家的交通员。

抗战期间，五华最早建立的中共地下交通联络站是三多齐小学，负责人钟应时。其后，随着重建中共五华地方组织工作的开展，各地先后相应建立起一些交通联络站点。有皇华小学（后为皇华中学），负责人黄君亮，寒暑假期间设在岐岭街上黄君亮家开设的豆腐店；三多齐钟俊贤家、钟鑫耀父亲开设的和盛客栈；九龙岗钟广涛（大中）家；高沙坑龙潭学校和钟彬麟家；河子口正定学校和钟汪深家；华城张增珠家和塔岗村德义学校，负责人钟光汉、陈宜焕，1941年下半年改设在陈敏家。1943年钟应时在县立一中教书时，钟彬麟直接与钟应时联系；1944年秋冬，新桥由钟彬麟与郭明、李植廷联系；1945年，新新中学与钟应时、郭明联系。转水是转水中心学校，负责人钟寰；惠民学校，负责人吴肇锦、吴凤桂。1942年"南委事件"发生后，转移到吴肇锦家，负责人吴肇锦。还有横陂魏琦家、曾光家；大田石灰坝育文学校和张俊乔家、张日和家；龙村黄可夫家；塘湖文英学校，负责人钟衍；梅林梅冈寺学校，负责人廖品初；揭阳良田联络站，负责人魏麟基，1945年秋冬由郭明负责；五华通往良田的必经之地沙田福山学校，负责人李立康等。

为统一领导全县交通联络站工作，中共五华地方组织分别在三多齐学校，钟鑫耀父亲开设的和盛客栈，九龙岗钟广涛家，高沙坑龙潭学校及钟彬麟家、钟俊贤家设立了全县交通联络总站，由钟俊贤负责全面工作。

党组织从抗日战争时期开始在民居建立的地下交通联络站点中，一直坚持到五华全境解放的有塔岗村陈敏家（1945年冬，陈敏离家后由其侄子陈锡祚继任接待工作）、九龙岗钟广涛家、转水吴肇锦家。在学校和民居兼设联络站的有大田石灰坝育文学校和张俊乔家；高沙坑龙潭学校和钟彬麟家。

当时，地下交通联络站点没有活动经费，联络站点以接待朋友、同学作掩护，经费完全由联络站负责人和站内有关人员（如学校设联络站的党员教师）自觉负担。以学校为联络站点的，还培养锻炼了许多革命干部，不少人参加了武装斗争，成为部队的军事和政治骨干。当时联络站点的负责人，大多数都是当地的中共支部或区委负责人，有的协助县委、特委找寻适宜的地点开办党训班，担负党训班的安全保卫工作。

为了加强与上级党组织和边区党组织的联系，中共五华地方组织还开辟了两条安全畅通的地下交通线。第一条从龙川老隆至岐岭三多齐（先后由钟应时、钟鑫耀负责），至华城德义学校、陈宜焕家、陈敏家（先后由钟光汉、陈宜焕、陈敏负责），至大田石灰坝育文学校（张俊乔负责），至龙村黄可夫家（黄可夫负责），至紫金中坝；第二条从华城德义学校、陈宜焕家、陈敏家至转水青塘吴肇锦家（先后由吴肇锦、吴凤桂负责），至横陂自强学校（由郑群、曾光负责），至棉洋沙田福山学校（李立康负责），至揭阳良田。中共后东特委领导与五华党组织的联络工作和全县各个联络站的单线联系，主要由钟彬麟负责。

1942年"南委事件"后，党组织生活停止，改为单线联系，但对五华的中共干部转移调动不大，当时党组织未受破坏和影响。1943年4月，五华特派员李政寰被捕后，中共后东特委指示五华党组织要继续停止组织生活，只进行单线联系，对政治面目暴露的党员干部，要迅速转移隐蔽，防范敌人继续破坏，留下坚持工作的党员干部要做好"勤学、勤业、勤交友"。当转入隐蔽活动时，后东副特派员饶璜湘，指定钟彬麟为中共五华地方组织全县各个联络站的交通员。由于党组织活动要求更隐蔽，因此交通员执行任务也更严格，行踪更隐蔽，要高度警惕敌人的跟踪追捕。交通员钟彬麟每次出发执行任务时，都不走本村的村道和王化村、三多齐的公路线，而是绕山道走。往西走岐岭、老隆线，必须越过岐岭才放心，如带领护送工作人员，一般要到蓝关才放心。往西南向大田、河源、紫金线（往河源时亦走龙川鹤市线），越过清溪、磜下才放心，如带领护送工作人员，要到达双头与桐坑交界的大山湖洋嶂顶才放心。往东向转水、横陂线，要越过华城才放心。

中共五华地下交通联络站点的建立和地下交通线的开辟，形成了中共五华地方组织的秘密交通网络，使东江、韩江两地革命交通联络工作畅通无阻，使党组织得以顺利地开展隐蔽斗争。每一个交通联络站就是一个战斗小分队，为夺取抗日战争和解放战争的胜利铺平了道路。

恢复活动，组建抗日武装

1944年春夏，日本侵略军加剧入侵，韶关告急。因"粤北事件"疏散到韶关一带乃至贵阳的五华党员郭明、郭汉邦、李汉兴、张日和、钟寰、钟光汉等十多人回到五华，在后东特委钟俊贤的领导下，逐步恢复党的组织活动。

一、五华党组织恢复活动

5月，中共后东特委组织干事、紫五边区人民武装的主要负责人钟俊贤，在长布约见五华共产党员谢华和周永金，要他们做好工作，准备迎接紫五边区人民武装到五华油田一带活动。他们回到家乡后，积极开展抗日救亡宣传活动，动员大后方的党员到敌后参加游击队，并组织了油田青年读书会。参加读书会的有谢益群、谢官展、谢振良、谢官凤、谢汉荣等青年学生、教师和农民共50多人，会员一致推举谢华为读书会负责人。后读书会发展到200余人。通过读书会活动，开展抗日宣传，培养、发展了一批中共党员，建立了中共油田支部，谢华为书记。大田、长布一带，由于抗日民族统一战线政策落实，群众基础好，中共地方组织恢复发展也很快。8月，中共五华县委员会即将恢复时，潭下、长布一带成立了南水区委，由张俊乔负责区委工作，直接领导4个支部，即中共福兴支部（设在育文学校）、中共中心支部（设在大田中心学校）、中共潭下支部（设在潭下乐育小学）、中共长布支部（设在元坑乐育小学），有党员50余人。9月，钟光汉经过慎重的考察，在华城塔岗山七层塔上恢复了郭明、郭汉邦、李顿和李植廷的党组织生活，并通过他们的工作，又先后恢复了他们各自联系的党员的组织生活。这样，就保证了一切工作，在中共五华地方组织的直接领导下顺利进行，使全县各地抗日救亡宣传又活跃起来。10月，中共新桥支部恢复组织生活后，认真总结了抗日宣传的经验教训，利用民间传统的春节，恢复了醒狮队的活动。

根据1944年10月中共广东省临委会议的决定，省临委所辖各地党组织全面恢复活动，并在组织体制方面有变动。1945年2月，后东地区党组织设立特委工作机构，仍采用特派员制。梁威林为特派员，钟俊贤（8月任中共后东副特派员）为组织干事，黄中强为宣传干事，郑群为武装干事，卓扬为青年干事，钟应时为电台台长，黄中强兼任机关报《星火报》负责人。后东党组织恢复活动后，抽调一批党员、干部到后东各县，协助恢复当地党组织和发动抗日武装斗争。1945年8月上旬，后东副特派员钟俊贤奉命回五华。他根据当时五华的形势，认为在停止党组织活动期间，五华党组织基本上执行了中共中央关于隐蔽待机的"十六字"方针，撤退了暴露的党员干部，保存了组织，因此，五华党组织恢复工作比较顺利。首先是自上而下地逐个审查恢复了停止组织生活的党员；其次是健全了机构，恢复中共支部组织生活和中共区委工作。在此基础上，钟俊贤在大田石灰坝育文学校召集中共五华组织负责人会议，宣布恢复中共五华县委员会，张日和为县委书记，郭汉邦为组织部部长，钟志文为宣传部部长；并决定分工：张日和负责南水一带（大田、长布、潭下一带），郭汉邦负责西河一带（岐岭、新桥、华城一带），钟志文负责转水一带（包括转水、水寨、横陂、梅林和兴宁一带）。随着五华党组织的恢复，中共边区地方组织也得到了建立和发展。

二、丰华边区委的建立与活动

早在1938年冬，中共闽西南特委决定，把原红十一军留在韩江一带活动的游击队员暂时遣送回乡。丰（丰顺）华（五华）边区回五华的张官亮（双华华拔人）、张五（郭田布尾人）回到家乡和革命群众联络宣传后，于1939年年初，由张五带江震东、张云宏2人到蕉岭找到古关贤（又名古奇），与中共地方组织取得联系。同时，江震东由古关贤介绍，加入中国共产党。随后古关贤又将他的工作关系转到工作所在地丰顺县汤坑，继续发展党员，党组织力量不断加强。1941年年初，中共潮梅特委领导下的丰顺县工作委员会（书记为古关贤），在丰顺、五华交界山区建立中共丰华边区委会，李一松（揭西人）为书记，在五华的郭田、布尾、双华一带发展吸收二三十名中共党员，并建立了几个中共支部和党小组。

1939—1942年，中共丰华边区地方组织的主要工作是开展抗日宣传，教育和联系革命群众，积蓄革命力量，发展党员，帮助群众解决生活困难，对过去反共的头子则争取中立他们的政策，以便开展中共的工作。在这个地区活动的主要骨干有郭田的江震东，抗战开始时，他与党组织取得联系，在汤坑联系、团结了一批有革命意志的群众胡政馨、张国强、张汉强、黄善华等。1942年上半年，中共地方组织为"隐蔽精干"而停止了活动，他即打入"三点会"组织，化名张权，并在"三点会"中享有很高的威信。当时的"三点会"是一个农民秘密组织，并且还组织了"饥饿团"。江震东利用"三点会"的名义跟"三点会"广大成员建立了关系，并在其中进行党的抗日民族统一战线政策的宣传，为抗日救亡做了许多有益的工作，后参加创建了抗日游击队。

三、龙华边区党组织的建立与活动

1944年暑期，中共后东特派员梁威林根据中共广东省临委指示，派出得力干部分头出发，与各地党组织取得联系，做好恢复党组织和开展抗日武装斗争等工作。同年暑期，梁威林指派中共后东特委组织干事钟俊贤到龙川、五华恢复中共地方组织。他根据中共后东特委的指示精神，首先把在连平县忠信中学教书的共产党员钟应时调回皇华中学任教；然后设立了中共龙（龙川）华（五华）边区特派员，特派员由后东组织干事钟俊贤兼任，副特派员钟应时（10月后任特派员），以教书作掩护，负责恢复中共龙华边区党组织工作。接着，中共龙华边区特派员按照上级党组织布置恢复中共地方组织要求。首先是自上而下地逐一审查党员，恢复在停止活动期间仍有联系的党员的组织生活，然后逐步恢复各中共支部组织工作。副特派员钟应时首先恢复了中共皇华中学支部、中共岐岭支部、中共三多齐支部、中共高沙坑支部等的组织生活。

五华县国民党当局为防止皇华中学共产党的活动，命令岐岭国民党区分部在皇华中学设立防奸小组。为做好隐蔽，中共皇华中学支部根据中共后东特委指示，派共产党员黄君亮等人打进防奸小组，开明人士、校长黄伯敬被委任为组长，黄君亮被委任为副组长，共产党员黄道俊、钟应时、罗茂金、周学仁等为组员。这样，既掩护了中共组织，又为党提供了情报，有利于打击敌人，使国民党企图在皇华中学内部建立反共组织、破坏中共的阴谋破产。在此期间，中共龙华边区特派员指派中共五华原县委书记李汉兴等人回五华，他们根据每个党员自停止组织生活以来的政治思想表现，自上而下，逐个进行审查，逐步恢复党组织生活。

至1944年年底，五华全县的中共地方组织已普遍恢复建立并活跃起来。五华县立一中恢复中共支部后，在陈敏家中秘密翻印《评〈中国之命运〉》等文章，在五华县城秘密张贴和散发，揭露国民党顽固派五华当局消极抗日、积极反共的罪恶阴谋。

四、揭华边区良田党组织活动

1945年春，日本侵略军大举进犯潮汕腹地。潮汕的国民党军队一触即溃，其党政机关也纷纷逃亡，普宁、潮阳县政府迁河婆横江。不久，郑群从东江纵队回来，传达上级关于恢复中共地方组织和开展抗日武装斗争的决定，并恢复了中共良田支部，刘汉枢为书记，魏麟基、刘德秀为委员。从此，中共良田党组织又活跃起来，在党内传达中共后东特委的决定，学习中共中央文件，党员干部无不欢欣鼓舞，迎接新的战斗。同时在广大群众中宣传中国共产党抗战的伟大功绩和东江纵队是抗日的一面旗帜；揭露国民党腐败无能，消极抗日、积极反共的罪行，激发群众支持拥护中国共产党的抗日主张和保家卫国的决心。

良田是揭（揭阳）华（五华）边区，又是东纵和韩纵的联系点和开展武装斗争活动的基地，位置十分重要。为此，中共后东特委于同年2月派黄韬任中共揭华边区良田特派员，魏麟基为副特派员；9月后郭明为特派员。五华党组织为加强良田据点建设，还先后派遣党员干部曾光、钟光汉、魏刚、钟寰、吴肇锦、廖永进等20余人到良田开展党的工作。此时，中共后东特委也经常派张华基到良田指导工作，并与韩纵联系。钟彬麟负责交通。同年夏初，潮汕方面派地委书记曾广、黄一清，潮梅方面派古关贤、江震东到良田联系工作。接着，中共后东特委武装部队由魏刚（又名魏恩伦、魏拔群、魏伯勤）带领，韩江纵队由古关贤、欧阳源、汪硕带领，以良田为基地，崇德学校为据点，向揭阳南山，丰顺八乡，五华棉洋、磜砂、梅林和龙村一带活动，打击敌顽。

为掩护和支持东江纵队和韩江纵队的活动，巩固和发展党组织的力量，中共良田党组织担负着更加繁重的任务。在多年统战工作的基础上继续做好上层人士工作，争取他们的同情和支持。同时，特别注意在多年来培养的进步青年中发展党员，这一年培养吸收了刘秉元、刘盛东、刘访川、刘德新、刘德透、刘德田、刘水行、刘德赞、刘作霖等为中共党员，壮大了党的力量。还布置动员共产党员、进步青年和学生筹集资金、粮食支持部队解决给养问题，并为部队送信、带路，年长的学生轮流放哨。

1944年12月至1945年春，闽粤赣边形势十分严峻。在粤东，占领潮汕的日本侵略军向粤东腹地发动大规模进攻，于1945年1月26日、28日和2月1日，先后占领揭阳、普宁、惠来等县城及主要交通枢纽，潮汕几乎全面陷落。梅州地区的丰顺县汤坑镇先后于1944年12月10日和1945年1月25日两次陷落，梅州告急。面对如此严峻的形势，五华党组织积极组建抗日武装力量进行抗日。

（一）五华抗日游击队

早在1941年春，郭田籍中共党员江震东、张云宏和古简等人从丰顺回到家乡郭田，发动组织了十多人组成的抗日武装（又称"饥饿团"），江震东为团长，张云宏为副团长。他们率领武装到揭阳县坎下惩罚了大恶霸、汉奸林百万。1942年春，由于敌人的破坏，江震东率领江石粦、古简、江亚零、张五、刘祥、陈亚城、古寸四、李文等武装人员转移到梅林优行径和龙村杜坑等地活动，并与韩江党组织和五华上山区党组织黄可夫联系，在当地党组织密切配合下，经过艰苦的宣传发动等工作，至1943年

1月，这支抗日武装发展到六七十人，在龙村杜坑组建五华抗日游击队，江震东为队长，古简为副队长。江震东率领五华抗日游击队，主要活动在五华、陆丰边境，准备迎击日本侵略军。五华抗日游击队提出"反饥饿、反压迫，打日寇、反汉奸"的口号，深入群众，宣传抗日救亡道理，发动组织青年抗日寇、除汉奸。1944年4月，抗日游击队活动发展到陆丰蓝塘附近，先后镇压了群众痛恨、祸国殃民的8个大汉奸。5月，抗日游击队又在八万（地名）伏击到处奸淫掳掠的日寇骑兵，打死日寇6人，缴枪6支，狠狠地打击了日本侵略军。

1944年冬，日本侵略军从潮汕打到丰顺猴子崇时，为防止战火继续向其他地方蔓延，危及家乡，身处五华的共产党员张日和、钟光汉、邓其玉、吴肇锦、郭明、郭汉邦、李顿、李植廷等，在塔岗德义学校举行了组织抗日武装队伍、开展游击斗争的筹备会议。会议结束后，他们回到各自的乡村，紧张地开展了此项工作。他们很快在大田、转水、新桥、华城、三多齐、高沙坑、华阳等地掀起抗日救亡热潮。

在大田，张日和将自己家里及亲人的长、短枪拿出来，并发动群众请造枪师傅制造了30多支枪，组织了一批青年骨干；在转水青塘围，吴肇锦利用宗族的有利关系，召集乡绅吴亚钦，还有各房代表吴金水、吴镜环、吴少荣等人参加的会议，集中武器，武装吴氏青壮年。吴亚钦一马当先，交出3支机关枪、1支驳壳枪、十多支长枪。接着，带动长房交出公偿枪20支、私枪20支；二房、三房共交枪40多支；和安堂交出30多支；吴亚佑、吴仕如交出公偿枪40多支，总共167支枪，统一由吴肇锦、吴凤桂分配使用，把枪支掌握在中共党员和可靠的群众手里。同时还召开了乡中16岁以上青年的誓师大会，做好一切准备，迎击侵华日军。在华城黄埔，由李福、李顿兄弟将李姓公偿的七八十支长枪、短枪、粉铳等拿出来，动员全乡青年分成3个队，组织起声势浩大的抗日队伍。在新桥，由郭明、郭汉邦、李植廷等带头发动群众购置十多支枪及一批子弹，还聘请水寨河口12名造枪师傅，在楼下戴屋和赤竹坑石大王庙内制造枪弹。其他各地，按照德义学校会议精神，召开会议，收集武器，组织抗日队伍。后来，由于日本侵略军溃逃，武装斗争才暂时停止。

五华这次虽然没有与日本侵略军展开面对面的武装斗争，但对保护中共革命活动，打击猖獗横行的反动势力，以及后来配合中国人民解放军解放五华等，都起到了积极的示范作用。

（二）紫五人民抗日自卫大队

1944年冬，中共后东特委决定建立后东地区抗日武装队伍，派黄中强到紫（紫金）五（五华）龙（龙川）河（河源）边区活动，联系筹备组织抗日武装。他在边区活动中，与共产党员张日和、黄可夫、卓扬和洪门"三点会"首领温敬尧（紫金人）、廖汉兴（紫金人）等取得联系。12月下旬，中共后东特委调集五华、河源、紫金的部分中共党员骨干和进步青年，在紫五边长布黄泥塘、七星嶂举办了抗日武装骨干训练班。与此同时，东江纵队司令部应中共后东特委的请求也派出军事干部张华基、魏刚、钟光汉等人，到紫五边协助后东特委组织抗日武装并参加了训练班学习。训练班班主任黄韬，训练班中共支部书记钟光汉，军事教官魏刚、吴肇锦等负责武装训练工作。

1945年春，中共后东特委又在河源文秀塘召开了会议，会议决定抓紧恢复各地中共地方组织和加快组建抗日自卫武装。会后，由中共后东特委特派员梁威林和武装干事郑群率领部分中共党员骨干到紫金南部古竹一带组织武装；由中共后东特委组织干事钟俊贤、宣传干事黄中强到紫五边区组织武装。5月，以原武装骨干训练班为基础，调集地方部分中共党员和东江纵队司令部派出的军事骨干，组建紫（紫金）五（五华）人民抗日自卫大队（简称紫五大队），张华基为大队长，温敬尧为副大队长。全队70多人，下设2个中队。吴肇锦为第一中队指导员兼中队长；钟寰为第二中队指导员，钟衍为中队长。紫五大队主要活动在五华长布、华阳和紫金中坝之间的山区，发展武装力量，建立后东地区抗日根据地。

1945年6月，紫五大队推进到华阳东北山区，后向紫金城南部古竹方面靠近。这时，钟俊贤、黄中强接中共后东特委特派员梁威林的通知，即到古竹开会，研究抗日武装合并、整编和扩大武装力量等问题。同月，中共后东特委古竹会议决定，紫五大队与古竹队两支抗日武装合编，成立东江人民抗日武装自卫总队（代号飞龙队），全队100多人，郑群（化名李惠群）为总队长，梁威林（化名何梁）为政委。合编后，初在紫金东江河一带和紫金黄塘一带山区活动。7月下旬，东江人民抗日武装自卫总队向河源康禾黄村一带活动，广泛宣传中国共产党抗日主张和抗日民族统一战线政策，号召广大群众参军参战，消灭日本侵略军。

值得一提的是，1931年"九一八"事变后，中华民族处于危难时刻，中国共产党高举抗日民族统一战线的大旗，以国共合作为基础，领导全国人民同侵略者进行了长达14年的艰苦奋战。五华虽地处边远山区，远离战区，但全体同胞以挽救民族危亡为己任，众志成城，同仇敌忾，共赴国难，在抗击日本侵略军的烽火中用鲜血和生命捍卫家国。全县先后有李友梅、张吉辉、李平、陈宜广、邹洪、张志宏、薛弼珊、张永良、廖庆善、江振云、江亚添、黄会连、江亚运、陈浪清、刘均杰、宋华钦、古新华、甘曲高、钟仁先、钟望隆、钟汉新、古简、李吉三、李运尝、郑石保二、张木林、温东先、廖育川、李观运、袁玉光、宋添瑞、钟汝超、魏耀汉、甘泉、刘秉钧、江燊、张驾英、胡奇珍、钟太初、温焕明、古俊、陈国球、张华恩、陈德升、陈金、陈德胜、朱少辉、胡秉权、徐亚浪、刘文荫、古华秀、邓公乐、刘文广、杨南香、廖惠和、赖大琼、缪爱民、郑挺寰、李达锦、张清胜、李春俊、李育寰、邓平韬、吴树文、卢其汉、卢源添、胡俊标共67位将士为国捐躯。其中参加上海淞沪会战牺牲的国民党少将李友梅，于1987年9月经广东省人民政府批准追认为革命烈士，并于2015年8月入选民政部公布的第二批600名著名抗日英烈和英雄群体名录，以国家英烈至高无上的身份和名义留在中华民族的记忆中。

第五章

武装斗争的全面恢复和五华全境的解放

第一节 争取和平民主，坚持自卫斗争

抗日战争胜利后，国民党为抢夺抗战胜利果实，密谋部署全国性反共反人民的内战，以实现其法西斯独裁统治。1945年10月，国民党广州行营主任张发奎秉承蒋介石"进剿"中共武装密示，在广东集中大后方兵力，向东江纵队不断加强进攻。国民党粤赣边当局也调集部队和地方反动武装，向东江游击根据地大举进攻。为了避免内战，保存革命力量，遵照中共中央指示，中共广东区委指示中共后东特委开辟反蒋游击根据地，东江纵队在进行必要的自卫反击之后，主动转移到敌后山区，发动和武装群众，建立以河源宁山为中心的根据地，发展革命武装力量，以对付国民党的内战。

一、中共紫五龙河边工委成立与中共后东特委在大田

1945年10月，中共后东特委决定成立中共紫（紫金）五（五华）龙（龙川）河（河源）边工作委员会（简称中共紫五龙河边工委），卓扬为边工委书记，钟光汉、钟寰、魏麟基为常委；张日和、周福郎为委员。中共后东特委领导梁威林参加中共紫五龙河边工委第一次会议，并作指示，逐步恢复与健全四县中共地方组织，开展宁山周围地区的群众工作。张日和负责五华地区党的工作，壮大中共五华地方组织。

1946年2月，党组织在大田青江村双螺石举办青年干部训练

班。由于敌人进攻宁山根据地，形势险恶，训练班转移到石灰坝尖崇山。参训人员主要有五华县立一中、皇华中学的学生骨干，以及华城、转水、长布、潭下中共支部新吸收的党员共30余人，还有十多名建党对象。

1946年3月间，由于河源宁山根据地遭敌"扫荡"，中共后东特委机关和特委机关报《星火报》、电台等由白云嶂转移到大田石灰坝虎井村。中共后东特委恢复委员制，梁威林为特委书记，钟俊贤为组织部部长，黄中强为宣传部部长，郑群为武装部部长，卓扬为秘书长兼青年部部长。梁威林等特委领导经常住在虎井村群众家里，领导全区的革命斗争。特委电台由钟应时、郑平、郑波负责。《星火报》继续出版发行，由钟莹、周大洲、李作新、康燕芬等负责编辑、印刷、发行，同时还油印小传单等。《星火报》和小传单普遍散发至东江各县，甚至兴宁、梅县和江西赣南等地区，大力宣传革命形势，揭露蒋介石集团违反《双十协定》，掠夺抗战胜利果实，继续打内战等罪行。6月，中共后东特委奉命北撤，机关从五华大田撤出。撤退时将多余武器分别交由大田、三多齐等中共地方组织负责隐蔽保存，电台则交由中共三多齐支部隐蔽。三多齐村自建立党组织至五华全境解放，保证了后东特委党的领导机关、人员、电台的安全，是此时期梅州境内的抗日游击根据地和解放战争时期五华武装大本营。

二、东江、韩江人民游击队在五华的活动

为了维持和巩固反动统治，独占抗战胜利果实，驻潮汕的国民党一八六师五五七团，疯狂向韩江纵队根据地大南山、八乡山等地进攻，韩江纵队不得不展开自卫斗争。为牵制敌人，减轻根据地的压力和扩大中国共产党的政治影响，韩江纵队第三支队支队长古关贤率领第一大队（汪硕为大队长），与魏刚率领的东江

游击队共250人，向揭阳、丰顺、五华边区一带出击，于1945年8月30日晚，袭击五华塘湖敌盐警队。由于当时行动迟缓，走漏风声，敌人早有戒备，加上部队未与当地党组织取得联系，结果袭击失利，古溪、翁义来牺牲。9月6日部队转战龙村，袭击五华龙村县警中队、警察所、乡公所和仓库获得成功，击伤并活捉县警中队队长曾斌，缴枪20余支、弹械一批，还开仓济民，引来国民党大批部队增援，有力地牵制了敌人对大南山、八乡山革命根据地的"扫荡"。

1945年8月下旬，国民党进兵东江、粤北，妄图一举歼灭东江纵队等抗日武装。东江纵队执行中共广东区委指示，分散坚持，武装自卫，挫败了国民党广东军事当局企图消灭东江纵队的阴谋。12月，东江纵队东进指挥部指挥长卢伟良率领一个主力营，挺进河源黄村根据地与中共后东特委武装东江人民抗日自卫总队会合，扩大武装力量。中共后东特委单独成立了五华人民自卫大队，钟良为大队长，吴肇锦为政委，这支武装坚持活动至东纵北撤。

1946年1月10日，国共两党代表正式达成停战协定。但国民党广东当局并无诚意停战，诡称"广东无中共部队"，只有"土匪"，仍继续调动兵力"剿匪"进行内战。国民党当局派出一个教导团，纠集紫金、五华、龙川、河源等四县警卫队，进攻紫五龙河边的河源黄村根据地。边区指挥部率领东进部队与东江人民抗日自卫总队，在黄村半径和白云嶂对敌展开顽强的阻击战后，主力撤出黄村根据地，东江纵队东进部队转移到海（海丰）陆（陆丰）惠（惠阳）紫（紫金）五（五华）边。东江人民抗日自卫总队除紫五边部分武装跟随东进部队转移外，总队部及其武装就地分散，在边区坚持斗争。原紫五边五华籍中共党员陈林胜在战斗中牺牲。同月，东江纵队东进部队，一部分由第四团政委李征率领，在惠阳、紫金边活动，与东江人民抗日自卫总队紫金、五华边区部分武装合编组成紫五大队，温敬尧为大队长，钟慧为政委，韦伟为副大队长，隶属东进指挥部指挥，活动于紫金、五华边境一带，伺机打击顽敌。1月底，袭击周江冰坎前国民党五华县县长缪淑民家，缴获步枪数十支、子弹数千发、手榴弹一批。2月11日，紫五大队在华阳小拔吉蓬窝活动，敌军600多人分三路夹攻，部队战士奋起抗击，毙、伤敌军7人，紫五大队采取"金蝉脱壳"战术，安全撤出，仅古三受伤。

东江纵队东进部队第四团，在团长黄布、政委李征率领下，于2月开赴紫金、五华、丰顺、陆丰边境一带活动。3月上旬与韩江纵队汪硕率领的第一大队在丰顺县八乡山戏子潭会师。会师后，首先攻打国民党设在丰顺贵人村乡公所的乡长廖少成。廖少成是贵人村的地主，从土地革命以来，一向勾结汤坑区公所，共同"围剿"共产党和红军、游击队，反共到底。在江震东率领的武工队引领下，部队午夜从戏子潭出发，拂晓包围了贵人村，向廖少成住屋冲去，廖少成一听狗吠声，连忙从屋后乘晨雾跑掉。手枪队没收了几十担谷、1头水牛、2头猪。接着，当天晚上部队命令两个连和手枪队，奔袭五华郭田布尾一刘姓地主豪绅反动势力，途经双华禾田水村（今苏区村）时，遭国民党一八六师叶柏光部袭击，与国民党顽军展开了激烈的战斗，击伤、击毙敌人一批。但在这次战斗中，团参谋黎标和战士彭伟华牺牲。奔袭郭田未成，部队主动撤回八乡山，继续开展游击活动，坚持分散斗争。

从1945年8月到1946年3月，东江、韩江人民游击队执行中共中央和中共广东区委指示，在敌强我弱的情况下，坚持分散斗争，开辟游击根据地，在五华活动中互相配合、互相策应，频频出击敌人，取得了一定的胜利。

三、国民党叶柏光团"驻剿"安流，上山区党组织受到破坏

1946年春初，国民党一八六师叶柏光团进驻安流、华阳、塘湖等地后，在国民党五华当局配合下，一方面追踪钟慧、温敬尧率领的游击队，另一方面侦察、破坏上山地区中共地方组织。4月中旬，塘湖游击队队员钟旷请假回家，被捕叛变，供出一部分中共党员和交通员的名字，敌人据此派兵到处搜捕，悬赏通缉中共党员干部、迫害家属等。4月25日，敌兵4人到龙村高祥学校捕捉中共五华县上山区原区委书记黄可夫，在进步教师黄璜冒名顶替（被捕）掩护下脱险，后随东纵北撤。在梅林中心学校教书的中共上山区委组织委员廖品初、党员钟汉及长布党员曾繁禄，进步青年周春元、廖育秀，郭田的韩江纵队第三支队党员干部江震东，华阳见古塘交通员张亚戊、游击队员黄贡三、硝芳狗肚里地下联络员庄亚照等一批共产党员、游击队员和进步人士先后被捕入狱，几十名共产党员和革命战士被悬赏通缉。国民党五华当局还到皇华中学抓走了共产党员陈杰民。白色恐怖一时笼罩五华全县。

鉴于中共五华县的重要据点皇华中学已暴露，引起敌人的注意，急需建立新的联络地点。5月，根据中共后东特委组织部部长钟俊贤的指示，中共五华县委组织部部长郭汉邦布置中共党员钟振常、钟鑫耀等出面，在岐岭圩开办一家以经营米谷生意为主的"振丰行"商号，为中共五华县委和中共后东特委新的中共地方组织联络据点。这个据点对东纵北撤后机智地粉碎国民党的破坏阴谋，在险恶的环境下坚持和发展中共五华地方组织的革命斗争起了重大作用。

四、东江纵队北撤与隐蔽斗争

1945年10月，国共两党签署《双十协定》后，中国共产党为

实现和平民主、团结统一，在不损害人民利益的前提下，在解放区政权和人民军队问题上，作了必要的让步。1946年4月18日，在广东的国共双方经过50天的谈判，终于签订北撤协定。但在东江纵队北撤山东问题谈判中，国民党广东当局又在北撤人数、行军路线、集中地点和时间等问题上节外生枝，党组织为了顾全大局，又作了让步。5月21日，双方达成中共广东武装人员北撤山东的具体协议。

中共后东特委和中共潮梅特委接到中共广东区委关于迅速北撤的指示后，调集部分参加武装斗争的党员干部和政治面貌已暴露或正被敌人通缉搜捕的共产党员参加北撤。东江纵队2583人，其中五华籍党员干部有郑群、古关贤、黄可夫、钟光汉、黄韬、张斌、钟寰、钟慧等30多人。按照广东国共双方的协议，东江纵队北撤将士于6月30日在惠阳大鹏湾沙鱼涌登船，举师北撤，于7月5日安全抵达山东烟台解放区。以后扩大成为两广纵队，编入了第三野战军的战斗序列。在第三野战军的指挥下，参加了华东战场的鲁南、莱芜、豫东、济南、淮海等重要战役。1949年3月转隶第四野战军指挥南下，并同粤赣湘边纵队联合组成解放广东的南路军。1949年9月，担负了解放广州战役的部分任务。

东江纵队北撤后，为了对付突然出现的严重局势，保护武装和干部，中共中央指示广东各地中共地方组织由委员制改为特派员制，同时留下部分武装骨干坚持分散隐蔽斗争，保护复员人员和人民群众的利益。1946年6月，中共后东特委改为特派员制，钟俊贤为特派员，由周立群、张惠民（张古）率领留下的武装人员20多人，活动于河源、紫金、五华边境山区。钟俊贤带领五华大田石灰坝党员张开、张石源等武装人员，以做生意为掩护，活动于五华大田、长布与紫金、龙川、河源等一带山区，并通过五华的三多齐、大田石灰坝中共地下交通站，联系和指挥后东各县留下的武装骨干，坚持隐蔽斗争。与此同时，中共紫五龙河边工委和中共五华县委均撤销。原边工委委员、中共五华县委书记张日和撤退到国外。中共五华县委改为特派员制，钟应时、郭汉邦为特派员。9月后，钟应时调至河源，实行单线联系，坚持隐蔽斗争。

东江纵队北撤后，国民党广东当局背弃北撤协议诺言，在东江、北江、粤赣边、韩江、琼崖等地召开"治安会议"、部署"绥靖""清乡"计划，各县成立以国民党县长为首的"清剿"机构，实行联防"联剿"，联保联坐，强迫自新，在广东策划大规模的"清剿"罪行。全面内战爆发后，1946年7月，国民党五华当局设立县自卫大队，肆意拉丁、派粮，以"奸匪""异党"等罪名，捕捉共产党人。除逮捕中共党员、武工队员，使上山区党组织遭受破坏外，还到全县各中小学搜捕中共党员和革命干部。尽管敌人穷凶极恶，疯狂进攻，但党组织为保护党的干部和人民群众，求得生存和发展，在极其艰苦的环境下，坚持分散隐蔽斗争，依靠群众掩护党组织活动，保存了革命力量，也为后来的恢复武装斗争，锻炼了一批军事骨干。

恢复武装斗争，反抗国民党"三征"

　　1946年6月全面内战爆发后，局势已经迅速朝着有利于解放区军民方面发展。在国民党统治区的南方各省农村，也出现了有利于中国共产党发动敌后游击战争的新形势。国民党在扩大内战及其军事上连遭挫败的同时，国统区内也陷入日益严重的政治、经济危机。各阶层的人民为了求生存和发展，纷纷起来同国民党反动派作政治和经济斗争。1946年，五华国民党当局的征兵、征粮使五华农村经济完全破产，饥荒遍地，引起人民群众空前愤恨，使得社会各种矛盾日益尖锐，人民群众自发的求生存斗争日渐增多。

一、武装斗争的恢复与兴起

　　由于蒋介石在军事、政治、经济战线上都打了败仗，国民党统治区陷入严重的政治、经济危机；国民党在华南的兵力又呈现空虚状态，加上华南地区中共组织经过贯彻隐蔽待机方针有效地保存了革命力量，因此，华南地区组织发动领导敌后人民游击战争的有利时机已经提前到来。中共中央及时地洞察到这一有利时机，做出了在华南地区一些原来革命基础较好的地方首先恢复发展人民武装斗争的重要决策。中共广东区委根据中共中央关于对广东开展游击战争的多次指示及广东的斗争形势，于11月27日，做出恢复武装斗争的决定，制定"不违反长远打算，实行'小搞'，准备'大搞'"斗争方针，号召各地留下坚持斗争的武装人员，在地方党组织领导和配合下重新组织武装队伍，立即开展打击地方反动派，领导群众进行反"三征"，破仓分粮，保护人民群众利益的斗争。

1947年1月下旬，中共广东区委决定，撤销中共九连地区临时工作委员会，成立中共九连地区工作委员会（简称九连工委），严尚民为书记，魏南金、钟俊贤为常委，曾志云为委员；郑群、黄中强从山东回来后任委员。同时建立东江人民抗征队，钟俊贤、王彪为负责人。由中共九连工委统一领导九连地区党组织和恢复武装斗争，向所属党组织和武装部队传达中共广东区委恢复武装斗争的决定及指示精神，发动群众，破仓分粮，打击反动区、乡政权。2月，中共五华县特派员郭汉邦参加香港举办的各县主要领导干部训练班回县后，五华党组织就积极做好恢复武装斗争的思想准备和组织工作，筹集枪弹武器，动员中共党员和进步青年参军，为全面恢复武装斗争打基础。

1947年5月6日，中共中央成立香港分局，管辖广东、广西两省和福建、江西、湖南、云南、贵州等省部分地区和港澳等地党组织。从此，在中共中央香港分局领导下，南方各地武装斗争迅速开展起来。5月，中共韩江特委改为中共潮汕地委，香港分局派刘向东任中共潮汕地委副书记，负责军事工作。6月7日，原特委直属武工队，普宁、潮阳县武装小组，以及原潮汕韩江纵队部分军事骨干共70多人，在大北山的庵寺天宝堂（今揭西县南山镇）汇集，由刘向东代表中共潮汕地委宣布成立潮汕人民抗征队，刘向东为司令员，曾广为政委，活动范围包括五华边境地区，明确提出反对内战、反抗"三征"、实现和平民主等重大任务。东江人民抗征队和潮汕人民抗征队的成立，标志着解放战争时期东江人民和潮汕人民的武装斗争开始进入一个新的阶段。

1947年6月上旬，中共九连工委常委钟俊贤，派五华籍共产党员郭明负责政治（指导员），钟彬麟负责军事（队长），以及李韧、钟小中和龙川籍陈麟5人组建五华武装政治工作队（简称武工队），回五华恢复武装斗争活动。五华武工队以潭下大布坪和大田石灰坝为根据地，出没于五华西河、南水和龙川、河源边境一带地区。为加强党对武装斗争的统一领导，于7月下旬，中共九连工委决定将所辖地区划分为河东（河源之河东，以及紫金、五华、龙川边境的一部分）、河西、和东、连和4个区。各区先后成立党的分工委，相当于中共中心县委组织，领导组织恢复武装斗争活动。中共九连地区工作委员会河东分工委，书记由中共九连工委常委钟俊贤兼任，钟应时、王彪为常委，邹建、张惠民为委员。7月，指导员郭明调回总部，河东分工委派张鼎汉（又名张可）接替郭明的工作，增加队员赖燕如。9月后增加委员张日和。从此，五华武工队频繁活动于紫金、五华、龙川、河源边境，直插五华敌人腹地，迫使敌人龟缩在几个城镇据点中。在中共五华地方组织密切配合下，五华武工队开展破仓分粮、反抗"三征"、减租减息、惩办敌顽的斗争，赢得了广大人民群众的支持拥护。9月底，参加河东分工委举办的青年干部训练班学习的蓝虎彪回五华加入武工队，河东分工委又派张汉利（河源人）到五华武工队。先后又吸收了李坤、张化、古春、李坤祥、古定、罗进华、张开、张雄、郑明和龙川的叶发、叶日、吴进等人参队，增加了五华武工队的领导力量和骨干力量，队伍逐步扩大。到11月底已增至五六十人，拥有轻机1挺。这时，总部决定正式成立中队（代号华熊队），钟彬麟为队长，张鼎汉为指导员，负责全面工作，对外称为张可队。

五华武工队在当地党组织配合下，紧紧抓住敌区兵力空虚的大好时机，袭击各地警察所、乡公所，破仓分粮，收缴武器，反抗"三征"，扩建队伍，因而武装斗争此起彼伏，武装队伍不断壮大。1948年3月以后，中共五华地方组织动员一大批政治面貌已暴露的中共党员和革命青年，在交通员钟小中、郭金先等引领下，沿着新开辟的安全可靠的交通线，先后输送来自五华、兴宁、龙川的中共党员和进步青年300多人（仅灶背塘出发输送的就有100多人）参加人民武装队伍，为总部扩军、建军输送军事、政治骨干人员作出了贡献。

二、反抗"三征"、破仓分粮的斗争

国统区的五华恢复武装斗争后，贯彻执行中共中央和中共中央香港分局的反"三征"、破仓分粮政策，密切配合当地中共地方组织，广泛发动群众，全面开展破仓分粮，打击国民党地方反动势力的斗争，取得了一系列的重大胜利。

（一）三次袭击岐岭警察所，破仓分粮

第一次是在1947年9月29日。攻打前一天晚上，五华武工队近10人在当地党组织配合下，到离警察所不远的双头箬山背刘亚振、刘亚淡等家住宿。第二天（9月29日）临天黑时，兵分两路执行突袭任务。一路由五华武工队队长钟彬麟率领武工队员钟小中、李强等突袭岐岭警察所。不料抵警察所门前时，大门已紧闭，幸及时得到报告，武工队要捉拿的对象巡官孔庆秋到岐岭汽车站旁劣绅黄公发的店里抽大烟去了，并告知孔庆秋的相貌特征。据此，钟彬麟、钟小中等即速赶抵该处，并佯作是县警大队来要孔庆秋回警察所见队长，骗他回到警察所。由孔庆秋叫开大门进入所内后，武工队员立即拔出短枪对准他，随即按武工队的命令，由他叫其所属人员交出全部武器，缴械投降。计缴获长、短枪十余支，子弹500余发，物资一批。另一路由武工队政治指导员张鼎汉率领武工队员赖燕如等勇敢而巧妙地突袭岐岭田粮

收纳仓，使管仓员及其所属人员全部缴械投降，胜利地完成了任务。

第二次攻打岐岭警察所和粮仓是10月28日。这次，五华武工队40多人，出击前隐蔽在孔目洞灶背塘，配有长枪20多支、短枪十多支、轻机枪1挺，并作具体分工安排，兵分两路。一路由钟彬麟带领15人，配长枪4支、短枪10支和爆破手1人携带炸药包，用炸药强攻岐岭警察所。当警察所的后门被爆破手炸开后，钟彬麟速即冲进巡官陈壮武房间，责令其从床下爬出来，缴枪不杀。其他武工队员也一拥而进，把所内人员全锁在一个房里，快速收缴警察所枪弹，共计缴获长枪十多支、手枪1支、子弹500多发、物资一批，烧毁全部文件、单据等。另一路由张鼎汉率领，有长枪20多支、短枪数支、轻机枪1挺，破岐岭粮仓。同时，机枪手听到警察所的爆炸声即拨动机枪，互相策应助威，震慑敌人。由于攻打警察所和破粮仓同时进行，震动岐岭和周围群众，数百群众担粮300余担往返。这次袭击岐岭警察所、破仓分粮，攻势猛，影响大，后来群众散播消息有三四百名共产党的军队来攻打岐岭，嚣张一时的国民党反动派五华当局，此时已龟缩一团，不敢轻举妄动。

第三次是1949年3月12日。早在行动前的1948年冬，中共五华县委特派员、五华武工队政治指导员郭汉邦与武工队骨干戴汉寰，就布置中共岐岭、合水支部宣传委员胡标兰，利用其同岐岭田粮收纳仓管仓员胡任贤的宗族关系，策动他秘密取出仓谷缴交武工队。这一策动工作成功后，先由胡任贤从田粮仓取出约150担粮和粮款缴交给五华武工队；为使胡任贤能应付其上面，武工队于1949年3月12日，由郭汉邦带领武工队员到岐岭，首先佯开仓和佯抓胡任贤（实际是将他护送至黄村总部，继而吸收参军），紧接着袭击岐岭警察所后，即连夜转战三多齐。

（二）多次烧毁三多齐公路桥，切断敌人运输增援线

三多齐公路桥位于岐岭镇境内，是官汕线的重要桥梁，是东江、韩江地区通往广州、韶关的主要交通运输线，也是国民党广东反动当局"进剿"革命根据地的主要军事运输线。五华武工队于1948年1月至1949年春，采取乘虚突袭"内外线"结合的战略战术，多次烧毁了三多齐公路桥，摧毁敌守桥哨楼，俘获守桥自卫队员十多人，缴获枪支20多支、子弹近千发。三多齐大桥被烧毁后，迫使国民党当局不得不雇挑夫运送物资过河，大大减弱了敌运输速度，沉重打击了敌人，扩大了革命影响。

（三）惩办敌顽李介中、钟世民

五华武工队还积极打击地方反动势力，惩办敌顽节节取胜。1947年12月22日，据群众提供情报，国民党五华县警大队大队长李介中（梅县人）率队160多人从大田向大布坪开来，驻大布坪牛角窝的华熊队当机立断，决定在敌必经之路石涧槽打伏击。由张鼎汉负责总指挥，钟彬麟指挥引爆第一个地雷，负责前沿指挥，赖燕如指挥机枪班，负责主力突击，蓝虎彪断后。华熊队和大布坪群众武装80多人参战。这一仗本可稳操胜券，但由于缺乏经验，把原先"拉马尾"的打法变为"拦马头"，以致战斗失利，共产党员张开和，战士钟兴、古定3人牺牲，总指挥张鼎汉受重伤。

石涧槽战斗后，河东分工委将华熊队撤回东江人民抗征队总部河源黄村休整补充，由孔祥安代理队长，唐克（又名李思奇）为指导员。张鼎汉留总部养伤。总部组织两支精干的武工队：钟彬麟率领10名武工队员开回五华西河一带；蓝虎彪则率领十多名武工队员，开回五华南水一带，继续坚持斗争，活跃在五华琴江以西的广阔地区。

国民党五华反动当局在各地继续制造白色恐怖，新上任的

国民党孔化乡副乡长兼乡自卫队队长钟世民，积极为国民党反动派助力，支持国民党自卫队，守护三多齐公路桥；开出中共党员和武工队员的黑名单，扬言进行围捕，迫害革命家属，令其缴交所谓"红谷"，引诱参队人员回来"自新""投案"等。为打击敌人反动气焰，在县委特派员、县武工队总负责人郭汉邦的部署下，由赖燕如负责率领队员蓝虎彪、张雄、王杰、李赤、刘鹏共6人，于1948年3月到三多齐钟世民开设的屠宰店，捉拿钟世民，拟将其押到黄村总部进行教育警告。岂料钟世民竟持杀猪刀反抗，拒捕外逃，结果被当场击毙。

（四）新桥破仓分粮

1948年1月20日，中共新桥支部派郭金先、李宗佳前往西河联络武工队协助，由武工队队长钟彬麟率领11人，迅速赶到离粮仓不远的洋陂王进贵家中，县特派员郭汉邦、中共新桥支部党员李植廷、郭金先、钟彬麟具体研究战略战术。是夜7时，武工队以神速的行动向仓库猛冲，管仓员温绍昌闻风而逃。这时，武工队员和当地共产党员把粮仓四周警戒好，动员事前布置好的群众前来担谷；由于当时群众及时赶到的不多，只把仓谷担走一部分，又因时间不能拖延，只好把仓库放火焚烧了，并缴获了一批物资，活捉温绍昌之弟，武工队安全撤退。

破新桥粮仓的第二天一早，新桥反动头目曾笃周、刘祖烈、刘汉兴等勾结国民党五华县政府派人捕捉革命群众和共产党员。被捉去坐牢的有卢宪华、李增祥等11人，当场被枪杀的有王进贵、王粤成、卢石杞3人。事后还强迫群众赔偿仓谷180余担，并暗中悬赏捉拿共产党员和进步青年李植廷、王定宏、王杰、李兆祥等人。新桥的革命群众遭到严重摧残与迫害。

（五）油田破仓分粮

1948年7月，油田发展了一批中共党员，建立了中共油田支部，谢华为书记，谢官展、谢振良为支委。他们首先瓦解敌人力量，争取掌握了国民党油田自卫中队30多人的工作，连中队长谢冠也被争取过来。其次是做好宣传发动工作，经常派人到水寨圩张贴革命标语、布告，散发革命传单，给国民党反动头目投寄警告信等，扩大革命影响。10月，为配合韩江部队在郭田、布尾等地开展活动，五华党组织派邓其玉到油田金公祠和谢华家建立革命活动据点，与揭陆华边区互通情报，紧密配合开展活动。1949年2月，转水武工队指导员陈群和中共油田支部书记谢华等，率领武工队与揭陆华边区一武装小分队及当地党员骨干、民兵协同作战，袭击国民党油田乡公所和八斗种粮仓，活捉所丁、仓丁共4人，缴枪6支、子弹数百发，开仓谷200担，还烧毁了仓库账簿。

（六）袭击转水警察所，破仓分粮

1949年1月，钟彬麟到转水，与中共第二区委相配合组建转水武装工作队，钟彬麟为队长，陈群为指导员。转水武装工作队组建后，首先是为游击区筹集经费。2月，在大岭背与兴宁接壤的交通要道陈仰君家设立税站、仓库，公开收税3个多月，为部队筹集大量经费，由中共党员吴凤桂、陈伯达送往游击根据地。其次是活捉巡官给予警告。转水武工队积极配合当地中共地方组织，开展反"三征"斗争，攻打反动政权，打击顽固的反动势力。攻打转水警察所时，活捉巡官吴肇宏进行警告，吴肇宏退职后，换上陈志荣当巡官，武工队与当地武装配合又把陈志荣抓了，还缴了警察所印鉴1枚，长、短枪5支。再次是开仓济民。吴肇锦布置共产党员吴锡古打进转水粮仓，与张鼎汉率领的第四大队一部里应外合，于4月13日开仓济民，几百群众参加担粮，缴获粮300多担。

反击两次"清剿"，粉碎国民党进攻

随着华南地区人民武装队伍迅速壮大，游击战争广泛展开，国民党统治的一些乡村政权被摧毁，反动统治开始动摇。国民党为了挽救其全面崩溃的局势，于1947年9月委派宋子文到广东接任国民政府军事委员会广州行辕主任兼广东省政府主席和广东省保安司令。其主要任务是消灭华南人民武装力量，搜刮华南人民的民脂民膏，以支持内战，出卖华南资源换取美援。同年12月始，宋子文组织8.9万余人的兵力，对广东人民武装力量发动了所谓"分区扫荡，重点进攻"的两期"清剿"。在严酷的形势面前，五华党组织加强党对武装斗争的领导，粉碎了国民党的两次"清剿"。

一、打退国民党的第一期"清剿"

（一）五华武装工作队的反"清剿"斗争

1948年2月起，五华武装工作队由中共五华县特派员郭汉邦负责政治，赖燕如负责军事，队员20多人，紧密配合广东人民解放军粤赣边支队第四团主力部队作战，动员和率领五华人民全力以赴投入反"扫荡"的斗争。27日，五华武装工作队派蓝虎彪、张雄等7人袭击国民党双头税站，缴获长、短枪各1支，子弹200余发，并在双头圩街上，公开动员人民群众与国民党反动派的"清剿"作斗争。后又派温华（兴宁人）、钟展2名武工队员，突袭新桥地主戴其昌家，胜利完成了任务。

3月至4月间，国民党五华县县长魏育怀亲率五华县警大队围攻革命地区大布坪。华熊队队长孔祥安、指导员唐克率队匆忙应战，由于敌人来得突然，寡不敌众，边打边撤。敌进占大布坪后，疯狂报复，当即枪杀了革命群众李亚宾、李道祥，甚至14岁的钟荣光也惨遭杀害。随即设立自卫队，任命李树新为常备队队长，到处捉人罚款，制造白色恐怖。在此期间，全县各地先后建立国民党自卫队，到处设卡放哨，悬赏抓人罚款，以"通匪"的罪名迫害群众，还搞起"五户联保"，强迫"自新"，实行惨无人道的政策。面对国民党五华反动当局和地方反动武装的猖狂进攻，为牵制敌人对根据地的"围剿"，保卫人民群众，中共九连工委河东分工委书记钟俊贤，于4月召集五华党、军负责人郭汉邦、赖燕如、戴汉寰作了工作指示，作出关于反"清剿"的部署，制定反"清剿"方针，并广泛发动群众，反对内战，反抗"三征"。

6月，国民党五华反动当局加紧拼凑反动武装，派出两个连到华城西河进行"大围捕"。敌人先是在同一天早上分头到高沙坑钟彬麟屋和河子口正定学校进行围捕，钟彬麟之父钟进发及堂弟、侄3人被抓去，正定学校共产党员教师钟育藩、陈定英被捕。不久，华城塔岗德义学校遭"围捕"，教师钟远雄机灵脱险。继而在同日晚上和往后一两天，敌人又先后两次到五华县立一中抓人，结果党员学生钟椿元，进步师生曾坤、李裕松等先后被捕。紧接着，敌人到转水大岭背搜捕陈天未遂，即将其父陈九康抓去。同时，敌人还抓去了有"嫌疑"的小学教员、店家多人，全县处于白色恐怖之中。面对强敌压境的形势，五华武装工作队在高沙坑钟火麟家举行会议，会议由郭汉邦主持，参加会议的主要骨干有赖燕如、蓝虎彪等十多人。会议一直开到天亮，即将结束时，村口出现敌情。这时，五华武工队当机立断，决定马上撤退，并在当地群众掩护下，化装成做工农民，安全撤至屋外山上。高沙坑会议后，为使五华武装政治工作队能在当地党组织统一领导下开展武装斗争，于同年夏，由中共五华县特派员郭汉邦主持成立了中共五华县西河区委员会，钟彬麟为书记，赖燕如负责组织，戴汉寰负责宣传。

7月初，钟彬麟奉命随华熊队前往揭阳、陆丰、五华边活动，主要负责东江、韩江的交通联络工作。西河区委成员作调整，赖燕如为书记，戴汉寰负责组织，钟作明负责宣传。

（二）东江人民抗征队在五华开展游击活动

1948年，在中共九连地区工作委员会河东分工委领导下，东江人民抗征队第一大队队长张惠民率领蓝溪乡武装大队、华熊队和川南队共300多人进军五华，不断袭扰敌人，打击敌人。1月至2月，接连出击周江冰坎地主豪绅反动派钟枢家和国民政府水利部部长钟天心家，双头国民党师长曾友仁家和国民党某师军需处长钟子安家，缴获枪支、弹药、粮食物资一批，契纸各项则一概焚毁。同时，在当地党组织配合下，又开了长布等地的田粮收纳仓，没收仓谷500余担分给群众和上交总部。

3月，中共河东分工委委员张日和率领东江人民抗征队属下的由程佩舟、温敬尧领导的紫五大队（包括华熊队、关公队、赵云队3个连队），开赴紫五边境，拟开辟"十二塘"（黄泥塘、狗里塘、猫公塘、石头塘、黄小塘、大麻塘、新塘、旧塘、琴背塘等）为根据地。24日，在华阳小拔坑尾活动时，五华县保警第一中队队长魏庆文率队，串通国民党华阳自卫队前去"进剿"。紫五大队奋勇迎击敌人，从早上8时激战到下午1时，敌魏庆文被击伤后，狼狈撤退。

4月至5月，紫五大队转移到梅林、塘湖一带活动，原拟建立新根据地，因条件不成熟，回师河源整训。留下华熊队由队长钟良、指导员唐克率领，奉命转战揭阳、陆丰、五华边境一带。于5月1日进良田根据地，与潮汕人民抗征队配合行动，宣传发动群众，打击敌人，开辟游击区，先后参加了川岭、朱竹坑、埔仔寨、横江、赤窖、茅坳嶂等地战斗。此时，人民武装队伍不断巩固、扩大，潮汕人民抗征队与东江人民抗征队属华熊队，共同组织了另一支五华武工队，刘当为队长（代表潮汕方面），程朗为副队长（代表东江方面）。从此，这支五华武工队以揭西、五华交界的良田为基地，伸向平安、棉洋一带活动，主动出击，歼灭敌人的有生力量，取得一个又一个胜利。

（三）潮汕人民抗征队在五华开展反"扫荡"活动

1948年1月20日，潮汕人民抗征队第一大队100多人，由大队长林震、政委郑希和张华基等率领，从八乡山据点出发，袭击安流吉水国民党烟台警备司令汤毅生之家，缴获轻机1挺，长、短枪6支及物资一批。不久，林震等又率队到五华沙田开仓济民。是月，该大队又夜袭双华冰塘村，镇压了当地反动头子2名，缴枪十多支、粮食几百担。7月5日，潮汕人民抗征队第一大队又组织两次攻打国民党嵩头（双华）圩联防驻地，但因战前对敌情、地形侦察不细，又缺乏攻坚手段，组织部署也欠周密，致战斗失利，副大队长刘怀和战士黄道余不幸牺牲。经过几次战斗，总结经验教训，他们暂时放弃强攻硬打，分兵在五华境内和双头圩周围开展新区的群众工作，积极创造条件，待机夺取敌人固守的据点。

二、粉碎国民党的第二期"清剿"

1948年6月，宋子文发动第一期"清剿"失败后，人民游击战争有较大发展。但是，国民党不甘心失败，又调动3个补充旅、15个保安团和112个独立保安营及地方部队，实行联防"联剿"，划区"清剿"，对广东人民武装力量发动第二期"清剿"，以达到其"安定华南"的狂妄目的。

（一）中共九连地区委员会成立和广东人民解放军粤赣边支队的组建

1948年5月，中共九连工委在河源船塘召开会议，中共九连工委成员和分工委负责人参加。后东特委书记梁威林在会上传达中共中央和香港分局重要指示精神，并强调迅速组建主力部队，集中兵力打歼灭战。会议遵照中共中央香港分局的指示，结合九连地区斗争实际，作出关于反"清剿"斗争的五项重要决议。同时，中共九连地区工作委员会改为中共九连地区委员会（简称九连地委），魏南金为书记，钟俊贤为副书记，郑群、黄中强、曾志云为常委；张华基、骆维强、卓扬、吴震乾为委员。中共九连地委下辖和东区、连和区、河西区3个工委（相当于县委）与河东区工委（相当于中心县委）。7月，河东区工委领导成员调整：张华基为书记，王彪、张日和、潘祖岳为常委，郭汉邦、魏麟基、邹建、张惠民等为委员。紫五大队仍留在河东地区活动，牵制打击敌人。郭汉邦负责五华、兴宁西部和川南3个地区党的工作，兼抓五华的武装斗争。后来，河东区工委派邓其玉回五华，负责中共的组织工作，为五华党组织的负责人之一。8月7日，中共九连地委奉命把九连地区人民武装整编为广东人民解放军粤赣边支队，钟俊贤为司令员，魏南金为政委，郑群为副司令员，黄中强为政治部主任，曾志云为参谋长。支队下设4个团和3个直属大队。紫金、五华、龙川、河源4县交界边区的河东人民武装整编为粤赣边支队第四团，王彪为团长，张华基为政委，张惠民为副团长，张日和为政治处主任。

（二）中共揭陆华边县委员会成立和独立第三大队的组建

根据中共中央香港分局关于加强党对边区军事斗争、群众工作、统一战线、党的建设等全面工作的领导的指示精神，1948年8月，中共潮汕地委书记曾广到横江主持召开会议，宣布成立中共揭阳、陆丰、五华边工作委员会（简称揭陆华边工委），陈权为书记，曾列明、曾郁青为委员。

9月，中共揭陆华边工委改为中共揭陆华边县委，陈权（后黄佚农，再后曾列明）为书记，曾郁青为组织部部长，李鹏为副部长，曾列明为宣传部部长。9月22日，中共揭陆华边县委经过协商，将在边区活动的东江、韩江部队合编成独立第三大队，又称横江大队，钟良为大队长，唐克为指导员。大队下设2个中队：东江的华熊队为第一中队，钟良兼任中队长，唐克兼任指导员；韩江的武工队编为第二中队，见浩为中队长，彭少明为指导员，彭彪为副中队长。从此，东江、韩江的武装力量集中领导，加强团结，统一行动，乘敌空虚，攻其不备，以求发展与壮大队伍，大大增强战斗力。同时，中共揭陆华边县委还在一些乡成立武工队：棉洋乡武工队负责人为张夏、邹铁民；磜砂乡武工队负责人为张益谦、蔡谋；三水乡武工队负责人为张复旦、刘艳芳；水寨乡武工队负责人为张九、李娥（后蔡洛明）。这些武工队活跃在琴江以东的广大地区，深入农村，宣传发动群众，打击顽敌，开展革命斗争。

10月中旬，潮汕人民抗征队第二支队派员来安流与抗征小组张权、张成荣等联系，准备解放五华边区。后张成荣带领张聂夫等9人到横江，参加潮汕抗征队主办的训练班，学习了十多天。学习结束后，他们回到安流在张成荣家、安流镇宋广吉店、鲤江古连家和龙楼朱国珍家、郭田江石粦家，建立革命联络站，为解放边区、建立民主政权做好准备。12月2日，潮汕人民抗征队发表《告罗经坝民众书》，揭露原民主联军第三纵队司令张辉叛变投敌，欺骗人民，为虎作伥，参与洗劫良田游击根据地等罪恶，号召罗经坝人民及时觉醒，与敌人划清界限，共同对敌。

（三）中共丰华兴边工作委员会的建立

1948年9月至10月间，潮汕地区解放战争形势已由山区推向平原。10月，中共潮汕地委和二支司令部决定，派出武装骨干力量开辟丰华兴边的一片平原新区，临时成立中共丰顺、五华、兴宁边区工作委员会（简称丰华兴边工委），由原丰顺县委常委、宣传部部长廖志华任边工委书记，蔡洛明任副书记。丰华兴边工作开展后，边工委统一领导边区的党政军，全面发动群众，开展武装斗争，粉碎国民党的第二期"清剿"，在斗争中发展、壮大队伍。1949年3月，廖志华调离丰华兴边工委，由蔡洛明任边工委书记，李娥任组织委员，张九任宣传委员。5月，水寨解放后，蔡洛明兼任水寨军管会主任。丰华兴边工委先设在桐梓洋山区，后迁至狮子山山区，3月移到郭田坪上，水寨解放后移至水寨。丰华兴边工委的工作直接受潮汕地委、二支司令部及丰顺县委的领导，物资由二支司令部直接供应，其中心任务是解放三县边区，使潮汕地区与闽粤赣边区以及东江地区连接起来，形成一片大块根据地。在开辟新区初期，由于远离二支司令部，物资供给困难，边工委领导、干部及部队在生活非常艰苦的条件下，克服重重困难，在反"清剿"斗争中，与敌周旋，战斗不息，开辟了较为巩固的根据地，与平原游击区相连接。6月，中共潮汕地委和二支司令部根据上级指示，决定撤销中共丰华兴边工委，将丰华兴边地区和人员分别合并到揭陆华边、丰顺县以及兴宁县。

（四）中共梅兴丰华边县委员会的组建

1947年9月，中共粤东地委派中共梅县原特派员廖伟到梅兴丰华边组建边县委和边县武装。1948年1月成立中共梅兴丰华边县工作委员会，11月正式成立中共梅兴丰华边县委员会，姚安为书记，陈学为副书记。下辖6个区委，其中华区委成立于1949年2

月，陈运章为区委书记，黄露光为副书记，罗章为组织委员，张涛为宣传委员。其区域在今五华郭田、坪上及兴宁、丰顺交界地区，至6月边县撤销时止。华区游击工作队脱产队员30多人，他们既是一支地方工作队，又是一支带武装的战斗队。他们时而配合闽粤赣边纵部队，时而配合潮汕抗征大队，神出鬼没地袭击敌人武装，拔除敌人据点，有力地打击敌人嚣张气焰。

在反击国民党反动派第二期"清剿"期间，敌人妄图以控制税收，切断中共地方组织和人民武装的经济来源。对此，中共五华地方组织和武工队与之展开针锋相对的斗争。为解决主力部队给养，粉碎国民党反动武装的进攻，首先，发动党员群众捐钱献物，支援部队。1948年3月，陈群接受东二支四团政治处主任张日和工作任务后，在转水大岭、黄龙发动党员、群众，捐钱购买枪弹，献出衣物一批，支援部队。其次，积极做好乡绅上层人士的统战工作。8月，东二支派邓其玉与陈群深入上层人士，认真做好宣传教育工作，从而使一部分乡绅自愿捐谷物、献出枪支等支援部队。再次，设立税站，解决部队给养。9月，由郭汉邦、赖燕如、戴汉寰等率领武工队，在岐岭合水梨树下，与当地党支部书记钟振常组织的武装相配合，设立税站，筹集到200多担粮食及一批物资支援粤赣边支队四团主力部队。12月，为了牵制与扰乱敌人，五华武装队伍在东二支和郭汉邦直接部署下，一路由郭汉邦、戴汉寰带领武工队员和西河、龙川县属东坑村的民兵到五华城北的关爷岭；一路由赖燕如、蓝虎彪带领武工队员和大华乡一带民兵到五华城南的黄塘岭，两地同时开枪，佯攻五华县城，使国民党反动派五华当局惶恐不安，仓促从各地调集国民党自卫队到县城，分兵把守城门，迫使敌人不再派兵到处骚扰群众、摧残革命力量，有力地牵制了敌人。与此同时，五华武工队还派出精干的武装小队，插入敌人心脏，狠狠地打击了反动分子，取得重大胜利。

发动春季攻势，解放五华全境

解放前夕的五华，受命于中共两个边区党委和直属部队的领导，即粤赣湘边区党委、粤赣湘边纵队，主要活动于长布、大田、潭下、双头、岐岭、龙村、梅林、华阳、周潭以及横陂、小都、华城、转水、水寨琴江以西等地区；闽粤赣边区党委、闽粤赣纵队，活动于安流、棉洋以下的琴江以东的双华、郭田、平南、油田、河口、水寨东部等一带地区。

中国人民解放军取得辽沈、淮海、平津三大战役的重大胜利后，国民党的主力部队已基本消灭殆尽，国民党反动统治摇摇欲坠。1949年1月1日，中国人民解放军总司令部批准，宣告成立中国人民解放军粤赣边纵队和闽粤赣边纵队。原粤赣边支队改称粤赣湘边纵队东江第二支队，原四团为东二支四团（简称粤赣湘边纵队东二支四团）；原潮汕人民抗征队改编为闽粤赣边纵队第二支队（简称闽粤赣边纵队二支队），活动于揭（揭阳）陆（陆丰）华（五华）边区。两支边纵队根据中共中央香港分局的指示，积极主动进军，尽快靠拢，协调作战，发动春季攻势，建立大块根据地，共同完成解放华南的任务。

一、东二支四团进军解放五华

根据中共九连地委指示，中共五华地方组织于1949年1月31日在河源叶潭朱畲举办五华县党员干部训练班，为期7天，主持人为张日和、郭汉邦、邓其玉。参加学习的有全县各区中共支部书记以上的党员骨干陈群、魏吉文、谢华、马季屏、胡标兰、钟广涛、钟作明以及兴宁的温华等30多人。朱畲训练班结束后，随即在全县和兴宁部分地区调整、恢复党组织，成立4个中共区委、1个中共独立支部：中共西河区委（岐岭、西河、华城、新桥一带），戴汉寰为书记，钟振常负责组织，胡标兰负责宣传；中共第二区委（转水、水寨、河口、油田、横陂、夏锡一带），陈群为书记，魏吉文负责组织，谢华负责宣传；中共南水区委（大田、长布、潭下一带），张俊乔为书记，张逸负责组织，张思光负责宣传；中共兴宁区委，温华为书记，刘陶汉负责组织，刘洪涛负责宣传；中共大华支部（包括黄埔、学赖坝、小基一带），马季屏为书记。

广东人民解放军粤赣边支队第四团，为开辟新的根据地，曾于1948年10月间到龙村、塘湖、梅林一带活动时，就留下了共产党员陈天，负责在梅林恢复上山地区的党组织活动。通过古柳春、周文欧、廖品初、廖永进、魏恩布的努力，上山地区党组织活动得到迅速恢复。1949年1月31日，在上礤廖品初家里成立中共梅林支部，负责领导梅林、龙村、华阳、硝芳、登畲一带的革命斗争，陈天为书记，龙沧负责组织，廖品初负责宣传。同时，上级又派黄文、丘梅等到梅林工作，设立税站，由黄文（后魏恩布）任站长，为部队筹集大批经费。

1949年2月，粤赣湘边区党委副书记兼边纵副政委梁威林在大田石灰坝育文学校宣布成立中共五华县工作委员会。郭汉邦为书记，邓其玉负责组织，陈群负责宣传。中共五华县工委的成立，加速五华革命形势的发展，广大农村已为解放军所控制，部分乡村人民政权陆续建立，此时全县武装斗争更趋于活跃，由隐蔽转向公开。为适应武装斗争的发展，奉命活动于横江的华熊队与五华县武装政治工作队（简称武工队）合编，扩大成立粤赣湘边纵队东江第二支队第四大队，主要活动于五华长布、潭下、岐岭等西河一带和龙川的登云等地。张鼎汉（张可）为大队长，郭汉邦为政委。闽粤赣边纵队第二支队独立第三大队（简称二支队独三大队）奉命到五华琴江以东的棉洋、磻砂等地活动，组织地方武工队，为主力部队进军五华做准备。

（一）突袭横江自卫队开仓济民

1949年2月25日，粤赣湘边纵队东二支四团主力，在团长王彪、政委张华基、副团长张惠民、政治处主任张日和率领下，进军五华横江，与五华武工队和地方党组织在长布会师。这时，四团主力经过河源大人山战斗等几个月的锻炼和总结提高，士气十分旺盛，中共地方组织经过一段时间的组织和发动工作，为四团主力部队的运动做好必要准备，当地群众听到自己的四团主力部队回来，情绪非常高涨。会师后，首先突袭国民党横江自卫队，致使敌人全部缴械，计有长、短枪13支，并打开横江粮仓，获谷200余担，赈济贫民。敌长布自卫队闻风逃窜，四团主力部队当即进驻长布圩，受到当地群众的热烈欢迎。

（二）锡坪伏击战为解放五华铺平道路

1949年2月28日，中国人民解放军粤赣湘边纵队东江第二支队第四团主力部队在团长王彪、政委张华基、政治部主任张日和率领下与五华武工队，从长布出发，走过粘坑、翻过八尺坳、走出甘畲尾、过公田，于当天下午4时抵达潭下黄泥岗、茅坪尾，获悉国民党五华县自卫总队队长李端模部100余人经锡坪去潭下与张桂开部会合的情报，于是决定在锡坪下畲伏击敌军。此时，黄泥岗、茅坪尾、大畲里3个村的村民热情接待，男女老幼忙个不停。青年男女有的被安排站岗放哨，有的负责后勤保障，有的了解侦察敌情，一连三天，3个村都沸腾了。3月

1日拂晓，四团主力部队和第四大队部分人员整装出发，静待敌人投入罗网。上午9时，敌人进入军事包围圈。待敌全部进入伏击圈时，指挥部立即发出攻击信号，接着200多名埋伏在四面山头的战士，像一群猛虎般地扑向敌人。这时，四团主力以强大攻势向敌冲锋。上校县自卫总队队长李端模，县自卫总队副队长宋挺原来骑着马，跟在部队后面耀武扬威，枪声一响，下马四散奔跑，宋挺和十多个副官人员，已经瑟缩在山边的坟地上，不敢动弹。李端模却企图逃窜，并开枪向追击的四团战士还击，最后被击毙在河滩上。战斗半小时即告大捷。此役毙敌上校县自卫队总队队长李端模等8人，伤敌20余人；缴获轻机枪2挺，长、短枪100多支，弹药辎重40多担，战马5匹；生俘自卫总队副队长宋挺以下70余人。至此，李端模部全军被歼，而四团主力则无一伤亡。锡坪伏击战的胜利，震动全县，国民党各地自卫队纷纷瓦解，完全摧毁了五华县反动政权赖以生存的武装力量，为五华全境解放铺平了道路。

（三）击退海盗黄忠部队，收编邹世良残部

1949年3月初，自称"民盟部队"的邹世良（华阳人）与盘踞在南海龟灵岛上的海盗黄忠、邵道泉部共400余人，合编后自命为"广东人民解放军东江沿海第一团"，由黄忠任团长，邵道泉任副团长，邹世良任参谋长。他们在事前未与中共中央和解放军取得任何联系的情况下，擅自闯入龙村、华阳、安流等地，到处开粮仓，抽捐税，勒缴民枪，侵犯群众利益，扰乱社会治安，损害中共和部队建立的新根据地，还在安流组建所谓"中国人民解放军嘉属护乡团"，任用恶棍张继金为"团长"，建立乡村政权，妄图割据一方。4月3日，其部在锡坑禁山岗与国民党保安部队和自卫队作战，死伤20余人，"副团长"邵道泉战死。4月8日，中国人民解放军粤赣湘边纵队、闽粤赣边纵队严厉警告海

盗黄忠部队，号召其归顺人民，接受中国共产党之领导，接受改编，遵守纪律，服从指挥。但"团长"黄忠本性不改，率部逃回海陆丰后，被人民解放军歼灭。邹世良则在中共的统战政策感召下，于5月上旬率部数十人到周潭乡冰坎接受东二支四团收编成连。在此之前，另有20余人早在安流时就被闽粤赣边纵队二支八团俘虏缴械，人民解放军派何东任该连政治指导员，黄亮任代理连长，翁琏任排长。后部队到大田石灰坝整编，赖燕如为第一连，何东为第三连，统称为五华人民保卫总队，郭汉邦为总队长，张日和为政委。经过整编和充实装备后，部队即经潭下向华城进发，并在西林坝与魏麟基带来的部队相汇合。邹世良本人于5月下旬到龙川鹤市向老隆起义的曾天节部队投降。

（四）五华县人民政府在冰坎宣告成立

1949年1月，粤赣湘边纵队建立战略基地，粉碎敌人进攻，决定在粤赣湘边区全面开展春季攻势。2月初，东江第一支队司令员蓝造率领独立第一、第二营由惠阳安墩向紫金、五华进军。首先协同七团解放九和、龙窝，击退紫金县城来援之敌。尔后进军五华，解放登畲和华阳，歼敌100余人，从而打通了江南地区与九连地区的联系。同月，根据粤赣湘边区党委做好统一战线工作的指示，张日和率领五华武工队一部到大田、长布一带活动，亲自找国民党乡长、地方士绅做统战工作，责令他们立即停止反共反人民活动，解散反动武装。随后，这两乡的国民党自卫队全部解散，成为五华人民武装向县城推进的大后方。东江第二支队第四团与东江第一支队协同作战，由西向东进击，扩大紫（紫金）五（五华）活动区域。四团主力进军五华后，在中共五华地方组织、武工队和地下民兵的密切配合下，继全歼县自卫总队、赶走海盗黄忠后，又铲除盘踞在五华各地的自卫队和地方反动武装。这时，东江第二支队第四团继续挥师南进，接连解放龙村、硝芳、登畲、华阳、梅林、长布、大田、周江、小都等一带地区，并与东江第一支队主力会师于华阳。3月开始，闽粤赣边纵队第二支队第五团、七团、八团（原独三大队）等也先后解放五华县属东南部之棉洋、磏砂、安流、油田、郭田、布尾、双华等乡村，普遍建立乡村人民政权。4月，在梅林建立五华县第一个乡人民政府；接着也相继建立龙村、布洋等解放区乡级政权。这时，张日和率队由梅林龙村转入周潭乡冰坎村，为在冰坎建立五华县人民政府做准备，并在冰坎建立乡人民政府。4月20日，闽粤赣边纵队独三大队又解放五华东部重镇水寨。5月8日，成立水寨军管会。此时，国民党五华县政府已经只能控制华城到兴宁、华城到转水的两条公路线，国民党的政令除县城（华城）之外，已经无法行使，国民党五华县警察局也迁入城内，县城守敌也已陷入四面楚歌中，五华全境解放指日可待。在此形势下，五华县人民政府于5月中旬初在周潭乡冰坎福庆楼宣告成立，魏麟基为县长，张日和为副县长。

（五）保十团一营起义，五华县城和平解放

1949年4月底，受东江第二支队第四团政治处主任张日和及中共五华县二区委书记陈群的指派，已打进五华县保安营的陈木能（共产党员）串联了二班副班长李振华（又名李平）、六班班长陈日明和士兵陈瑞仁、李伟雄等，成立5人秘密小组进行拖枪起义，拖出轻机枪1挺、长枪4支、手榴弹4颗、子弹数百发。中共夏锡乡支部书记魏东海派党员魏标俊、魏汉强、魏思成等打进敌自卫队，掌握这支反动武装实力，后为人民所利用。中共华城塔岗组织负责人钟远雄奉中共五华县工委书记郭汉邦指示，派李定打进国民党五华县警察局，掌握敌情。5月14日，国民党保安十三团团长曾天节率团在龙川宣布起义，接着东二支主力攻克老隆。曾天节即派人与张润进联系，张润进又派人去老隆，请示有关起义事宜，并加紧起义准备工作。17日，驻五华国民党保安第十团第一营营长张润进，率领400余人，五华县保安营营长张桂开和警察局局长钟凯率所部共270余人，宣布起义。至此，五华县城和平解放。随即由上级批准成立五华县临时军事管制委员会，张润进为主任。国民党五华县县长杨竞华则于16日晚潜逃至兴宁，后为兴宁起义部队抓获，由张润进派人去将杨竞华押解回五华处置。5月20日，粤赣湘边纵队政治部宣教科代科长李明宗奉命到达华城，联络接收五华旧县县政权，着手准备迎接县长魏麟基、副县长张日和到任接管事宜。5月25日，张日和率领四团四大队二中队、政工队以及南水地区民兵等从潭下到华城；魏麟基等率领闽粤赣边纵队二支八团的两个连（连长邱佐民），横陂、水寨地区的一批武工队员、民兵以及起义人员等从小都到华城。这两支队伍在西林学校会合统一编队，由魏麟基、张日和、郭汉邦、邓其玉率领，举行庄严的入城仪式。李明宗、张润进率领华城各界代表到西林坝迎接。华城几千群众和起义部队列队欢迎人民政府和人民子弟兵胜利进城。接着，在中山公园举行欢迎大会。26日，五华县人民政府在华城正式挂牌办公，全面接管旧政权，五华的历史从此翻开了新的一页。

6月中旬，中共粤赣湘边区委员会副书记兼粤赣湘边纵队副政委梁威林到五华视察工作，并主持恢复成立中共五华县委员会，张日和为书记，魏麟基为第一副书记，郭汉邦为第二副书记。

二、潮汕游击队进军揭陆华边

（一）揭陆华边指挥部和安流军管会的成立

五华县是闽粤赣和粤赣湘两个边区的接壤地带。1949年1月下旬，中共潮汕地委在大岭下召开会议，贯彻中共中央香港分局关于粤赣湘边、闽粤赣边两边区党委联合建立惠阳以东、韩江以西、海陆丰以北至赣南的大块根据地的指示和两边区党委河田联席会议精神，决定派部队向五华的琴江以东地区进军。3月10日，闽粤赣边纵队第二支队司令员刘向东率领二支一团、七团、独三大队和良田基干民兵队，进入棉洋、罗经坝、黄竹坑、正巷一带。3月11日，闽粤赣边纵队直属五团和边纵二支七团，奉命进驻棉洋黄竹坑地主张幼生屋"建中楼"成立揭陆华边临时指挥部，由七团团长李彤兼任指挥员，统一指挥军事行动。

3月24日，二支五团从丰顺八乡山进入郭田、布尾一带，开辟琴江以东的新区工作，扫清沿琴江的反动势力，协助边县委发动群众开展减租减息运动，建立民主政权。3月25日，中国人民解放军闽粤赣边纵队司令员刘永生率领边纵机关及边一团开抵郭田坪上，与边纵二支一团、五团一营等部队胜利会师。边纵主力团在郭田坪上会师后，司令部召开团级干部会，决定成立边七团，由边一团抽调2个连队和边直第五团第三连组建。边直第五团下属建制是一、二、四、五连共4个连和侦察、通讯各1个班，总人数500多人。3月底，由蔡洛主持成立棉洋乡民主政府。这是闽粤赣边纵队的部队进军五华边区之后成立的第一个乡级政权。

4月7日晚，边直二连和短枪班乘黑夜突袭鲤江敌联防自卫队，缴敌长、短枪50多支，子弹6000多发。4月19日，部队推进到锡坑，敌联防自卫队闻风而逃。4月下旬，部队与武工队配合，分头到黄桥、吉水、老河陂、河口、石团等地收缴国民党军政人员家中之枪械，缴长枪130多支、短枪几百支、机枪3挺、子弹2000多发。同时，还收缴水寨乡公所、联防队长枪50多支。

4月28日，李彤等率领指挥部武装进驻安流，解放安流镇，成立揭陆华边临时指挥部安流军管会，蔡洛为主任。

5月，独立第三大队改编为第八团，黄佚农为政委，军事上由刘镜代负责，曾郁青为政治处主任。安流作为五华的商贸重镇，没有系统的旧行政机构，而率先成为揭陆华边首先解放的一座城镇。遵照中共中央、华南分局和潮汕地委关于城市工作政策成立军事管制委员会，并用军管会名义出布告，张贴安民告示，还成立安流镇人民政府，负责处理行政各项工作。军事管制委员会自成立至6月正式成立揭陆华边人民行政委员会，存在时间不到两个月。揭陆华边人民行政委员会成立之后，军事管制委员会也就自然消失。

（二）揭陆华边人民行政委员会成立和五华部分乡村政权的建设

随着五华新区工作深入开展，在边区五华境内的乡村政权普遍建立起来的基础上，6月18日，揭陆华边人民行政委员会在安流三江中学（今安流中学）宣告成立，下设民政科、财粮科、文教科、民运科、供管科、民兵大队、总税站和看守所等机构，曾列明为主任。同时，成立边县农会，古连为会长。揭陆华边人民行政委员会，属过渡性临时县级政权机构。建制范围共16个乡、9个独立行政村、2个市（镇）和4间中学。其中揭阳边有良田、横江2个乡政府，陆丰上砂1个五云乡政府和下硁、径头、黄布寨、南进、黄泥岭、黄京埔共6个独立行政村民主政府。五华边有12个乡政府（棉洋、磜砂、三水、洑溪、安流、泉砂、平东、龙岗、油田、平南、鲤江、大石）和3个独立行政村民主政府（叶湖、枫林塘、黎塘）及2个市［安流市（镇）民主政府和水寨市（镇）民主政府］。丰顺边有1个上八乡民主政府。4间中学分别为五华县立二中（今河口中学）、水寨振兴中学（今水寨中学）、县立三中（今安流中学），陆丰县五云的吉云中学。为便于领导，进一步完善乡村建制，适应斗争需要，于9月成立揭陆华边临一区和临二区两个区民主政府。临一区下辖横江、良田、棉洋、磘砂、三水、五云（陆丰）、上八乡（丰顺）7个乡。临二区下辖大石嵩、龙岗、泉砂、平南、平东、河口、东升、油田8个乡；3个直属乡，即安流、鲤江、洑溪；水寨、安流镇和22个行政村。

第六章

建立人民政权，实现向社会主义过渡

第一节 人民政权的建立和巩固

1949年5月26日，五华县人民政府在华城李家祠正式挂牌办公，全面接管国民党旧政权，成立秘书室、民政科、群运科、宣教科、财经科、军事科、公安局等相关政府部门机构，并任命了各部门负责人。

1950年2月15日，揭陆华边人民行政委员会奉命撤销，其临时辖地按民国时五华所属区域划归五华县人民政府管辖。边区行委会指派组织部副部长李鹏、农会长古连、主管财粮的刘立源3人负责边区文书档案、财粮物资等移交工作。3月，移交工作全部结束。至此，五华全县行政区域划分为7个区、35个乡。其中，华城区辖6个乡，潭下区辖4个乡，长蒲区辖3个乡，水寨区辖6个乡，横陂区辖4个乡，安流区辖7个乡，龙村区辖4个乡；另设龙岭乡为直属乡，并全面配备区、乡干部。5月1日，县长魏麟基、副县长张日和签署《通令》，调整县属行政区划及县政府各科室安排，将全县重新划分为8个区、64个乡、5个镇、569个村。各区均设立区党委与区公所。其中，第一区（驻地华城）辖11个乡，钟振常为书记，钟育藩为区长；第二区（驻地潭下）辖6个乡，胡桃为书记，颜玉宏为区长；第三区（驻地长布）辖7个乡，张俊乔为书记，魏耀坤为区长；第四区（驻地水寨）辖10个乡，钟鑫耀为书记，吴俊华为区长；第五区（驻地横陂）辖5个乡，魏吉文为书记，魏若之为区长；第六区（驻地油田）辖8

个乡，马季屏为书记，谢官展为区长；第七区（驻地安流）辖10个乡，陈天为书记、李政寰为区长；第八区（驻地龙村）辖7个乡，龙沧为书记，古佐中为区长。5个镇为华城、水寨、安流、横陂、岐岭。

刚刚解放的五华，面临的社会形势十分复杂、严峻。国民党五华县政府虽然垮台，但残余势力尚未肃清，他们并不甘心失败，仍垂死挣扎、负隅顽抗。一些土匪特务及地主恶霸更是蠢蠢欲动，伺机进行各种破坏、颠覆活动，严重威胁着新生人民政权的巩固和广大人民群众生命财产安全。为巩固新生人民政权，中共五华县委、五华县政府领导全县人民着手进行基层民主建设，努力扩展党的外围组织，坚决取缔封建反动会道门，平息地反武装暴乱。同时，组织力量抗击胡琏兵团残部窜扰，开展抗美援朝运动，确保全县人心安定、社会稳定。

一、培训干部整肃旧政

1949年5月，五华县人民政府移驻华城接管县政。6月16日，中共五华县委、县人民政府在华城举办行政干部训练班，有300多名学员参加为期一个月的学习训练，为五华民主建政培养一批骨干力量，整顿健全区、乡、村各级党组织及行政机构。7月，五华又派20多名干部参加中共九连地委在老隆举办的青年妇女干部训练班学习。7月至8月，揭陆华边行委会在棉洋举办基层干部训练班，学员几十人，为解放区的政权、农会、民兵、青年团和学校的建设培养骨干。9月下旬，击败南窜的国民党胡琏兵团残部后，县委从乡村两级干部开始，对各类干部普遍培训一次，严格组织纪律，巩固和纯洁党的组织。12月1日，县政府发布《关于整理各级政权的指示》，将现有政权机关工作人员分别精简、充实或调整。1950年5月，全县共整编出队人员220人，其中资遣

207人。政府机关也逐步建立起工作、学习和生活制度，机关工作人员实行军事集体化生活，摒弃旧官僚旧习气。

二、发动民众迎军支前

1949年7月12日，县成立支前指挥所，县委书记张日和任总指挥，县委第二副书记郭汉邦任副总指挥，各区、乡、村也相应成立支前领导机构，广泛发动民众，深入开展群众性迎接南下大军、支援前线运动。8月10日，县迎军支前动员委员会成立，张日和为主任，魏任之、郭汉邦为副主任。14日前，全县4个区先后成立迎军支前动员委员会，各乡、村也相继于20日前成立迎军支前机构。揭陆华边成立的迎接大军动员委员会，曾列明任主任，张九任副主任。全县上下大力动员群众，积极迎军支前。县委、县人民政府派出4个督导组和4支政工队，分赴4个区，与当地乡、村人民政府紧密配合，依靠农会、青年会、教联会、妇联会和党员、干部、积极分子，利用广播、黑板报、标语、开游艺晚会等形式，大张旗鼓开展宣传活动，发动群众捐粮献物。经各级支前机构大力动员，全县很快掀起迎军支前行动热潮。至12月底，仅半年时间，全县（不包括揭陆华边区所辖五华部分）捐献稻谷8820担（88.2万斤）、新衣300套、木柴7300万斤，猪、禽、蛋品、干菜、毛巾、草鞋和马草一大批。揭陆华边区（原属五华县辖境）从6月至7月中旬，共捐献稻谷1000多担（10万斤）、牛10多头、生猪100多头、鸡鸭鹅及衣物等一大批。

三、击溃胡琏兵团

1949年7月，在解放军南下大军追击下，国民党胡琏兵团残部2万多人，由江西窜抵粤东。根据上级的有关指示要求，7月10日，中共揭陆华边县委、行委会和二支八团联合在嵩头召开抗击国民党胡琏兵团残部南窜的会议，区、连以上的干部参加。会议传达华南分局"开展反抢掠、保家乡"指示，分析敌我形势，号召边区全体军民立即动员起来，参军扩军、锄奸肃反、拥军支前，为打好最后一仗贡献力量。

7月13日，胡琏兵团残部洪都支队经梅县龙虎圩窜入兴宁，严重威胁五华安全。县委、县政府决定在五华人民保卫总队基础上，组建成立解放军粤赣湘边纵队东江第二支队第三团（又叫新三团，魏麟基为团长，张日和为政委，张鼎汉为副团长，郭汉邦为副政委，邓其玉为政治处主任），但没有专门设立团部，仅有第一营营部，赖燕如为代营长，何东为政治教导员；下属连队起初4个，最多时达7个。

7月中旬，县委在小都召开紧急（扩大）会议，除县委领导班子成员外，还有县政府一些部门和区、乡负责人参加，县委书记张日和主持。会议决定全县暂时转入军事管制，在乐育中学（今华西中学）设指挥部，由张日和任总指挥。县委、县政府主要负责人分别领导军民抗击胡琏兵团。其中，县委书记张日和、第二副书记郭汉邦负责华城一带；县委第一副书记兼县长魏麟基带领县属机关转移至小都坚持办公，负责横陂、水寨、转水一带。会议还决定由赖燕如、钟育藩、张雄等组织公安人员，对一些政治危险分子及反动官僚恶霸立即实施逮捕，与原来在押人犯共400余人（包括反动县长杨竞华等）交由吴肇锦主持监押，解至潭下龙田村黄泥冈的张家祠、广盛楼和广成楼进行控制教育，借以肃清敌人在华城的内应力量。各区、乡、村还组织起民兵基干队、担架队、运输队、后勤队等，随时准备参加战斗。19日，县委发出《关于坚决打击敌人，坚持斗争，保卫人民利益的指示》，提出全县军民战斗任务，就是要迅速征收到3.2万担（320万斤）公粮，每乡要组织民兵常备队50名以上，并要求各区、乡要提出"武装起来、保卫夏收、保卫政权、保卫胜利"口号，动员群众参加战时勤务。

7月22日，胡琏兵团残部与兴宁反动武装谢海筹部共800多人，由反动分子陈渊祥带路，从兴宁乌坑嶂，经白鸽坪到楼下，分三路进犯东楼乡（今转水三源洞）时，即遭何东带领的粤赣湘边纵队东江二支三团一部和当地民兵阻击。自此至9月21日，胡琏兵团残部先后多次从东楼、北楼（今华城新桥）、鸡嫲颈、河口、油田数路入侵五华县境，新桥、华城、转水、水寨、油田、郭田、平南、横陂一带被窜扰。胡部所到之处，横征暴敛，奸淫掳掠，无恶不作，群众恨之入骨。事后统计，全县被抓去青壮年600多人。粤赣湘边纵东江二支新三团、新一团、直属钢铁连，闽粤赣边纵二支八团，武工队及广大民兵紧密配合反击，先后在新桥、三源洞、鸡麻颈、水寨琴江两岸、河口七都、茶亭冈、黄沙（平东）、丫髻岭等处交战十多次，毙、伤敌副营长以下200多人。人民解放军战士、共产党员、乡村干部、民兵牺牲十余人。9月27日，在南下大军和地方武装合力抗击下，国民党胡琏兵团狼狈溃逃，经汕头出海逃往台湾，新生的人民政权得以巩固。

四、平息温伯洲、张贤彦反革命暴动

1949年7月22日，登畬地主温伯洲勾结陆丰上砂庄照楼、棉洋张杏文，组织地主武装500多人，与人民对抗。趁粤赣湘边纵四支队主力转战紫金后，由温伯洲率队到登畬猛攻邹浪、郑展率领的武工队和乡人民政府，洗劫乡农会副会长温秋香家产，并扬言要在几日内摧毁附近各乡人民政府，气焰十分嚣张。武工队和龙玉湖乡民兵合力抗击。粤赣湘边纵队第四支队获讯，先派刘卓中率一营兵力400人协同民兵反击。初因温伯洲部人马众多，又

占据有利地形，部分人民队伍被围。后经四支队加派平炮连、搜索连200多人增援，用炮猛轰温伯洲据点耀德楼和树善楼，终于8月6日晚迫其投降，温伯洲趁机化装成妇女星夜潜逃。此战，毙温伯洲部3人，俘虏20多人，缴获枪支、弹药、物资一批。武工队员邹荫兰和4名战士牺牲。

1949年，国民党大田乡乡长兼自卫队大队长张贤彦等勾结一批官僚地主继续秘密组织地主武装，据守大田、青村、大径一带与人民为敌。8月25日，地主武装进犯大田乡人民政府，公开暴乱。当地区、乡人民政府领导立即组织石灰坝等地民兵60多人迎击。经激战，张贤彦的队伍退守大径村。8月26日，县委书记兼新三团政委张日和率该团2个连和东二支主力钢铁连，以及潭下、紫金中坝民兵几百人包围大径村，并得到粤赣湘边纵四支队派出2个连兵力增援，经2小时战斗，拔除了敌据点，俘敌30多人。被派遣到兴宁与胡琏、谢海筹联络的张济川、张定华也在华城梅坑塘被捕获。逃上山的张贤彦、张杏开等，慑于人民武装的强大军事、政治威力，于9月3日下山投降，暴乱终于平息。

五、清匪反霸稳定治安

1950年3月，县委部署开展"退租退押、清匪反霸"八字运动和群众民主运动，组织农村开展斗争。惩处地方恶霸，教育、改造不良分子和落后分子；帮助人民春耕、度荒、筹集、发放农贷谷（种子）1.39万担和社会救济粮1200担，帮助贫苦农民和贫苦烈军、工属进行春耕春种，稳度春夏荒。10月，县委成立清匪镇反委员会，实行镇压与宽大相结合政策，至1951年11月，依法逮捕反革命分子1635名，为巩固人民政权和土地改革扫清障碍。同时，组织力量取缔残存在五华并进行秘密活动、扰乱社会治安的先天道、同善社、归根教、真空道4种反动会道门组织。1953

年4月，县委、县政府奉命成立取缔反动会道门指挥部，明令宣布对反动会道门予以取缔，组织党政干部、公安干警600余人，对各种反动会道门进行封坛、搜查、登记和集训道首等工作。至同年8月止，共取缔反动会道门活动场地（堂、洞、坛）101处；依法逮捕罪恶严重的道首7名，其中2名依法判处死刑；缴获各种反动经书8341本及各种证件、道具、鸦片等物资一批。通过打击首恶道首，教育挽救多数，有600名道众和一班道首觉醒悔悟，自动声明退道。从此，县内反动会道门的活动销声匿迹。1955年3月，在全县又开展打击反革命分子行动，依法捕获特务、反革命分子和其他犯罪分子474名，对维护社会治安秩序、保护人民生命财产、保卫社会主义建设顺利进行起到重要作用。

六、抗美援朝保家卫国

1950年6月，朝鲜战争爆发。1951年4月，五华县成立抗美援朝分会，各区镇设总支会，乡及中学设支会，村、小学、各行业设小组。6月，县委、县政府发出"抗美援朝、保家卫国"指示，发起"千元运动"（每人捐献旧人民币1000元）。1952年10月，随着兴梅地区并入粤东区（区党委设潮州），所属的五华县继续在粤东区党委的领导下开展抗美援朝的相关活动，直至1953年7月朝鲜停战协议签订后才告结束。在历时3年的抗美援朝运动中，五华全县有3000多名热血青年报名参军，854人投入志愿军行列，其中有106人在朝鲜战场上光荣牺牲。全县捐献人民币15.7亿元（旧币），用于购买战斗机一架，定名"五华号"，有力地支援了抗美援朝战争，同时充分调动了人民群众的爱国热情，极大地促进了地方建设与社会改革。

七、中央人民政府南方老根据地访问团到五华

1951年，中央人民政府为褒扬革命老根据地在历次革命战争中所作出的重大贡献，在叶剑英积极向政务院总理周恩来提议和促成下，决定派出以内务部部长谢觉哉为总团长的中央人民政府南方老根据地访问团，下设几个分团，奔赴各个根据地，代表中共中央、中央人民政府对老根据地人民进行慰问。

8月，中央人民政府派出以中共中央华南分局常委、主持广东省人民政府工作的省政府副主席古大存同志为团长的中央人民政府南方老根据地访问团粤东分团，深入粤东革命老区进行走访慰问。访问团由中央、省级、专区各机关和各有关县派出的880多人组成，下设秘书、宣传、慰问、资料、总务等5个组，并依专区设分队，分队下设小组。访问团采取重点地区与附点地区相结合的方式共访问了24个县、34个行政村、464个自然村，受访群众达106万人，占全部粤东老根据地地区的65%。访问团采取普遍布置、全面撒网、面中有点、分区包干、同时完成的方式进行访问。粤东分团兴梅第二分队第一组，先后到五华的安流、梅林、双华等区、乡慰问革命老区人民，历时十多天，拨送物资一批。尔后成立五华县革命老根据地建设委员会。随后8年间，省地县各级政府拨救济粮（稻谷）359万斤、救济款65.68万元，帮助老区人民购回耕牛2104头、犁3901张、耙2.93万张、锄头6550把，衣服、被帐6963件，修建房屋7190间，帮助老区人民解决住、吃、穿问题。全县老区口粮水平由中华人民共和国成立前的每人每年320斤（稻谷），提高到500斤；新建小学67所、中学8所、卫生院18间；全县老区基本消灭天花、霍乱、婴儿破伤风；新辟公路3条，共87.20公里；乡乡通电话和有线广播，老区面貌初步改观。

实行土地改革，力促社会变革

在中华人民共和国成立后的两年里，全县广大农民在党的领导下，通过全面建政、"双减"（减租减息）、退押、清匪反霸、迎军支前、生产度荒、民主运动等一系列的运动与斗争，政治地位和思想觉悟得到空前提高；但在经济上，因受封建地主土地所有制为基础的生产关系制约，农民赖以生存的土地、粮食等基本生产、生活资料集中于地主阶级手中，经济地位仍很低下，经济生活还相当贫困。

1951年，只占全县农村人口6.7%的地主阶级占有耕地23.24%，人均耕地有4.13亩；而占全县农村人口56.78%的贫农和雇农仅占有耕地18.24%，连中农的土地加进去也只占38.05%，人均耕地只有0.39亩。地主阶级兼并土地，多数靠地租、债利和雇工剥削；少数经商致富买田出租，成为工商业者兼地主；华侨置产出租，成为华侨地主；还有国民党军政要员，在家乡购置田产出租，成为官僚地主。地主阶级在占有大量土地的同时，也在经济上占据着优势地位。他们往往以此为资本，对依靠土地为生的贫苦农民施以种种压迫和剥削，如地租、高利贷及雇工等，过着不劳而获的生活；而广大贫雇农民虽终日劳作，却衣食无着。农民租种地主的田地，一般除把年收成的一半以上作为地租交给地主外，还要付"抵押金"、送"田信鸡"、办"租佃酒"等。所以，农民一年辛苦劳作到头来往往所剩无几，甚至不够交租还债。每年荒月又得向地主借谷。春借秋还，1担谷要付息5斗至1担谷；秋借冬还，1担也要付息2斗至6斗。如果当年利息没交清，地主就将息转本计利，形成利滚利。如遇灾荒，利息更重。因此，从根本上消灭封建社会土地所有制度与剥削制度，发展农业生产和农村经济，完成新民主主义革命任务，帮助农民从政治上、经济上得到彻底翻身，成为党在农村工作中面临的最迫切的中心任务。

1950年开展的清匪反霸运动，镇压了一批民愤极大的恶霸分子，安定了社会秩序，并普遍组织农会，建立民兵组织，为土地改革创造了条件。同年，县委、县政府根据上级的部署，着手准备开展土地改革运动。是年10月，县委从县直机关和各区抽调一批干部参加兴宁、丰顺土改试点工作，为五华土改做好干部力量准备。1951年4月10日，县委组织59名干部到华城区清化乡搞土改试点。5月4—14日，举办第一期土改干部训练班。训练班结束后，即在全县范围开展土地改革运动。9月，县委召开干部扩大会，总结经验，决定全县分两批进行，第一批以一、四、八区为重点，加面上8个乡，共126个小乡和岐岭、水寨、安流3个镇，农业人口226930人，占全县57.1%，耕地25.21万亩，占全县47.4%，1952年8月完成。第二批95个小乡，1952年年初开始进行，年底完成。为加强对土改的领导，县成立土地改革委员会，由县委书记任主任，下设办公室负责日常工作；组织1706人的土改工作队下乡，和贫雇农同吃、同住、同劳动，组织农民进行土改。1952年冬，全县分完田。1953年进行复查，查田定产，颁发土地房产所有证，同年5月结束。

历时两年的土地改革运动，是五华历史上的一次重大社会变革。首先消灭了地主阶级和封建剥削制度，确立贫雇农在农村的优势地位，广大农民在政治经济上成为农村的主人。土改中，先后清算和斗争地主3581人、富农440人，并迫使他们接受改造和教育；广大贫苦农民则由此摆脱受奴役受欺压地位，翻身做主、扬眉吐气。同时，肃清了土匪恶霸，收缴黑枪黑弹，消除了社会治安隐患。通过土改，首先是农村基层组织得到建立健全，干部得到培养锻炼，农村基层政权得到巩固。在历时两年的土改中，县、区、乡、村均建立起农会，有农会会员133671人，占总人口的31.17%，占农业人口的32.9%；发展党员63人、团员552人，培养出积极分子10627人，农协主席及委员3314人，小组长以上干部7339人。没收、征收地主阶级土地269441亩，没收余粮227726.01市担（1市担=50公斤），房屋41034间，耕牛6787头，家具300323件，农具94951件，并把这些生产、生活资料分给贫苦农民，让许多无地或少地的农民获得土地，真正实现"耕者有其田"，彻底摧毁了延续两千多年的封建统治的经济基础，在农村建立起新的生产关系，极大解放了农业生产力，调动了农民的生产积极性，推动了农村经济的发展。其次是土地改革后，农村社会面貌和农民精神面貌焕然一新。翻身农民热情歌颂共产党、毛主席，衷心热爱新中国、热爱社会主义，焕发出强烈的爱国热情；政治思想觉悟也有很大提高，打破了宗族宗法观念，树立起"天下农民一家亲"的思想，团结友爱、互助合作的风气渐趋形成。但土改中也存在初期工作比较粗糙、做法比较过激的问题，如没收了部分华侨地主的房屋，错伤了一些知识分子；在1952年春耕整队中，方法过粗，打击面过宽，错伤了部分干部。

国民经济的恢复与发展

中华人民共和国成立后，五华县委、县政府按照中共七届三中全会确定的"公私兼顾，劳资两利，城乡互助，内外交流"基本经济方针，采取各种措施，恢复发展城镇工商业，鼓励扶持合作经济、个体经济和私人资本经济，使各种经济成分在国营和集体经济领导下"分工合作、各得其所"，国民经济得到迅速恢复和发展，人民生活也得到明显改善，为有计划进行社会主义改造和建设创造了条件。

一、统一财经稳定物价

一是统一货币，稳定金融。中华人民共和国成立前，由于国民党当局发行的金圆券、银圆券失信于民，五华城乡买卖商品均以物易物，普遍以米谷、洋纱当货币使用为主。1949年6月，南方人民银行兴梅分行在五华发行南方券。此时，货币、实物及金、银等同时在五华市场上流通。为建立统一的货币市场，1949年11月30日，县人民政府颁发布告，废除钱会、谷会、纱会。1950年6月16日，中国人民银行五华县支行在华城天后街正式成立，开始发行人民币和办理南方券兑换工作。同年9月14日，县政府颁发《以人民币计价使用购货》的布告，强调人民币是中华人民共和国法定货币，各种商品、账本均应以人民币为单位计价；明令取消以物易物，禁止非法货币流通，严禁以金银、外币、米谷、洋纱作货币在城乡使用，违者以违反金融管理条例处理，并限期金银业商于该月底申请转业或歇业。同时，组织工作组，前往水寨、华城、安流、横陂、岐岭等圩场，督促检查布告落实情况，很快统一了全县货币市场，恢复了金融秩序。

二是调剂物资，平抑物价。中华人民共和国成立之初，五华物资奇缺，物价飞涨，市场秩序混乱。1949年年底，县人民政府颁发布告，整顿市场秩序，努力稳定物价。1950年12月，县政府在华城、水寨、安流3镇组建市场管理委员会，强化市场监管，调剂物资，稳定物价，引导商家的经营活动；组织各商号学习中央人民政府贸易部发布的《关于取缔投机商业的几项指示》，联系实际，开展揭、批、查活动，限制投机倒把和哄抬物价；将纱布、木材、粮食、油盐等纳入计划管理，并组织纠察队，检查市场的购销情况，严格取缔非法经营。1951年1月17日，县政府颁发《关于加强市场管理，稳定物价的指示》，要求各工商联及同业公会组织加强对个体商贩的监管，继续办理摊贩、行商和经纪人的登记管理，核发1951年营业证，重新估定资本额，并从布匹、粮食、油盐等主要行业开始限制私营商户经营范围。1952年，县政府先后11次调整物价指数，使物价稳中有降，粮食从每百市斤（50公斤）8.29万元降至7.12万元，降低14%；煤油每百市斤（50公斤）降到36万元，降低40%。

三是加强工商管理，增加财税收入。1950年1月，县委、县政府贯彻执行政务院颁布的《全国税政实施要则》，统一税收制度，并成立护税小组，开展税法宣传。是月，县成立工商业调查委员会，县委书记郭汉邦兼任主任，组织检查工商界爱国守法情况。1950年，县工商业联合会多次召开各类座谈会，组织工商界人士学习税法，开展税法宣传和爱国守法教育，动员各商号拥税、护税和纳税。同时，开展评税活动，强化税务管理，拓展税源，全县工商税收（包括坐商、行商、摊贩之营业课税及所得课税）大幅度增加。1952年全县工商税收107.9万元，比1950年的34.3万元增加73.6万元，增幅达2.15倍，首度超过农业税收，约占当年县财政收入的一半，县财政收支状况随着好转。1952年全县财政收入217万元，对比1950年117.2万元增加99.8万元，增幅为85%，大大缓解了财政支出的压力，实现财政收支基本平衡。

二、恢复发展农业生产

农业历来是五华的重要支柱产业。1949年全县工农业总产值2473.32万元（按1957年不变价计算，下同），其中农业总产值2455.4万元，占99.3%。中华人民共和国成立初期，县委、县政府为快速恢复发展农业生产采取了很多措施。

一是推行减租减息，减轻农民负担。1949年6月，五华县人民政府刚成立不久，就制定减租减息（简称"双减"）暂行条例，在全县大力推行"二五减租"。11月30日，县政府颁发布告，公布减免租、佃、债、息具体实施办法，落实"双减"要求。布告明确规定：不论公田、学田、偿田、庙产、神会、教会及地主、富农所出租之地，不论任何租佃形式（包括铁租、活租、批租、对分），一律实行"二五"减租，即按原租额减去二成五；过去旧债、周年利息不得超过原本百分之三十。据统计，1949年夏秋两季，全县减租谷10万担（1000万斤）左右，减息约3万担（300万斤），退回的租谷约150担（15000斤）。1951年5月24日，县委又作出"关于迅速开展减租退押运动，解决群众生产度荒问题的紧急指示"。至7月底，全县又清出稻谷72587担（725.87万斤），进一步减轻贫雇农负担，在一定程度上缓解各地粮食紧缺的困难。

二是开展互助合作，改变生产方式。1951年4月开始的全县土地改革运动，解除封建主义的压迫和剥削，农民普遍分得了土地，农业生产力得到解放，农业生产得到一定的恢复和发展。有一部分农民靠着资金、农具、劳动力等优势，经济地位骤然上升；而大部分农民的生产生活条件虽有改善，但由于缺乏耕畜、农具，或劳动力不足，难以扩大再生产，生活仍陷于困难。他们中有的不得不重新借高利贷，甚至出卖土改中分到的土地，或靠当雇工和租种土地维持生活。1951年12月，中共中央《关于农业生产互助合作的决议》下发后，县委、县政府要求各级党政耐心引导农民发展和巩固季节性互助组，培养常年性互助组。1952年冬，华城西林乡组织起全县第一个常年性互助组——张云卓互助组。其后各区均组织一两个常年性互助组。至1953年冬，全县共组织互助组4407个，参加农户18639户，占总农户的19.3%；其中常年性互助组226个、季节性互助组4181个。是年，全县粮食总产2.365亿斤，对比1952年增3130万斤，增长15.3%；比1951年增4700万斤，增长24.8%。

三是兴建水利设施，改善生产条件。中华人民共和国成立后，县委、县政府按照兴梅专署相关部署，把修整水利、改善生产条件作为恢复和发展农业生产的重要措施来抓，组织群众大搞农田水利建设。在财政极为困难的情况下，仍然拨出大量经费用于水利建设。广大农民义务出勤，主动配合，积极参与，为恢复和发展农业生产创造条件。1950年10月，横陂杉山角水圳建成，圳长2400米，受益农田2900亩。1951年，加固华城西林坝、水寨下坝、河口大坝3条防洪堤，共长5460米，保护农田12500亩；开通西林排水沟，长4150米，受益农田2498亩。1952年春开始，兴梅地区掀起"一村一小型水利"运动。当年，全县修筑华城龙塔、乌沙溜、安流3处防洪堤，共长9000米，受益农田7900亩。一系列水利设施建成，初步改变过去五华河堤失修、水灾频繁的状况，改善了农业生产条件，保障了农业生产的正常进行。

四是鼓励垦荒拓耕，增加粮食生产。中华人民共和国成立后，县委、县政府多次研究农业生产工作，部署开展冬耕运动，号召广大农民积极垦荒，努力扩大冬耕，组织开展劳动竞赛，以冬耕增产解决粮食紧缺问题。1949年，县政府要求各乡村秋季收割后广泛发动群众开展冬耕竞赛，广种杂粮，以增加粮食生产。1952年全县耕地总面积54.74万亩，对比1949年的49.58万亩增加了5.16万亩，增幅10.4%；人均耕地1.35亩，对比1949年的1.31亩增加0.04亩，增幅为3.1%；全县粮食总产量达到2.052亿斤，比1949年粮食总产1.62亿斤增加0.432亿斤，增长26.67%。此外，县政府还从投资、贷款、价格、技术等方面帮助农民恢复、发展农业生产。3年间，全县农、林、水、气象投资完成总额18.31万元，发放农业贷款26万元；规定一些农产品的最低收购价格和合理比价；领导农民开展群众性技术改造运动，推广使用化学农药除虫等。这些措施的实行，极大地促进五华农业经济的恢复和发展。经过全县上下3年的共同努力，五华战胜了1950年和1951年的严重春荒，帮助农民渡过难关。

三、调整工商业，恢复交通运输

一是加强市场管理。中华人民共和国成立后，五华县内的工商业还仅限于农村初级圩场的个体商贩及小手工业者，且大都是一些父子店、夫妻店、兄弟店和酿酒、烟丝、锅鼎、豉油等手工作坊，以及设备简单、技术落后的印刷、纺织及粮食加工门市。工商业规模小，产值低，在国民经济中所占的比重微乎其微。商业行销本地的货物商品靠从邻县兴宁、龙川批发采购，主要面向农村用户，只为人们提供生活必需商品。资本少、规模小、流动性大，圩场秩序较为混乱。1950年1月，县成立商会，面向工商界，宣传党恢复和发展国民经济的方针政策，订立市场管理制度，组织工商业公平交易，搞好经营。5月，县政府加强对私营工商户的指导与管理，取消黑市和迷信业，限期金银业商转业或歇业，进行开、歇、转业的变更、登记及管理。是年，对全县20多个圩镇旧商会进行整顿，改组成立县工商业联合会，在华城、水寨、安流、横陂、岐岭等较大圩镇组织各同业工会，规范经营行为。同时规定市场收费由县财政科接管，收费标准由县统一制定。12月，县人民政府在华城、水寨、安流3镇分别组建市场管理委员会，强化市场监管，引导商家经营活动，限制投机倒把和哄抬物价，并将纱布、木材、粮食、油盐等纳入计划管理；还组织纠察队，检查市场的购销情况，严格取缔非法经营。是年，部分不法商人囤积居奇，造成粮价上涨、市场紧张。县政府一面从湘赣购回大量粮食平价供应，一面加强市场管理，惩处投机商，稳定市场。1951年，全县工商登记49个行业、2386家，从业5523人，注册资本48.68万元。1952年10月底，华城、安流、水寨3镇开业29家、歇业56家、转业34家。其中手工业开业15家、歇业18家、转业14家，商业开业14家、歇业38家、转业20家。

二是公私兼顾发展工商企业。1949年5月，县人民政府进驻华城后即派出干部，接管原民国县政府的印刷等行业，组织工人迅速修复机器设备，使其尽快复工。1950年至1952年，县利用独特资源优势，先后组建起7家地方国营企业。其中，大型企业2家（双头煤矿场、华民电力厂）、小型企业5家（粮食加工厂2家、印刷厂1家、松香厂2家）；同时组建起华城铁业合作社等一批集体企业，还动员潭下汶水、锡坪宝山嶂、小都挖树塘、周江洋塘等地7000多农民上山采钨、锡、煤等矿，同时在工矿企业内部进行了民主改革，建立社会主义的民主管理制度。1952年，全县工业总产值262.26万元，对比1949年17.59万元增加244.67万元，增幅1391%。1950年2月9日，县第一家国营商店——南方贸易公司兴梅分公司五华办事处成立，统管全县粮、油、土特产购销工作。5月，南方贸易公司兴梅分公司五华办事处撤销，成立五华县贸易公司，在安流设立分公司。是年，先后成立水寨、安流、横陂、高坪、优行、梅林、上布、大同、联合、洞口、大田、社径、深湖13个基层供销合作社，社员8217人，股金12.6亿元。1951年1月20日，在区、乡供销合作社普遍建立的基础上，成立五华县供销合作总社（1954年11月改称"供销合作社"）。1952年成立中国百货公司兴宁商店水寨批发部。是年年底，全县区、乡共设立基层供销社有26个、消费社1个、生产合作社4个，入股社员167143人，全县城乡初步形成国营、集体商业体系。国营商业、供销合作社接管了批发业务，掌握了批发市场，全县零售市场比重也从过去私营一统天下，转变为国营占16%、合作社占34.1%、私营商业占49.9%的三足鼎立的局面，极大地改变全县工商业格局。在积极发展壮大国营、集体经济的同时，县根据公私兼顾的原则，认真调整公私关系，指导私营工商户面向生产、面向农村，搞好公私关系和生产经营。1952年，先后发放1亿多元工商贷款，解决私营工商业者的经营资金困难；鼓励粮商向外地采购粮食，帮助农民度荒；对有利于国计民生的私营工商业，在经营范围、原料供应、销售市场、财政金融、税收政策等方面进行必要的照顾。其中，国营商业扩大批发额度、批零差价，合作社不对非社员交易，以保障工商户货源供给和合理利润。1953年1月25日，县政府在华城举办物资交流大会，拓展农副产品的购销渠道，扩大私商收购土特产和销售的门路。同时，允许和帮助私营工商户采用加工订货、经销代销、统购包销、联购联销等方式，摆脱销路呆滞、生产萎缩的困境，使私营工商业很快恢复发展起来，进而活跃了城乡市场，增加了国家财税收入。

三是恢复与整顿交通运输。中华人民共和国成立前，县境公路干线主要有韶兴线（韶关至兴宁，后称官汕线，现称国道G205线五华段）、五紫线（五华至紫金，现称乌水线）、安河线（安流至河源，现称安池线）3条，总长159.9公里，其中勉强能通行车辆的公路只有33公里。1939年，为阻止日本侵略军入侵，国民党省政府下令把五紫、安河公路毁坏，致使往来五华车辆无法通行，人员出行和货物运输只能走羊肠小道或渡船航运，交通十分不便。中华人民共和国成立后，县委、县人民政府对恢复公路运输极为重视。1950年2月，在县人民政府设交通科，专责交通管理事务。是年始，县内街道、公路、河道的交通秩序及往来车船、行人的交通安全，一概列入县公安机关的治安行政管理。1951年，广东省人民政府成立广东省公路修筑委员会，兴梅地区成立分会，五华县成立支会，负责官汕、五紫、安河3条干线公路的整修任务。1951年1月6日，县成立筑路大队，采用发动沿途群众、成立抢修队和民办公助的办法，抢修和兴建公路。1月25日至2月中旬，全县出动民工近17万人，建勤近80万个工日，抢修县境内3条公路。1952年，3条公路全面修复通车，还普遍加高路基，加宽路面，提升了公路等级。其中官汕公路前属省道第二干线公路，1951年定为国道公路，一度中断的汽车运输得以恢复并改善。同时加强对个体民船的管理，1951年1月，县在岐岭、华城、水寨、安流4个主要港口设立船舶管理站（7月，改为民船联运站），站长由当地乡长、镇长兼任，每站由政府派出办事人员2人，对航运实行统一领导、统一货源、统一调度、统一运价。对原自定的航线实行重新审核，根据技术性能和船舶质量进行分航定线、分线定点；并在岐岭、华城、水寨、安流、塘湖把原有流动分散的个体船舶分点组织起来，分别成立民船工会，设会长1人，办事人员2人。1951年冬，还成立疏航队，在龙村、鲤江、西林、马河坝、中洞打沙耙开辟航道。1952年组成炸礁队、筑坝队，对五华河上游獭爪滩打排桩改直航道，并炸掉滩石和暗礁，修整观音滩。1952年下半年，开展水上交通运输民主改革运动，组织民船工会，发动船工船民学习文化，修理船只，疏通航道，搞好航运治安。1953年10月，成立县船民协会，全县船舶编为9队18组，会员380人。1956年，成立县木帆船运输合作社，入社117艘船，经丈量验算99艘载重943吨，从业人员298人，按船分3队。一队航行县内支流，在水寨港衔接驳运；一队航行水寨至梅县，衔接上下航行的货运；一队往返梅县至松口，并在松口、梅县设联络站。合作社设理事会、监事会，制定社章和制度，开展安全作业，繁荣运输市场，提高经济效益。

四、开展"三反""五反"运动，保障经济健康发展

1952年1月19日，五华县委、县政府召开全县机关干部大会，部署开展"三反"运动，决定成立县增产节约检查委员会；各单位成立分会及小组，以领导"三反"运动。县人民政府发出开展"三反"运动的通告，号召各阶层人民行动起来，检举揭发贪污、浪费和官僚主义的人和事。1952年1月20日，县增产节约检查委员会下发机关"三反"运动计划，县直机关先行开展"三反"运动。按华南分局的部署，机关"三反"分"学习发动、坦白检举""打虎追赃""民主建设""复查处理"4个阶段进行。随着"三反"运动深入开展，1952年2月初，县委召开机关干部大会，对开展"五反"运动作出动员、部署，号召工商界人士配合机关"三反"，开展"五反"运动。3月3日，县政府发出开展"五反"运动布告，号召凡有行贿、偷漏税、欺诈、盗窃和隐瞒行为的工商户主动交代；宣布坦白从宽、抗拒从严，检举别人者将功赎罪相关政策。并规定在运动期间任何行业、商号不准

歇业，不准将物资随意转移。3月25日，县派出工作队，分赴各圩镇领导开展"五反"运动。各地根据农村初级市场工商者的实际情况，着重反偷税漏税、反暴利思想，检举揭发不法资本家偷税漏税等违法行为。通过"五反"运动，工商业者进一步提高爱国守法观念，订立爱国敬业守法公约；各行各业普遍成立拥税小组，强化税收管理。

经过"三反""五反"运动，县直机关揭露出有贪污行为的119人，贪污数目达2709.96万元；有敌我不分的78人，参加反动党团的共30人，参加会道门的2人。客观地看，"三反""五反"运动有力地抵制旧社会遗留下的恶习和资产阶级思想对革命队伍的腐蚀，清除了党和国家机关内部的一批腐败分子，教育和挽救了一批犯错误的干部，树立了国家工作人员廉洁、朴素、为人民服务的工作形象，也使厉行节约、艰苦奋斗、爱护国家财产等社会风气进一步形成；对工商业者普遍进行守法经营教育，在私营企业中建立起工人监督机制，并实行民主改革，保障了国民经济的快速恢复和健康发展。但运动高潮期间，一些地区和单位曾发生逼供现象，误伤了好人，犯了扩大化错误。这些问题在甄别定案时基本上得到纠正。

对私有制经济的社会主义改造

1953年秋，五华县委、县政府根据上级指示精神和工作部署，成立对私改造办公室（隶属县财委），开始对生产资料私有制进行社会主义改造。对个体农业、个体手工业和资本主义工商业进行社会主义改造。至1956年年底，基本完成三大改造任务，实现生产资料由私有制向社会主义公有制的转变，确立了社会主义经济制度。五华开始由新民主主义社会进入社会主义初级阶段。

一、农业社会主义改造

土改后，大多数贫苦农民生活水平上升，但也有一部分农民因缺乏耕牛、农具和生产资金，经不起天灾人祸的袭击，生产搞得不好，甚至破产。1954年转水区5500户农民中，卖田、卖屋、卖家具的就有730户，占13.3%。为了发展农业生产，增强抗御自然灾害的能力，共同富裕，支援国家工业建设，县委遵照中共中央《关于农业生产互助合作的决议》精神，领导农民走互助合作道路，经互助组—初级农业生产合作社—高级农业生产合作社三个阶段，实现农业集体化。

一是设立互助组。1952年冬，华城西林乡组织张云卓互助组。1953年春，各区均组织一两个常年性互助组和一批季节性互助组。常年性互助组是常年互相帮助，组内劳力、耕牛、农具互通有无，生产收入归各户。季节性互助组只在农忙季节互相帮助。互助组对克服生产困难和战胜自然灾害比单干农户强，从而吸引了农民自愿组织起来。至1953年年底全县共组织起各种类型互助组4407个，参加农户18639户，占总农户的19.3%。其中：常年性互助组226个1248户；季节性互助组4181个17391户。1953年冬，贯彻党在过渡时期的总路线，加快了互助合作的步伐。1954年秋，互助组发展到10659个55849户，占总农户的56.6%。其中：常年性互助组2511个15968户；季节性互助组8148个39881户。

二是组建初级农业生产合作社（简称初级社）。1953年12月，中共中央作出《关于发展农业生产合作社的决议》。县委于1954年2月组建华城西林东方红社（22户）和水寨员瑾第一农业社（20户）。各区派1名主要干部到这2个社学习建社经验，随后各区于夏收前建1个重点社（共16个），秋收前又建立56个，秋收后建立98个。年底共计建立172个社，入社农民5566户，占总农户的5.7%。初级社采用土地入股，统一经营，耕牛、农具折价入社，共同劳动的方式组织。收益分配：现金按纯收入扣除5%公积金和公益金后，土地股占40%，劳动工分占60%。粮食上交国家公购粮和留足种子、饲料后，按人头分等定量。这种组织形式和分配形式，符合当时农民的思想水平和生产条件，受到许多农民的欢迎。建社过程中贯彻"入社自愿，退社自由"方针。1954年夏收前办的18个社，当年都实现增产。1955年春大旱，初级社发挥人多力量大的优势，战胜旱灾，夺得早造丰收。水寨员瑾第一农业社平均亩产344斤，比全乡平均数高55%。因此，夏收后要求入社的农民增多。9月24日，县委召开干部扩大会议，贯彻中央《关于农业合作化问题》的报告和中共广东省委的决定，批判右倾保守思想，决定加快建社步伐。会后，组织304名干部专职办社，深入农村，掀起建社高潮，秋收前共建378个社，入社农户10620户，占总农户的11.3%。11月25日，省委召开第一次中共区委书记会议，要求加快合作化步伐，到1956年冬基本完成初级社化。会后，各地竞相争先，高速建社，全县在1956年夏就基本完成合作化，共建517个社，入社农户占总农户的92.6%。

三是成立高级农业生产合作社（简称高级社）。高级农业生产合作社取消土地分红，收益全部按劳动工分分配。1956年1月，华城东方红社和水寨员瑾第一农业社升为高级社。随后，各区相继把第一、第二批初级社升为高级社。夏收前共有高级社73个。县委于9月底召开干部扩大会议，贯彻省委关于升社、并社、整社工作的指示。会后立即行动，年底前将原来629个初级社并升为487个高级社，入社农民96147户，占总农户的96%。水寨大布、玉茶2社均在千户以上，百户以下146个社。同时还存在19个初级社，1834户，占总农户的1.8%。单干农民2260户，占总农户的2.2%。到1962年才完成农业社会主义改造的原计划，提前6年完成。从1955年秋起，合作化步子过快，87%的农户在9个月内入了初级社，初级社升高级社只用了3个月，工作过粗，背离了自愿互利的原则，加上农业社领导缺乏经营管理经验，1956年夏收时，有84个社减产减收，占总社数16.2%，其中有3个社接近垮台。棉洋乡中光社（65户）夏收后，有67.7%的社员闹退社，多数社员不出工，有的拉回耕牛，普遍做退社打算。虽经县、区干部积极做了说服工作，仍有20多户退社。1957年冬，据149个社统计，公开闹退社的1057户，酝酿退社的2616户，共3673户，占入社户的13.97%。虽经社会主义教育和民主整社运动，并未完全解决问题，闹退社的仍有597户，占入社农户的2.27%。

二、手工业社会主义改造

五华手工业有陶瓷、铁木、纺织、服装、石业、建筑、竹器、日用工业、文化用品等37个行业，1949年县内从业人数2800多人，多为个体经营。中华人民共和国成立后，县委引导手工业者逐步组织起来。1950年5月，华城铁业生产合作社成立。1951年，华城缝衣、木器、纺织和大嵩陶瓷生产合作社相继成立。1953年，华城第二缝衣社和华阳农具生产合作社成立。1954年6月，中共中央提出"积极领导，稳步前进"的方针，至年底共有手工业合作社（组）47个811人，占手工业劳动者的28％。1955年冬至1956年春，县委贯彻"全行业改造"方针，6月成立县手工业联社，至年底共组建手工业生产合作社（组）97个，入社2765人，占总人数的98％，手工业社会主义改造基本完成。手工业社采用工具入股、集体经营方式，社员按劳分配。开始时还有股金分红，1958年公社化后，退回股金，县一级骨干企业转为国营或二轻工业，圩镇一级的转为公社工业（20世纪80年代称乡镇企业），工资形式主要是按件计酬，部分按时计酬。

三、资本主义工商业的社会主义改造

中华人民共和国成立前，全县私营工商业中，工业少（只有6户）商业多。商业中，资本家少（49户），小商贩多。中华人民共和国成立之初，全县私营商业1092户2009人，分44个行业，多分布在华城、水寨、安流3个镇。资金万元以上的仅10户，万元以下2000元以上的占15％，500—2000元的占40％，500元以下的占44.5％。中共中央提出过渡时期总路线后，五华县对资本主义工商业采用委托加工、计划订货、统购包销、委托经销等过渡形式。1955年1月，根据"统筹兼顾，全面安排，积极改造"方针，县成立对私改造领导小组，下设办公室，加强对私营工商业的社会主义改造。改造形式是：代购代销、代购经销、联购联销、联购分销、并店联营等。在工人、店员积极协助下，到

年底共安排310户为合作小组、代销户、供销户等。1956年1月，北京、广州等大城市，掀起全行业公私合营高潮，五华县迅速跟上，2月份就基本上实现全行业合营。全县私营工商业共有1118户1948人，以各种形式全部纳入社会主义改造。参加公私合营的，1958年冬分别过渡到国营商业或供销合作社。五华县对私营工商业的社会主义改造，执行中共中央关于和平过渡方针和赎买政策。在公私合营高潮中，照样生产和经营，商店门市没有减少，对私方人员按国家规定给予定息和安排工作，并分配给予他们适当职务（副经理、副厂长39人）。但当时错误地把参加合营的566户私方人员都当作资本家看待，其中517人实属于小商、小贩、小手工业者，直到1980年才给予纠正。

第五节 教育、文化、卫生、体育事业的发展

一、教育的改革与进步

1949年5月，五华县人民政府接管国民党县政权后，即设立宣教科（10月改为文教科，1956年转县委设立文教部），负责教育的整合和管理。6月12日，县委、县政府在华城小学召开第一次全县教育工作会议。中华人民共和国成立之后，县委、县政府又先后多次召开全县教育工作会议，传达贯彻党的教育方针政策，按照上级"维持原校，逐步改造"要求，废除国民党统治时期的学校领导体制，实行民主管理：取消训育处、军训团、童子军训练团，设教导处；取消公民课、军训课、童子军课，开设政治课、体育课，讲授《共同纲领》、社会发展史和时事政策；开展劳动教育，提倡艰苦建校；采用苏联五段教学法和北京市第六中学《红领巾》教学法，改进学科教学，开展教研活动。

1950年下学期，中学以所在地地名为校名：县立一中改称五华中学，县立二中改称河口中学，县立三中改称安流中学，乐贤中学（乐育中学）改称华西中学，萃文中学改称长布中学，崇文中学改称横陂中学，国华中学改称周江中学，若虚中学改称华阳中学，振兴中学改称水寨中学，皇华中学改称岐岭中学，龙村中学照原名称。县教育行政管理部门除了委派共产党员到学校担任校长、副校长外，还陆续在教职员工和学生中发展党员，在学校

建立党支部。当时，党的外围群众组织也相继在学校建立和活跃起来。1952年下学期，全县小学纳入国家计划管理，经费由县拨助，教师由县统一调配，学校布局由县进行调整。小学通过合校并班，由510所调整为355所。1954年上期，县委从实际出发，因地制宜，增办学校，扩大招生规模，普及学校教育。到1956年，全县有小学369所，小学生57602人，比1948年增加15433人，增幅36.6%；中学10所，中学生8276人，比1948年增加4964人，增幅149.9%；师范学校1所，学生300人，教职工31人。

开办幼托机构，发展启蒙教育。1952年，县城及部分区镇办起幼儿园12所，入园幼儿385人，教师13人。1954年，县城机关始办托儿所，商业局、水寨镇亦相继兴办。1956年，县城水寨镇祖狮岭设立幼儿园及托儿所，入园人数100余人，教养员9人；区乡高级农业社办起幼儿园17所，入园人数580人，教工20人。

积极创办工农学校，开展扫盲运动。1949年冬，全县有夜校82所，学员3143人；1950年年底，夜校增至291所，学员6936人，并开办工农中学14所，学员596人。1951年，全县办有工人中学3所、学员118人；工人夜校11所，分高、中、低3个年级，学员660人。1952年7月，县文教科成立扫盲工作队，各区乡成立相应机构，开展农村扫盲活动，全县办有86所工人业余文化学校，学员1276人，专、兼职教师39人；还办有认字班4个，学员100余人，扫盲运动如火如荼展开。1953年，县成立工农扫盲工作委员会，指导全县扫盲工作。1955年，县工农扫盲工作委员会与文教科合并，县教育行政管理部门对全县扫盲工作进行指导，扫盲工作日益规范有序，成效也益发明显，全县大大降低农村中的文盲率，提高民众的思想觉悟和文化水平。

还加强对教师的思想改造。1952年暑期，县举办中小学教师学习班，参加人数634人。是年冬，全县中小学教师集中进行思想改造教育，学习新中国教育方针、时事政治理论以及苏联教育经验等，借以明确新中国教育工作的性质、目标和任务，转变个人思想和教学方式，为培养社会主义新人服务。1953年3月，思想改造运动结束，教师返校上课。广大教师通过思想改造教育后，普遍提高思想觉悟，自觉走与工农相结合的道路。

二、文化体育事业逐步兴起

中华人民共和国成立后，文化机构逐步组建。1949年10月，县政府在华城南门街开设县地方国营五星书店（1951年10月，更名为五华县新华书店）。1950年5月，在原民众教育馆旧址设立五华县人民文化馆。1951年4月，成立县工人俱乐部，部址设在华城镇天后街天后宫，创办职工业余学校，建工人篮球场和同乐台。8月，成立县文学艺术工作者联合会。1954年4月，县治由华城迁至水寨。县文教科连同县文化馆、县新华书店等文化机构和设施亦迁驻水寨。

1956年3月，文教分家，县人民委员会设立文化科，为全县文化工作行政管理机构。6月，县电影俱乐部成立，设在县人民礼堂，为五华首家电影院。文艺活动也日益活跃，1949年5月，以解放军粤赣湘边纵队东江第二支队四团文工队为骨干，成立由50人组成的五华县政治工作大队，到附城学校、农村教唱革命歌曲，演出《胜利大团圆》《白毛女》《小二黑结婚》等20多个节目，发动群众迎军支前，1950年7月撤销。1951年12月，成立五华县线剧第一队；半年后，成立县线剧第二队。1952年10月，县线剧第一队、第二队合并为五华县线剧团，1956年12月更名为五华县木偶汉剧团。县线剧队（团）组建后，对传统的提线木偶艺术不断进行改革创新，先后排演《小二黑结婚》等现代戏，宣传土地改革运动和新婚姻法等，除在本县演出外，足迹还遍及广东各市县。1953年1月，经中共华南分局领导人叶剑英、古大存批准，五华线剧团改编为华南垦殖总局文工团，为广西、海南、湛江地区的垦殖工人、边防军指战员、少数民族同胞、苏联专家慰问演出。一年后文工团撤销，线剧团回归五华复名线剧团。同时，农村群众文化骨干队伍如青年会、教师、学生联合组织的"冬季运动队""暑期工作队"及文艺演出队，排演秧歌、舞蹈、新歌剧、话剧等节目，紧密配合办夜校、扫除文盲活动，与土地改革、抗美援朝等结合，开展时政宣传工作。华城、安流、水寨等圩镇建立工人俱乐部，设置图书报刊阅读室、乒乓球室、文娱室和工人球场，开展读书、阅览、文娱、球赛等活动，群众的文化生活更加多样。

1953年，民间艺人组建各种艺术形式的剧团，如安流华新汉剧团、新民线剧团、梅林花朝剧团等民间职业剧团应运而生。传统艺术也得到发展，茶戏（又称三脚班）、提线木偶戏（又称傀儡戏）、花朝戏、竹马舞、春牛舞、杂技魔术等，其中竹板歌（又称五句板）名声显赫。1953年2月，县民间说唱艺人温满代表粤东区赴穗参加广东省民间音乐舞蹈汇演，演唱自编竹板歌《翻身乐》获一等奖；农民作者张吉添创作的长篇竹板歌《白花谢了开红花》向海内外播放。1955年4月，县木偶剧团演员李寿添、李汉辉、张纯良等人以广东省代表团成员名义，赴首都北京参加为期18天的全国首次木偶皮影戏调演，演出木偶传统汉剧古装戏《宋江攻打大名府》、木偶现代歌剧《范寿山》等节目，国家领导人宋庆龄及文化界名流郭沫若、茅盾、夏衍、田汉等人观看演出并给予好评，获得演出奖；12月，汕头专区举行民间艺术汇演，县代表队出演的山歌剧《花果山前》获一等奖。文化事业发展，为党在农村开展社会主义革命和建设增添思想动力。

中华人民共和国成立初期，体育工作由县人民政府文教科主管。1950年11月成立县体育分会，1954年改称中华全国体育总会广东省五华县分会，1956年6月改称五华县体育运动委员会。1950年1月，县首届体育运动大会在县城华城举行。有5个中学队、9个区乡队参加比赛。这年，五华中学学生张均浪被选拔为国家足球队员，参加印度尼西亚举办的新兴力量运动会。1954年1月和1955年1月还连续举办了第二、第三届运动会。

中华人民共和国成立以后，全县各地学校按教育部制订的中、小学及幼儿园体育教学大纲和教材要求，配备专职或兼职体育教师，设置体育课程，普遍开展早操和课间操。教育行政主管部门专门拨给体育经费，修建体育场馆，购置体育器材。1954年县治由华城迁至水寨后，县委、县政府在水寨祖师岭下兴建县人民体育场，内设大型足球场1个及400米跑道6条和斜坡看台，可同时容纳六七千名观众，成为全县及兴梅地区举办体育赛事的主要场所。特别是足球运动又有了新的发展，中、小学校和各系统的足球比赛活动更加频繁，多次在省内外的赛事中取得佳绩。1953年，五华足球队首次参加省分区足球锦标赛即获第二名。同年，由于五华足球在省内外的知名度及影响力，中南足球队来五华作表演赛。伴随职工体育运动的广泛开展，各种体育比赛也越发频繁。1949—1956年，县内举办各种球类比赛8次，有39个队466人参加。其中，1956年8月，五华县第一届职工运动会在县城水寨召开，有来自各条战线的17个代表队238人参加，进行足球、篮球和排球项目比赛。

三、医疗卫生事业的整顿和发展

一是建立卫生网络。1949年8月，县人民政府在接收原国民党县政府卫生院的基础上，成立县人民政府卫生院。1952年，迁至华城黄塘岭；1954年冬，随县治迁址至水寨河口（现水寨镇大湖村）原平民医院址；1956年，改称五华县人民医院，成为全县首家公立综合性医疗机构。1950年3月，县政府设立卫生科，行使全县卫生行政管理等职能。1950年后，陆续设立安流、横陂、水寨、潭下、长布、双华、郭田、棉洋、梅林、华阳、龙村、周江、华城等区卫生所。社会上的个体医药卫生人员响应人民政府联合起来的号召，也在自愿基础上逐步联合起来。1952—1955年，全县办起公私合营联合诊所36所、牙科联合诊所2所。1956年后，随着全行业公私合营的兴起，联合诊所逐步并入当地卫生所（后改为卫生院）。随着医疗卫生服务机构的普遍设立和队伍的不断扩大，全县逐步实现医疗服务全覆盖，大大缓解了人们看病难的问题。1952年12月开始，五华在兴梅地区率先实施国家机关、事业单位工作人员的公费医疗制度，全县享受公费医疗人数共有23701人。公费医疗经费由地方财政预算核拨，卫生行政部门管理。国营企业则实行医疗保障制度，职工有病就医，按实际使用的门诊、住院医疗费实报实销。

二是统筹医药市场。1951年，县内北片的华城、中片的水寨、南片的安流3个主要圩镇有私营药店62家、从业人员163人、资金13651元。其中，华城中药店7家、西药店9家；水寨中药店15家、西药店8家；安流中药店12家、西药店11家。其他小圩镇的药店也生机勃勃。1952年下半年后，各区、乡有医疗技术的医生投资入股走联合诊所的道路，归口卫生部门，一部分小本药店转为合股经营。为规范私人诊所、药店的经营活动，保障人民的生命健康，县委、县政府按国家颁发的相关法规，加强对医药市场的监管。1954年，县贸易公司开设药材批发部，尔后又成立医药批发部、药材经理部、药材公司、医药公司，负责对全县私营药店的药品批发业务。1955年，药材经理部对各圩镇的私营药店进行调整安排，纳入国家资本主义商业。随着社会主义改造的深入开展，1956年夏，全县26家中、西药店实行全行业公私合营。自此，县内绝大多数个体医药商户转为社会主义全民所有制企业，人员、业务、经济由县药材公司统一管理，形成以国营医药商业为主体，集体、个人为补充的社会主义经营体制。

三是规范从医行为。1949年后，县对从业人员展开调查、登记，并核发经营执照，加强医疗卫生队伍的管理。1950年冬，县成立医师联合会。1952年，医药卫生人员响应人民政府联合起来的号召，办起联合诊所。至1955年，全县办有中医联合诊所5家、中西医联合诊所22家、分诊所41家，有中医生99人、中药人员52人，另有私人开业中医生136人、中药人员105人。1956年，县医药行业实现全行业公私合营，大部分中医中药人员被安置到县医院、区卫生所或联合医疗机构。

四是开展卫生防疫。1952年县卫生院成立防疫大队；1954年，防疫大队改为防疫股；1956年，防疫股从县人民医院分出；成立卫生防疫站，基层区（镇）人民政府卫生所及私营联合诊所普遍设防疫组，均配备专职人员，作为专门开展全县传染病及地方病防治的医疗服务单位。1954年，县在双华、大径两乡开展疟疾调查和抗复发治疗工作，培训大批农村抗疟员，落实疟疾抗复发治疗和病人的正规治疗，使全县疟疾病得到有效控制。

7

第七章

社会主义建设的探索和曲折发展

第一节 社会主义道路的艰辛探索

1958年6月4日，县委根据省委、地委要求，作出《关于大张旗鼓宣传总路线的决定》，提出到夏收前，在全县范围内普遍传达贯彻中共八届二次全会精神，广泛开展社会主义建设总路线的宣传运动。为使各级领导干部深入领会党的八届二次会议精神，提高贯彻执行总路线的自觉性，6月6—8日，县委又召开县委委员、乡党委第一书记、县属单位各部门及科级经理中的党员领导干部共100多人参加的会议。

按照上级的部署，各乡成立报告宣传大队、社成立宣传中队、生产队成立宣传小队，乡党委书记、社党支部书记、生产队党小组长分别为宣传队队长，负责抓好总路线的宣传贯彻。

一、农业、工业曲折发展

农业方面，1957年12月，县委号召全体党员为实现农业发展纲要，保证五华农业生产有个大的跃进。1958年春，各地广泛开展"平整土地，扩大耕地面积"运动。全县农村组织十多万劳动大军，扛着红旗、横额、锄头，走上山头，开荒造田，向山要粮；在田间，大搞小坵变大坵，小塅变大塅，甚至移坟上山，搬平小山坡填坑补沟。据统计，当年春，全县扩大耕地面积2800多亩。1958年晚造生产，全县上下大搞"千斤稻""万斤薯"运动，大力倡导高度密植，推行"蚂蚁出洞""双龙出海""满天星斗"等插秧规格，番薯则推广双行密植。8月，县委召开第三十一次干部扩大会议，部署实行粮食包干奖励政策。同时各公社积极开展挂钩劳动竞赛。各级领导干部亲临工地指挥，转战田间，带头参加劳动；许多地方的劳动大军吃住在田头，夜以继日、连续作战。1958年11月始，各地陆续办起公共食堂。1960年，在自然灾害的夹击下，农民生活陷入更加困难的境地，农业生产力受到破坏。

工业方面，在大炼钢铁期间，全县共开采矿石2.05万吨，砍柴2.4万吨，烧木炭9.01万吨，挖煤炭4.52万吨；共组织了573架单车、800多辆手推车，以及其他运输工具2100辆组成"长征运输队"。同时，还培训5687名找矿报矿员，在全县查找出大小铁矿资源点100多处。到1958年年底，全县建成大小土高炉856座，日产3吨的洋高炉1座，产铁3037吨；土坯炉1451座，产铁1237吨；炼钢炉5590座，产钢1040吨。全县上下因陋就简，白手起家，全党全民办工厂，首次成就了五华工业体系。1957年，全县工业企业112家，产品单一且技术性能低。1958年，全县新建炼铁厂、水泥厂、造纸厂、冶炼厂、硫磺厂、蕉州河水电站等6家国营企业；各乡（公社）因陋就简办起844家工厂，其中发电站6家、农副产品加工厂98家、农具厂59家、土化肥厂330家、建筑材料厂163家、炼铁厂36家、酒厂19家、纸厂3家、其他工厂130家。这些企业类别涵盖了机械、能源、化工、建筑、材料、电力、造纸、食品、纺织等多个行业。

二、大规模农田水利、水保和交通建设

一是大规模兴修水利。1957年10月30日，县委召开第二十八次干部扩大会，总结农村整风运动，组织冬季生产高潮，从而拉开从1957年冬至1958年春第一次大规模兴修水利高

潮。这一年，全县筑河堤16条、共长20.19公里，建排水渠工程4宗、渠长10.8公里，涵闸21座；建成小Ⅱ型水库12座，总库容439万立方米，有效灌溉面积5079亩。同时，抓住山塘、水库的涵管、清基、反滤层、截水墙、土坝填土、堤围水闸、坡度、离堤取土、平面堆土、贴实草皮等工程的关键节点，分行业、分地段、分项目包干负责，严格把关，保质保量按时完成。1959年10月，县委召开第三十八次干部扩大会，会议提出1959年冬至1960年春发动一个比1957年冬春规模更大、内容更丰富、更加全面的农田水利建设高潮。会后，县、社干部齐发动，男女老幼齐动员，千军万马齐上阵，几万人的水利大军把锅灶搬到工地、床铺安在山头，分班轮岗，昼夜不分在水利工地上爆石、挖土、开沟、填坡。经过一冬春的奋战，建成大小水利工程564宗，完成土石方1873万立方，相当于1950至1957年水利工程总量的1.3倍；建成一批水库和万塘（安流）堤围、新桥河支流改造等工程。1957—1960年，全县共兴建大小水利工程905宗，其中受益万亩以上的6宗，500亩以上的84宗；增加灌溉面积14万多亩，改善灌溉面积56万多亩，防洪13万多亩，排水7万多亩。"大跃进"期间建成的水利工程质量普遍不高，有的土坝未夯实，有的水库未建溢洪道，留下不少隐患。但这些水利工程的建成，为五华社会和经济的发展，尤其是工业、农业以及人民群众的生产、生活都起着十分重要的作用。1960年冬，横陂公社水利管养所超华夏阜灌区得到国家水利电力部、中国水利电力工会全国委员会表彰，荣获题字"乘风破浪，奋勇前进"的奖旗一面。

二是治理水土流失。五华是水土流失非常严重的县，位居全省第一。20世纪50年代初，全县水土流失面积681平方公里；五华河两岸大小河流淤积，河床高过沿河农田，经常洪水为患。严重的水土流失，使全县人民的生产、生活受到严重影响。1952年冬开始，县以乌陂河流域开展水土保持实验推广为开端，先后抓了华城银桂乡蚨蜞窝崩岗治理试点、转水三源乡发动群众自筹自办治理崩岗的试点和华城高坑组织群众治理崩岗和面状流失，均取到一定效果。1956年冬，县在华城银桂乡银坑（里）牛角塘进行"坡沟兼顾、集中治理"试点，针对此地山光岭秃，洪水泥沙入田造成低产田、湖洋田、易旱田多的特点，采用坡度15度以上的侵蚀坡地上培地埂、下修梯田，筑谷坊群，造林种果，层层拦蓄径流的方法治理，达到"水不出沟、土不离山"，保障农田不受到毁坏。这一经验总结推广后，全县的水土治理得到很快开展。1957年5月14日，银坑水流域治理崩岗经受住一天降雨量91.3毫米的考验，被评为全国水土保持先进单位。至年底，全县水土流失区共建谷坊2.75万座，完成沟沥长74公里，营造水保林45万亩，治理水土流失面积占原有面积的44%。五华开展水土保持、发展农业生产的做法得到省的肯定。1958年年初，县成立水土保持委员会，负责领导全县水土保持工作。秋，原省韩江水土保持实验推广站，经由专区下放给五华，改名五华县水土保持试验推广站（简称五华县水保站）。1959年春，又设立五华县造林绿化、水土保持办公室（1966年撤销），并在水土流失较严重的新桥、齐乐、斗米岭、新民、油田、万华、超群等地设立水土保持站，负责育苗植树，以巩固和发展水土保持工作的成果。

油田区1955年开始治山治水、植树造林。该区油田、洋坑2乡对草木难生的荒山秃岭，采用营养杯育苗植树办法，经过几年努力，营造出万亩林海，为全县创造出一条成功经验。这一成就还作为向国庆10周年的献礼，于1959年陈列在广东省农业展览馆。1958年冬至1959年春，县在组织大搞兴修水利过程中，还组织3万多人重点投入华城、油田、横陂、安流4个公社的水土保持工作，完成土方455万立方，控制面积124平方公里。经过几年的努力，取得显著成效，初步治理面积315.7平方公里，占应治理面积的53.7%；基本控制面积达130平方公里。

五华县水土保持工作所取得的经验和成绩得到了国务院和省、地委的充分肯定和表彰。1957年，国务院授予五华"水土保持和营造水土保持林红旗县"称号，奖励锦旗一面；同年10月，县水保站荣获国务院授予奖旗一面；1958年2月，国务院和广东省人委、汕头专署，分别表彰奖励在水土保持工作中作出优异成绩的华城乡银桂社团支部。1958年4月和9月，苏联和越南的水利专家、学者考察团，先后来五华考察华城乌陂河水土保持工程。

三是全民办交通。1958年8月，县委提出开展全民办交通运动。9月，县委、县人委要求修筑公路的各乡党委、乡人委把群众中所有的交通工具充分运用起来，动员和组织全乡范围内的手推车、牛车、民船等各种民间运输工具编成班（队），由主管工业的书记挂帅，指定专人负责安排运输；12月11日，县委、县人委要求消灭肩挑，实现全县公社、大队（营）、中队（连）通公路，村、户、田间通大道。各公社大力发动群众，大开公路。12月中旬起，全县各地组织民工3万多人，掀起修路筑路高潮。至1959年，全县建成完工的公路有华万线（华城—万子）、潭中线（潭下—伯公凹）、金登线（金坑—龙村）、横洼线（横陂—小都、小都—洼树塘）、潭蓝线（潭下—蓝塘）、蝙白线（蝙蝠石—龙洞）、大青线（大田—青冈）、水牛线（水寨—分水凹）、蓝长线（樟树凹—周江）、黄沙线（黄塔—煤矿）11条。1960年8月，县成立筑路指挥部，组建由600多人组成的筑路专业队，采取群众突击和专业队相结合的办法继续修筑公路。到年底，全县15个公社（除双华外）中有14个公社和9个工矿区，以及大部分革命老苏区村都通了公路，架设了水寨大桥、狮子潭桥、龙村大桥、琴口大桥及登畲桥、青岗桥等一批乡村公路桥，基本形成了四通八达的公路网。"大跃进"期间的公路建设，为五华后来的交通发展筑下坚实的基础。五华筑路养路成绩显著，1959年得到国务院表彰奖励，被授予"开发山区公路、繁荣山区经济"锦旗一面，锦旗题词由国务院总理周恩来署名。

第二节 人民公社化运动

　　1958年9月8日，水寨乡正式宣布成立全县第一个人民公社，全乡9064户中99.9%以上的农户、39001人自愿报名入社。不久，转水、双华宣布成立人民公社。至当月25日，全县撤销了487个农业合作社，先后成立水寨、转水、华城、岐岭、潭下、长布、周江、横陂、油田、双华、安流、棉洋、梅林、华阳、龙村15个人民公社，下分77个管理区、770个大队，全面实现了人民公社化。1959年5月15日，县委结合本县情况，作出《关于人民公社19个问题的具体规定》，就公社、大队、小队的规模，及"三级管理""三级核算""社员家庭小自由"等问题进行调整。此后，随着形势的发展，公社的规模不断进行调整。1961年3月至5月，全县在原15个公社的基础上调整为26个公社、697个大队；增加平南、新桥、双头、大田、中友、小都、郭田、鲤江、磘砂、登畲、硝芳11个公社。1963年3月，恢复合并为15个公社，下辖323个大队。1969年下半年，增设城镇公社；1972年10月增设新桥、双头、大田、小都、郭田、平南、大都、硝芳、登畲9个公社；1973年10月增设桥江、中兴2个公社；1978年2月又增设梓皋、锡坑、万龙、河子口、锡坪、平安、矮车、兴林8个公社。至此，全县共35个公社、494个大队。

　　人民公社建立后，既是农村基层政权机关，又是农村经济单位，在组织形式上以公社、大队、生产队三级建制，公社统管全社的生产安排、劳力调配、物资调拨、产品分配和经济核算，大队负责生产管理和部分经济核算，生产队是一个具体组织生产的基本单位。人民公社普遍实行大办公共食堂、托儿所、幼儿园和敬老院，实行集体开餐和住宿。在分配制度上，实行供给制和工资制相结合，但因各社条件不同，最为普遍的是吃饭不要钱的粮食供给和伙食供给，个别条件好的发点工资，绝大部分只实行食堂补助或供给副食品等。在劳力组织管理上把所有劳动力按军队编制，县为师，公社为团，大队为营，生产队为连；劳动力在公社范围内统一调配，实行大兵团作战的方法从事工农业生产；对社员出工建立点名制度作为考勤依据，规定男社员每月出勤28天，女社员26天，每天劳动时间9至10小时。在社员生活方式上，兴办公共食堂，实行统一吃饭、统一上工、统一休息。

1960年11月，中共中央发出《关于农村人民公社当前政策问题的紧急指示信》（即"十二条"），纠正"一平二调"，以大队为核算单位，给社员小自由。遵照省委指示，五华县分批开展整风整社运动。

1961年10月，全县贯彻国民经济"调整、巩固、充实、提高"八字方针。11月，县委在水寨公社太和大队和横陂公社老楼大队开展"以生产队为核算单位"试点工作的基础上，至12月底全县全面完成。农业政策的调整，解决了队与队之间的平均主义，调动了社员积极性，农业生产逐步回升。

1980年后，实行家庭联产承包责任等一系列农业体制改革，使农业生产迅速发展。1983年11月，公社体制撤销。

第三节 贯彻"八字方针"，调整国民经济

1962年1月，中共中央召开七千人大会，动员全党坚决执行"八字方针"，为战胜严重困难而奋斗。从1961年起，县委按照中央和省、地委部署，结合本县实际，认真贯彻落实"八字方针"，对全县经济以及社会政治关系进行了一系列的调整，并取得显著成效。

一、调整农业政策，恢复发展农业

生产队成了既是生产的主体，又是核算分配的单位，有了稳定的生产所有权。两次农村管理体制的调整，兼顾了五华村落分散、生产力发展水平不平衡的特点，得到广大干部群众的一致拥护。

1962年8月，县委制定农副产品统购、定购、议购办法，对关系国计民生的第一类产品粮食（稻谷、大米、小麦、面粉）、棉花由国家统购，坚持增产不增购。同时，对公社、大队及其他生产单位下达粮食征购任务，超出任务部分给予10%价格奖励，并适当给予化肥等工业品供应。对第二类产品即生猪、"三鸟"、蛋品等重要畜产品及豆类、茶叶、烤烟等外销产品，由县把任务分配到大队、生产队，再到社员家里，实行分类订购，国家均给予稻谷或化肥奖励。而第三类产品即蔬菜类、药材类、非

食用油料类实行议购，由商业、供销部门与生产单位或个人商定价格，签好合同，并给予粮食、化肥奖励。凡完成分配任务的第二、第三类产品，均允许社员到农贸市场出售。同时，县组织各行各业支援农业。商业系统从1961年7月起调整体制，至8月5日完成恢复供销社工作，每个公社都恢复设立供销社，大队或几个大队合设代销站。县银信、财政加大对农业投资力度，1961年发放农贷193万元。工交部门强化服务意识，加强农业机械修配工作，增产农机具、农药、化肥等农业生产资料。

二、调整企业布局，缩短工业战线

1961年上半年，县委对全县工业企业进行了不同程度的调整。工业基本建设原计划投资项目48项37618万元，经调整压缩可建可不建的项目15个231万元，其中下马4个、缓建11个。7月起，全县开展县属厂矿企业整风整厂运动，建立健全企业管理制度。7月27日，县委召开全县经济工作会议，提出企业调整方案。据统计，全县压缩317个单位，退出314个单位，关闭33家企业。全县手工业亦同时进行调整。1961年，恢复县手工业局和县手工业联合社。至是年6月底，县手工业系统管理的企业由原来的30家厂、10个队，调整为8家厂、64个手工业生产社。

三、精减干部职工，减少城镇人口

1960年秋始，县委按上级要求，全面清理县和公社事业单位、社办工业企业及其以下的农林场、专业队、养猪场、后勤人员、圩镇闲散劳力充实农业生产第一线，并动员县、公社干部到基层任职。1961年春，经过层层动员，全县自愿报名、领导批准的县属机关干部分3批下放基层农林场及农村。1961年下半年始，一场大规模精减干部职工、压缩城镇人口工作在全县展开，以进一步调整工业结构，缩短基建战线，压缩文教规模，精简行政机关。1962年5月，县委再次对全县工交、文教、商业等部门进行全面调整。经过精简压缩，1961年至1962年，全县共减少职工6082人，为1960年职工数的34.96%。其中，固定职工人数两年间共减少5690人。全县非农业劳动力人口两年累计减少2.7万人，比1960年减少45.76%。

四、压缩基建投资，开展增产节约

1958—1960年，五华3年基建投资达828.66万元，相当于1957年33.08万元的25.05倍。由于发展过快、过猛，战线拉得长，摊子铺得大，给工业企业带来许多困难和问题。许多企业盲目上马后，普遍存在后续建设资金匮乏，生产资金紧缺，原材料、燃料供应不足，设备简陋，技术力量薄弱，生产能力低，产品质量差等问题，造成工矿企业处于瘫痪或半瘫痪的状态。1961年、1962年接连大幅度削减基建投资总额，对比1960年减幅分别为58.28%和78.4%。这样既保证了重点项目的建设，同时也从人力、物力、财力、设备等方面支援了农业生产。

"文化大革命"期间的五华经济

1969年起，随着各级革委会的成立，全国局势相对稳定。2月6—10日，县革委召开"抓革命、促生产"三级干部大会，研究部署全年工农业生产计划和任务。7月13—20日，县革委召开常委扩大会议，省革委也派人参加了这次会议。会议按照毛泽东"发扬成绩，纠正错误，以利再战"的教导，对全县斗批改运动，特别是加强团结、落实政策、整党建党等工作进行认真分析研究，提出相应的部署和措施。同时，整顿各级领导班子，狠抓各种管理措施，全县工农业生产出现恢复性增长现象。新建手扶拖拉机厂、1500千瓦火力发电厂、电机厂、造纸厂等县办企业，试制成功工农10型手扶拖拉机、打谷机、电动机、水轮机、变压器、高压水泵等新产品并投入生产。1969年，工农业总产值5971.26万元（按1957年不变价计算，下同），比1968年增加881.08万元，增长17.3%。

1970年是国家第三个五年计划的最后一年。年初，县革委制定全年发展计划，提出"革命加拼命，奋战1970年，誓夺粮食千斤县"的口号。10月，在关键生产措施上，提出大搞开荒造田、大搞水利建设、大搞封山育林、大搞农业机械化、大搞群众性科学实验。8月，县、社重新抽调490名干部配合基层宣传队，进驻16个公社，通过大小会议宣传，办政策学习班、培训班，对照中央和省、地相关农村政策的调整规定，从整顿农村财务、搞好经营管理入手，逐个进行落实。取消过去限制社员发展家庭副业的做法，在保证集体生产发展前提下，鼓励和帮助社员利用工余时间经营自留地，发展养畜业，从事家庭手工业生产。1970年起，全县经济建设以持续增长的态势发展。1972年工农业总产值1.05亿元（按1970年不变价计算，下同），到1976年达1.30亿元，比1966年增长1.35倍。在国务院大力发展"五小"企业的指引下，县办企业由1969年的16家增至34家。

农业方面，1970年至1974年期间，县、公社、大队建成一大批水库、山塘和灌渠。主要有益塘水库、桂田水库、东方红水库，整治大小河道79条90处河段。工业方面，1969年冬，全县完成革新项目65个，其中县办工业建成1500千瓦火力发电厂、红砖厂、电机厂，在建手扶拖拉机厂、汽车螺丝厂、玻璃厂；试制成功工农10型手扶拖拉机、打谷机和水轮机等一批新产品。经过一年的奋斗，全县16个公社都办起农机修造厂，而且有较完整的设备，基本达到中修不出公社。1970年前后，大上县办工业项目、大搞技术革新成为五华工业学大庆的重头戏，全县相继新建火力发电厂、氮肥厂、河口造纸厂、电机厂、烟丝厂、双头火力发电厂、红砖厂、玻璃厂、汽车配件厂、汽车螺丝厂、变压器厂、铸管厂、第二冶炼厂、拖拉机厂、染织厂、钾肥厂、食品厂、五金厂、农药厂、汽车修理厂20家企业。至1971年，县办国有工业共达34家，工业产值1119.2万元，比1969年增加616.9万元，增幅达122.8%。同时，县大力鼓励和扶持企业积极开展技术革新和产品开发。1969—1970年间，全县就试制出260多种新产品，其后每年均根据市场需求研发不少产品。1976年，全县工业产值4355万元，比1966年增长2.08倍；研制和生产出水轮泵、拖拉机、打禾机、钾钙肥，各种铇床、钻床、车床等产品220多种。

第八章
实行改革开放，开创社会经济发展新局面

第一节 历史性伟大转折的到来

　　"文化大革命"结束后，按照上级部署，五华全县上下开始狠抓工农业生产，努力提高人民生活水平，党员干部群众建设社会主义的积极性极大地迸发出来，五华进入拨乱反正新的历史时期。

一、突破"左"的农村经济政策

　　"文化大革命"结束后，虽然农村形势逐步稳定，农业生产在一定程度上得到恢复，但由于"左"的思想仍未肃清，许多"左"的政策仍在持续。直到真理标准问题讨论的开展，形成了思想解放洪流，全县才冲破农村中各种思想禁区，带来农业经营方式的一系列变化。

　　一是农业经营管理政策的转变。1977年秋，五华县委制定并落实搞好农村经营管理的具体措施。1978年下半年，恢复过去一度实行的包产到组，推行"三定一奖"（定工、定产、定成本，超额奖励）的办法。1979年春，开始推行"五定一奖"（定劳力、定地段、定产量、定成本、定工分，超产奖励）管理形式，把劳动与产量、产量与分配结合起来。1979年6月，县委要求凡对水稻实行"三定一奖"的生产队，要切实做好清结兑现工作，取信于民。与此同时，在收入分配上也出现了新的气象。县委把贯彻按劳分配政策，搞好收入分配，作为调动广大社员群众积极性，巩固和发展集体经济的一项重要措施。

　　二是农业经营模式的探索。早在1978年上半年，平安公社平安大队寨心生产队就分出红心、长春2个生产队，当地群众以奋力冲破旧思想禁锢的大无畏勇气，在全梅县地区率先实行水田分户联产承包。当年晚造又分小作业组包干包产，不但粮食增产，社员也增收。1979年早造正式分田包干到户，实行各耕各的田，各交各的公购粮、统筹粮。在其影响下，平安公社晚造即有50%左右的农户分田包干到户，全社粮食总产338.92万斤，比1978年晚造增9.47万斤，增长38.8%。由寨心生产队引发、波及平安全公社的农田大包干的做法及其产生的效益，迅速影响到周边的公社和大队。1980年早造，全县山区公社普遍实行农田大包干，农民有了经营自主权，生产积极性空前高涨。当年，全县粮食总产比1979年增长20.5%，农民人均口粮比1979年增加56.5公斤，初步解决农民吃饱饭的问题。

　　然而，在省里召开地、县、公社三级干部会议时，责难之声不绝于耳。在这跌宕起伏的转折时期，1980年11月，五华县委、县政府积极顺应民意，顶着重重压力，作出进一步加强和完善水田生产大包干和山林管理责任制的意见，要求在调整和稳定生产队规模、明确土地仍属生产队集体所有的前提下，合理划分农户包干责任田，确定和落实各项包干任务，认真处理好集体财产。1980年年底，全县98%的农户都实行农田大包干。在文葵学少大队，实行大包干责任制后粮食大丰收，农民掩饰不住心中的喜悦，燃放鞭炮、敲锣打鼓交售征购粮。1981年4月，中共广东省委第一书记任仲夷到梅县地区调研，了解到学少大队以及整个五华县大包干的情况后连说三个"顺"："顺心，顺了农民心意；顺路，顺了社会主义之路；顺手，可以甩开膀子大干社会主义了。"①这对关于大包干的是是非非有了权威的结论，加快推进了五华全县各地不留死角、推行大包干责任制。1983年大包干合同期满，县委又按照中共中央关于推行联产承包责任制的决定，重新调整承包责任田，进一步理顺集体与农户土地承包关系，大大激发了群众的劳动热情，给全县农村带来蓬勃生机，有力地促进了全县农业生产的发展。至1984年，全县基本建立完善了统分结合的农村双层经营管理体制。

二、改进企业管理制度

1977年年初，按照省委、地委的部署，县委采取各种形式，激发工交战线广大干部职工的积极性，抓企业整顿，搞技术创新，开展劳动定岗，使企业的生产、管理逐步走上正轨。全县工交系统18个单位和20多个邮电支局（所）全面建立起岗位责任制。下半年组织全县工交企业加强班组经济核算，狠抓增产节约和技术革新，抓好企业整顿，健全和完善企业各项管理制度。1978年，全县完成工业总产值5856.58万元，比1976年增长34.47%。

三、科教文化事业的恢复

1977年后，全县科教文化事业开始复苏。1977年2月，县委、县革委召开全县教育战线先进单位、积极分子代表会。全社会重视教育的风气浓了，学生尊师重教，组织纪律性意识强了。10月，县委动员组织知识青年参加年末举行的全国高等学校招生考试，当年被高校录取的大、中专生292人。1978年8月初，县委

---

① 范以锦：《勇气之源》，《南方日报》2019年4月28日。

召开全县教育工作会议，要求各级党委、政府高度重视教育工作，真正做到从思想上、组织上、措施上把工作重点转到抓好教育的整顿和改革上来，进一步规范教学秩序，提高教学质量。这次大会前，全面调整充实学校的领导机构，恢复校长、"三处"称谓，实行中小学校党支部领导下的校长负责制；同时，教学内容也逐步调整改革，课程内容日趋正规，政治课改为品德课，按科分语文、数学、地理、历史、自然常识、音乐、体育、图画等。

1978年全国科学大会后，县委重视并加强了对科技工作的领导，设立或健全了四级农科网、厂办研究室及县农业科学研究所、林业科学研究所、白蚁防治研究所；支持组建各种专业协会、学会，组织学术交流、革新会战，使科学技术领域出现了新的曙光。

文化艺术界通过分清路线是非，全面落实了政策，把过去退职退休或调离文艺战线的文艺工作者，按照党的政策和本人意愿，重新收回安排。同时，恢复文化设施和演出队伍。县文化馆、木偶剧团、采茶剧团等相继复办。党的文艺政策的落实，激发了文化战线广大干部职工的热情，各项文艺活动日益活跃起来。这一时期，从县到公社，每年都举办各种形式的文艺汇演，人民的文化娱乐活动日渐活跃和丰富起来。

医疗卫生部门认真贯彻治疗与预防相结合的方针，建立与健全各项岗位责任制，集中力量办好县、社两级医院。卫生局成立学术委员会和晋考办公室，组织经验比较丰富的各类医务人员，编写晋级复习资料，组织专业基础知识讲座和选送在职医务人员到省、地进修，以全面提高医生的业务水平。同时，制定各项规章制度，包括医院三级管理制度、各类卫生人员工作职责等。

　　1978年，继续研究和提高中西医结合治疗脉管炎、蚕豆病、肠梗阻、血小板减少等17个科目。1979年又开展中西医结合治疗骨折、中药麻抗休克、脾胃学说、雷佛羊膜腔内注射引产、地方性甲状腺肿食碘盐疗效观察等项目的研究，分别写出科学论文12篇，医院的诊断治疗水平不断提高。

以经济建设为中心，拨乱反正

　　1978年12月，中共十一届三中全会胜利召开。这是一次里程碑式的会议，为中国社会主义建设事业开启了伟大新征程。五华与全国各地一样，迎来春暖百花开的大好时期。直至1989年，在这十余年间，全县人民在中央和省、市的领导下，打破思想禁锢的枷锁，总结经验教训，全面实行改革开放，不遗余力地发展生产、提高经济收入，各项建设事业快速发展，人民群众的生活得到全面改善。

　　1979年2月9—15日，中共五华县委召开常委扩大会议，传达中共十一届三中全会和中央工作会议精神。4月，县委组织县、公社两级干部认真学习中共十一届三中全会公报，组织宣传部理论教员、党校教员深入各单位、厂矿、公社（镇）进行辅导，在全县开展真理标准问题的大讨论。全县上下重新确立了解放思想、实事求是的思想路线。伟大的革新创造精神、开拓进取精神、实干兴邦精神，激发出空前的积极性、主动性、创造性。1980年10月4—9日，中共五华县第四次代表大会召开。大会按照中共十一届三中全会精神，认真总结过去10年的经验教训，决定把工作重心转移到集中精力抓经济建设工作上来。

　　伴随着人民思想的全面解放，全县上下本着"实事求是，有错必纠"原则，全面复查"文化大革命"中的案件和一批历史案件，平反大批冤假错案，解决了一批历史遗留问题。

1978年12月起，县委对1968年县内出现的"8·19大屠杀""反三红"假案及受"左"倾路线错误迫害的干部进行公开平反昭雪。1979年2月，县委成立"五华县对地主、富农分子摘帽及对地主富农子女定成分工作办公室"；共摘掉了5374名遵守政府法令、老实劳动，不做坏事的地、富、反、坏分子的帽子，给予人民公社社员待遇。1979年11月，县委发出《关于抓紧落实侨务政策问题的通知》，对因"海外关系"造成的冤假错案、华侨地富成分和侨房被占等问题提出了若干处理意见。至1987年9月底，全县平反归侨、侨眷、港胞港属的冤假错案138宗368人。1988年5月，全县落实干部和知识分子政策全面结束，共计复查历史案件1289宗，平反冤假错案1228宗，收回安排工作116名，改办退休527名，改办退职34名，作病故处理235名，作其他处理136名，恢复党籍116名；因在"文化大革命"中冤假错案造成停发、减发工资的178人共67.5万元全部补发；解决了因冤假错案受株连户口20户54人；按规定全面清理和整理了干部知识分子的人事档案和处分档案；复查中共地下党历史遗留问题20宗，其中同意恢复党籍的4名；解决历史遗留问题79宗，分别对79名干部按现行规定补办退职待遇。

伴随着县委一系列的拨乱反正政策的落实，社会各种矛盾得以化解，重大历史遗留问题得以解决，凝聚了民心，振奋了精神。

落实家庭联产承包，发展农村农业

五华的农业生产体制改革，经历了一个由不自觉到自觉的渐进过程。始于1979年春平安公社平安大队原寨心生产队的"包产到户"，完善于1980年以大包干为特色的农业生产责任制，大大适应当时全县农村生产力的发展，充分调动了农民的生产积极性，粮食生产获得大丰收。1980年10月4日，中共五华县第四次代表大会召开，明确支持和实行农田大包干。大会明确提出要解放思想，实事求是，大力发展生产力，使人民群众尽快富起来。并在事关经济发展的一系列问题上，作出五条决定：（1）在坚持生产资料集体所有制和按劳分配的前提下，承认并实行包产到户和大包干。（2）贯彻大集体小自由的政策，鼓励和扶持农民经营好自留地，发展家庭副业，活跃农村经济。（3）发挥山地多的优势，鼓励农民靠山养山吃山，向山要粮要钱、要良好的生态环境；扬沿琴江、五华河两岸有利于发展经济之长，鼓励农民把低产低洼内涝田，逐步改种甘蔗、黄麻等经济作物，或挖塘养鱼；扬劳力充足优势，组织能工巧匠和剩余劳力，发展农副产品加工业和传统手工业。（4）落实侨务政策，充分利用华侨、港澳同胞多的有利条件，积极引进外资和先进设备，加快农村经济建设。（5）扩大企业自主权并提倡联营形式，采取集股经营、利润返还和比例分成办法，组织兴办各种形式的联合农业企业。

从1980年冬始，全县推行以大包干为主要内容的农业生产责任制，农民在生产和经营上取得自主权，生产积极性得到充分的调动和发挥，粮食生产获得连年大丰收。1982年，全县落实林业生产责任制，稳定山权林权，使林业生产走向良性发展的轨道。1983年，全县农业总产值3.73亿元，比1980年增长18.9%；粮食总产27.53万吨，超过历史最高水平；有1.7万多个农户办起种养"小庄园"，经营面积16.4万亩；还涌现出各种专业户、开发户1.6万户，经济联合体1034个。农民长期以来担忧的温饱问题得到初步解决。至1984年，全县农村基本建立完善统分结合的双层经营体制，集体与农民的土地、山林承包、分配关系进一步得到明确。1985年起，以家庭经营为主的"五小园"（小果园、小茶园、小杉园、小竹园、小药园）如雨后春笋般在全县各地兴起，不少地方已逐步向集约经营、规模经营转变。其间，国家逐渐调减农副产品统购派购计划，放开农副产品价格，开放粮食市场，取消生猪派购任务，农村经济体制改革进一步深入。1989年9月，全县开展"两改一完善"（改村民委员会为管理区、改村民小组为村民委员会，完善土地承包制）工作。

中央到地方一系列的农村体制改革，克服了长期以来生产上的错误现象、分配上吃"大锅饭"的弊端，大大激发了群众的劳动热情，给全县农村带来蓬勃生机，有力地促进了全县农业生产的发展。1980年粮食总产量达到24.55万吨，比1976年增长27.2%。除粮食生产连年丰收外，多种经营也全面发展。经济作物种植、畜牧业、养殖业等发展速度加快。如1986年，虽然遇到罕见的水旱灾害，全县种植业、畜牧业、渔业仍得到较大发展。到1989年，全县涌现出耕山专业户39957个，经营山地151.45万亩；办起家庭"五小园"51180个、面积56.02万亩。水利、水电、水保、防灾减灾工程建设及管理也逐步法制化、规范化，新建及改造蓄水、引水、提水等农田水利工程建设得到持续稳定发展。至1988年，全县水利工程达到3973宗，保证灌溉面积增加到25.56万亩；采用国家重点投资、民办公助、集资兴建的办法，充分利用和发挥山区水力资源，共建小水电站308宗，装机338台，容量23828千瓦，年发电7000万度，用电覆盖率达86%。1988年，全县农业总产值达到2.07亿元，比1986年增长32.4%。

改革开放十多年，五华老区人民初步建成五大商品基地，培育和发展了山区资源，摸索出靠山吃山、耕山致富的新路子。

第四节 改造国有集体企业，大力发展私营企业

五华的工业和交通一直非常落后。虽有一些国营和集体企业，但过去由于观念僵化，技术力量薄弱，设备落后，产品质量不高等原因，造成产品销路狭窄，经济效益不高，一些工厂和企业处于长期亏损的境地。1979年，五华有国营工业企业43家，其中县办企业40家，整体上布局欠妥，资源缺乏，经济效益不高。1982年起，县贯彻国务院"调整、改革、整顿、提高"方针，关掉了氮肥厂、火电厂、钢铁厂等一批亏损企业，合并或转产了部分小企业，亏损额大幅下降，利润逐年增加。同时，对国有集体工业企业进行体制改革。国有工业改党委书记领导下的厂长负责制为厂长（经理）责任制，扩大企业经营自主权，推行车间、班组经济承包，把经济效益与职工收入挂钩，逐步打破"大锅饭"。1984年9月，县第五次党代会明确提出"有重点有步骤地抓好现有企业的技术改造，不断提高经济效益"，拉开了国有工业企业的改造序幕。在其后3年内累计筹集资金5960万元，投入多个企业进行技术改造。其间，进一步下放企业自主权，落实经营承包责任制和厂长（经理）负责制，工业发展步伐大为加快。1987年，县属国有工业产值5470万元（按1990年不变价计算，下同），比1984年增长33.4%。当年，县制定主攻机械、大上建材、积极发展轻纺工业，逐步建成建材、机电、纺织、制药等支柱行业的发展方针，围绕增加新项目、发展新产品这一目标，一

方面抓好原有技术改造发挥效益，一方面筹资对县电器总厂、变压器厂、水泥厂、螺丝厂、建材总厂、锅厂、染织厂、汽配厂、杉沥石灰石厂等国有工业和部分二轻工业进行技术改造，生产能力大大提高。1988年起，实行企业承包经营目标责任制，按照"包死基数，确保上缴，超收自留，欠收自补"原则，由企业与县政府签订承包责任合同。1989年，全县国有工业产值达1.10亿元。

一、增加企业产品种类，提高产品质量

改革开放初期，一些工厂已承担了国家和省的产品生产任务，许多产品远销省内外，松香、生粉、工艺品、餐巾和汽车螺丝等已进入国际市场。汽车T148起动机、11万伏变压器等十多种产品以质量好、价格合理而享誉省内外，"长乐烧酒"被评为全国优质酒而畅销各地。至1989年年末，全县工业拥有十多个行业、37间工厂。其中，国营工厂28间、二轻系统工厂9间，拥有固定资产1.19亿元；在厂职工8054人，含工程技术人员200多人。在这些行业中，汽车电器、汽车配件、汽车螺丝3厂均成为中国汽车工业联合会的成员厂，变压器厂是国家机械委布局、省定点生产专业厂；汽车电器厂、长乐烧酒厂、变压器厂等单位被省授予"先进企业"的称号。长乐烧酒在全国首届食品博览会上获金奖；汽车电器厂的莲花牌克拉斯、汽车配件厂的永飞牌T815晶体管汽车发电机调节器、机械制造厂的24头糖罐浆机等，均填补了国内或省内同类产品的空白。同时，重视企业的横向联合，先后与省建材研究所、中国煤矿广东研究所、华南工学院、广州羊城制药厂和上海第二军医大学等建立了技术业务联合、提高了产品质量，使不少产品打入了国际市场，增加了经济效益。同时，随着投资环境的改善和出口商品基地的建设，全县加强了出口商

品的调拨工作，拓展了"三来一补"和地方进出口贸易业务，使外经贸工作有了大步跨越。至1989年，全县办起"三资"企业9家，利用外资金额达900多万元，兴办"三胞"亲属企业259家，投资金额达2150万元。1989年完成出口收购实绩2541.39万元，比1986年增长1倍多。

二、大力兴办乡镇企业

改革开放后，随着国家逐步放开经营领域和经营模式，乡镇企业如雨后春笋，迅速发展壮大。1978年全县乡镇企业只有1363家，到1988年增至19642家，增长近15倍；总收入27676万元，比1978年增长68.45%。

一是兴办资源型企业。双头、潭下、华阳、新桥、小都、中兴等镇利用本地煤炭、石灰石、瓷土、花岗岩等资源，办起小煤窑、小石灰窑、水泥厂、石板材厂。边远山区水力资源较丰富的龙村、登畲、棉洋、潭下、大田、郭田、双华等镇，办起一批镇村水电站。水寨、河东、大坝、华城、安流、转水等镇利用交通便利、商贸云集和工业基础较好条件，办起机电、加工、商贸服务等企业。1980年，双头公社龙岭大队首先用自产的石灰石、煤炭为主要原材料，创办1家年产5000吨水泥厂。1981年，该年产量2931吨，获利8.6万元。至1985年，双头、潭下共有镇村办水泥厂5家，年产水泥4.97万吨，占全县总产量38.1%，产值484.88万元，利润84.25万元。

二是兴办传统手工制造业和建筑企业。五华铁器修造历史较长，匠人较多，遍布粤东、江西、福建一带。1979年后，逐步用机械化、半机械化取代手工操作，产品由简单铁木农具逐步发展到各种农机具、小五金及汽车配件等。1985年，全县有乡镇农机具、铁木企业110多家，年生产碾米机、打禾机、擂薯机、粉碎机等农机具1.2万台，汽车、拖拉机等零配件12.98万件，各种中小农具9.04万件，产品销往闽、桂、湘、鄂等省23个县（市）。安流公社学少、学园、福江、蓝田等大队及大都、万龙、文葵等地先后办起了竹器工艺厂，与外贸部门签订产品出口合同，竹器规格品种发展到五大类618个，销往全球五大洲35个国家和地区。1980年后，开放建筑市场，有条件的公社、大队纷纷成立建筑工程队，从事本地建筑业。一些外出建筑专业户，也挂靠集体建筑工程队，在深圳、广州、珠海、韶关、惠阳、河源、东莞等市、县承领建筑工程。1985年，经国家认证的四级建筑企业16家，完成建筑工程量10.09万平方米，占全县建筑行业工程量的49%。

三、大力发展个体私营企业

1980年始，国家适当放宽手工业、服务业，积极发展工商业，年末，全县经工商局登记个体工商户有3030户。随后，农村全面实行家庭联产承包责任制，大批农村剩余劳力"洗脚上田"，寻找出路。初期大部分从事种养业、建筑业、农副产品加工业，时称专业户。双华公社胡天禄利用20多亩自留山、责任山，1981年起育茶苗、果苗及巴戟、金银花等药苗，1983年收入9100多元，1984年收入3.6万元，被评为省优秀专业户。大坝区七都西山村，1984年全村有137户、242个劳力从事小五金加工，拥有车床、冲床、电焊机等机械143台，生产米筛、铁铲、禾镰等30多种产品，销往本地及江西、福建、湖南等省。1985年，全县有专业户5769户，其中从事种植业、养殖业2271户，从事工业、建筑业1044户，从事商业、运输业2454户。这些专业户基本属家庭经营，面向市场组织生产，已具个体私营企业的雏形。1982年，城镇公社良树大队周妙云等5户农民集资办起良树综合厂，生产塑料尿桶、水杓等产品，是县内兴办较早的私营企业。1985年后，贯彻国家、集体、个体一齐上的方针，全县个体私营经济出现逐年发展局面。河东镇李贺荣办起万贯皮革厂，生产皮鞋等皮革制品，经营盐渍牛皮出口；东溪蓝育焕，初期办起钢窗厂，1987年又办起五华建筑工程公司。大坝镇曾添锦办起大湖螺丝厂，生产水泥球磨机螺丝及机械配件。1989年4月，双头镇刘巨鹏、曾栋枢、刘宪芳等10户农户筹资66万元，办起年产1万吨水泥厂。1990年，全县个体私营企业发展到1.99万家，从业4.75万人，总收入2.41亿元。商流企业1980年始实行改革。是时起，国家逐步放开统购统销商品，个体商业服务业蓬勃发展，商业、供销对公司、基层门市普遍采取承包经营办法，对零售门店实行"自主经营，自负盈亏，照章纳税，确保上交"，对一些边远或零星门店实行拍卖转让，全县很快形成百家经商局面，市场流通日趋活跃。

大力加强建设，保障和改善民生

一、大力加强基础设施建设，缓解通讯能源交通困局

五华基础设施向来较落后。1979年，全县通车公路46条、578公里，全是沙土路；35个公社494个大队，只有16个公社、160个大队通公路，公路密度为每百平方公里17.9公里。邮件空间转移靠自行车投递。县内只水寨开通一台400门"自动编码纵横制"电话交换机，县城到公社仍用载波机，用户单机市话307部、农话986部。用电主要靠县内小水电站发电供应，长期低周低压运行，全县用电总量0.2亿千瓦时，生活用电只占10%。改革开放后，县不断加大交通、通信、能源为主的基础设施建设，从根本上改变全县交通不便、信息不灵、能源短缺的局面，有力地推动了经济社会的发展。

（一）邮电通讯日益畅通

1978年10月1日，县城水寨镇开通首台400门"自动编码纵横制"电话交换机，在梅县地区率先实现县城市内电话自动化，但农村仍用手摇电话，传输则用明线载波机，电报仍用电传打字机。至1985年，全县有磁石交换机35台、电话容量2120门、"自动编码纵横制"电话交换机1台、电话容量400门，经营国内长途电话6种、国际长途电话4种；并有短波收讯机、F–D自动发报机，开始经营无线电报业务。1985年，全县邮路增至87条2734公

里，并逐步用自办汽车邮路代替委办汽车邮路、摩托车邮路代替自行车邮路。1986年1000门自动电话投入使用；至1989年，新装3路、12路、24路载波终端机9套，开通了国内长途直拨电话和24条长途电话电路，新装和扩容了华城、双头和县城的自动电话。1989年，县城建成邮电综合大楼，固定资产达452万元，安装了长途自动电话等设备。邮电经济效益得到大幅增长，邮电业务收入达到198.34万元，比1978年增长了4.8倍。

（二）电力设施建设不断加强

1979年前，县内建有小型火电厂和部分小水电站。1980年12月，水寨110千伏变电站1万千伏安主变压器和兴宁新陂变电站到水寨变电站的110千伏输电线路27.4公里建成投产，县电网始并入省、市电网。但因受供电定额限制，县内生产生活用电仍严重不足，大部分厂矿企业自备柴油机发电供应生产。改革开放后，五华立足本地资源，提出重点发展小水电，并实行县、镇、村一齐上，大力扶持个体、联户办水电站。1979—1989年，全县新建或续建各类水电站19个，总装机容量达5990千瓦，此时期建立装机容量1000千瓦的大型电站有苏二电站、军营电站。高峰期间的1984年至1986年，新建和续建电站13宗，装机18台2740千瓦，架设高压输电线路238公里。1987至1989年，新建电站21座，装机容量4701千瓦，架设高低压线路959.28公里。其间，建成35千伏大型输变电工程有：桂田34千伏升压站、华城35千伏变电站、双头35千伏变电站建成投产，益塘水电站分别至华城、双头的35千伏输变电线路12公里、17.5公里同时投入运行。1986年1月，建成安流35千伏变电站，水寨至安流35千伏输变电线路26公里同时投入运行。这些电站和电网的建设，使全县能源紧缺的局面得到进一步缓解。

（三）交通建设稳步推进

1979年，全县境内只有沙土公路52条，通车里程598公里，大部分乡村未通车。随着改革开放不断深入，"路通财通""若要富先修路"逐渐成为全县上下的共识。1985年，县政府作出《关于加快交通、通讯建设的决定》，采取"改造为主，新建扩建结合"办法，逐年加大公路建设改造力度。1986年争取上级立项设计广梅汕铁路五华段。至1989年，全县已修建公路67条，共长866公里；全县有30个乡镇、251个村实现通车；从县城通兴宁、梅县等县的9条公路，分别连接广、汕、深等干线。交通状况由"行路难、乘车难"变为"货畅其流、人便其行"。

二、财政收入稳步增长，人民生活逐步改善

五华财源主体历来在地方国有工业。由于县内工农业经济总量小，本级财政收入少，历年支出靠上级补贴，收支矛盾突出的局面一直未从根本上得到改变。1979年，县本级一般预算收入754.9万元，占全县总收入的48.4%。随着全县工农业生产的发展，财政收入稳步增加，1988年，全县财政收入1683.3万元，比1978年增长80.1%。1989年，全县国民生产总值达到3.6亿元（按当年价6.06亿元计算），工农业总产值4.37亿元（按当年价6.89亿元计算），分别比1986年增长47.9%和79.8%。

（一）工商税收年年稳步增长

1988年全县工商税收收入1571万元，比1978年增长1.1倍，1989年突破2000万元。个体经济随着改革开放的深入而发展，1988年个体工商业户10633户，从业人员16649人，分别是1978年的9.5倍和14.9倍；个体工商户的注册资金1644.8万元，户均1542元；生产经营项目涉及8个行业、25个细类，上千个品种，解决了群众买卖难的问题，活跃了流通，促进了生产，给富余劳动力提供了出路。集市贸易市场由1978年的21个增加至67个，是1978

年的3.2倍，初步解决了以路为市的问题。县城前进、新华、桥头和河东4个市场的兴建，在市容市貌建设、方便群众集市贸易、解决交通堵塞等方面起到很大作用。

（二）商业供销市场日益繁荣

改革开放后，全县商业供销扩大了服务网点；调整商品结构，由只经营平销大路货向中高档商品发展；完善服务体系，开设咨询、维修、送货等服务点，努力提高经济效益。1978—1988年，全县新建、改建商场、商店261间。1988年全县社会商品零售总额33192万元，比1978年增长290.31％。供销系统在改革开放中，大力发展商品工业，由单一经营向生产经营服务型转化，经办了生抽王厂、粤华饮料厂等9家商办工业企业。

（三）对外经贸实现新的突破

到1988年，五华县已与150多个国家和地区建立了经济贸易关系，出口商品总额达1683万元，比1978年增长3.63倍多；全县共建立"三资"企业6家，来料加工企业4家，1988年收入工缴费153万港元。

随着改革开放的不断深入，人民生活得到逐步改善。主要表现在：一是人均收入大幅度增长。1979年，农民收入仍属集体分配，全县人年均纯收入46.6元。1980年，经过农村体制初步改革，农民收入（含家庭收入和其他非生产性收入）明显提高，人年均纯收入升至214元。其后，农民收入呈现多元化，从初期仅靠种植业，发展到大部分来自加工业、建筑业、服务业和外出劳务收入，劳动致富的"万元户"和人均收入上千元的农户不断涌现，建新房、购买高档商品的人越来越多，特别是购买电视、收录机成倍增长，洗衣机、电冰箱填补了市场空白，中高档商品需求逐年增加。1986年，五华遭遇了罕见的洪涝灾害，全县人民团结一致，迅速恢复了生产，安定了生活，当年人均收入仍达260

元。至1988年，全县农村人均收入470.6元，比1978年增长9倍。1989年，全县职工、农村人年均收入分别为1791元和682元，比1986年增长57%和84.8%。二是城乡居民储蓄余额大幅增加。1986年年末，全县城乡储蓄余额6677万元，相当于1983年的4倍。1988年年底，全县城乡储蓄余额14312.1万元，与1978年对比，10年间增长30.7倍。1989年年末全县城乡储蓄余额16351万元，对比1986年增长144.9%。

三、实施两大工程建设，治山治水效果明显

1978—1982年调整大队和生产队规模，县内一些地区出现乱砍滥伐现象。据1983年航拍普查，全县水土流失面积875.83平方公里，分别占全省和全市流失面积的十分之一和三分之一，占全县山地面积的36%。严重的水土流失，造成水旱灾害频繁，生态环境失调，河床淤高，水利水电设施遭受破坏。全县有640宗山塘水库淤积，其中309宗淤为沙库，减少有效库容838万立方米；琴江、五华河和62条小流域支流河床普遍淤高1米以上，河道失航200多公里；全县被泥沙吞没的良田7000多亩，报废小水电站13宗853千瓦。如遇20天无雨，全县受旱农田面积可达7万多亩；日降雨量100毫米，受淹农田就达10万亩。1984年，森林资源二类调查统计，全县有林地面积仅有150.8万亩，荒山面积179.8万亩，森林覆盖率31.5%，成为广东省百万亩荒山大县之一。"晴天张牙舞爪，雨天头破血流""晴天三日踏水车，下雨三天浸厅下"是当时五华山河的真实写照。

1985年，县委把造林绿化、治理水土流失两大工程建设摆上重要议事日程。当年冬，县在华城乌陂河建立1.5万亩的水保科研基地，结合流域治理，开展试验研究，研究成果广泛应用于治

理工作。主动承担国家水利部、省水电厅下达的水土保持重大科研试验项目，并与中科院、华南师大等9个科研单位和有关院校协作开展了20多个课题的试验研究与推广，有多个项目获得省、市科技进步奖，有的科研成果被联合国粮农组织收入培训教材。1986年5月作出《关于加快造林绿化步伐，尽快绿化五华的决定》。1987年，根据省委、省政府《十年绿化广东大地的决定》和省人大《整治韩江上游水土流失的决议》，县委动员全县上下，吹响全面造林绿化，治理水土流失的号角，把防治水土流失作为改善生态环境，振兴山区经济，促使人民脱贫致富，造福子孙后代的重大战略措施来抓；并以油田万华为造林绿化先行点，以华城乌陂河和棉洋小流域为治理水土流失先行点，由县委、县政府主要领导驻点，层层落实责任办示范点，全县累计办水土保持示范点614个。

1987年起，全县造林绿化每年打好备耕、育苗、种植三场硬仗，组织产前、产中、产后三次检查验收，完成任务好的给予表彰奖励，达不到要求的出示"黄牌"、提醒注意。大力发动群众摒弃"等、靠、要"的依赖思想，积极投资投劳折款达1000多万元，贯彻"谁的山、谁治理，谁开发、谁受益"的原则，承包责任落实到农户。县、乡（镇）、村（管理区）三级领导干部每年都到基层挂钩办点，初期是万、千、百亩示范点，1987年抓20个万亩片段建设和公路沿线的荒山造林，1988年抓14个万亩以上荒山的乡镇和边远荒山的造林工作，1989年集中打消灭荒山的"淮海战役"。1987年始，全县每年以造林50多万亩、治理水土流失100多平方公里的速度向前推进。1989年就完成了宜林荒山造林植树任务。全县累计造林241.45万亩，其中人工造林116.1万亩，治理水土流失面积超过600平方公里，约占应治理总数的70%，森林覆盖率达到42.8%，61条小流域河床比治理前下降了

0.25米至0.78米。1993年8月，通过省绿化达标检查验收。同年9月，被省委、省政府批准为绿化达标县。五华县造林绿化连续3年受到省委、省政府表彰，治理水土流失连续6年被省评为一等奖。1987年，县委书记张伟乔被省委、省政府授予"造林绿化先进个人"称号，获晋升一级工资奖励。五华于1992年被评为"全国水保先进县"。两大工程建设决策的实施，使全县山地栽植率达96.7%，林业用地绿化率达82.1%，森林覆盖率提高到61.9%；近8成的水土流失面积得到治理。同时动员群众安营扎寨搞开发治理，在荒山、荒坝、淤积地、缓坡地种植林、果、草，发展养畜业，兴建小果园。全县涌现耕山大户39957个，办起百亩以上"绿色企业"200多个，办起"五小园"51180个，经营山地151.4万亩，占山地总面积的4成多。全县出现了"山渐绿、水渐清、人渐富"的喜人景象。

四、扶贫工作初见成效，社会保障逐步完善

五华位于山、散、远的粤东北山区，旱涝水患频繁，生产力水平低下，商品经济不发达。1985年年底，按国家规定贫困户标准调查，全县农村人年均纯收入：150元以下的贫困户57186户、285336人，分别占农村户数的38.3%、人数34.7%。县内财政收入489.1万元，人均财政收入5.5元，远低于全市、全省水平。1986年6月，五华被列为国家扶持贫困县和广东省贫困县。当年起，县委、县政府制定扶贫开发规划，落实扶贫责任，在中央、省、市支持下，以脱贫奔康统揽全局，带领群众走开发治本、脱贫致富道路。1987年获国家无偿帮扶资金282万元重点扶持人均年收入不足150元的贫困户发展短、平、快的种养项目。在帮扶过程中，采取单位帮扶和干部挂户的办法。1987年起，县先后采取县委、县人大、县政府、县政协、县纪委五套

班子领导挂镇，县直部委办局挂村，干部挂户的办法扶贫；县委发出《县直机关领导干部挂户扶贫责任制意见》，动员县、镇、村干部每人挂扶1—2户贫困户。随后多次发出相关文件，不断推进干部挂户扶贫活动扎实开展。省、市亦派出工作组到县、镇、村，支持帮助基层和贫困户脱贫，1987年年初，由广东省财政厅领导带领的首批扶贫工作组到五华；1987—1989年，市纪委和市财办、人事局、工商局4个单位组成一个工作组进驻梅林镇优河管理区；1987—1989年，县直机关抽调干部组成30个工作组进驻30个乡镇中的30个村（管理区）。在扶贫方法上，采取因地制宜、因户制宜、因人制宜的策略，对家庭劳力充足的贫困户，扶持他们开发荒山，以种为主；对人多劳力少的，充分发挥其辅助劳力的作用，扶持他们以养为主，结合发展家庭加工业；对智能较低的，则立足耕好责任田，扶持他们选择经营易种易养项目；对文化素质较高的，则扶持他们上好种养和加工本小利大项目，求得稳定地解决温饱，尽快实现脱贫。在此基础上，根据贫困户劳力普遍存在文化程度低、科技应用水平低、生产收益低的状况，采取县、镇、村结合，部门与单位结合，集中与分散结合，课堂授课与现场观摩结合等形式培训贫困户劳力，提高其科技应用水平；重点抓好种植业、养殖业、农副产品加工业等相关技术，以及扶贫企业管理和扶贫干部的业务培训。

自1986年以来，五华在上级党委、政府的亲切关怀和省、市扶贫工作组的指导帮助下，认真贯彻中央、省、市关于扶贫工作的一系列指示，立足于经济开发，着眼于生产发展，扶贫工作取得了可喜的成绩。至1989年，中央投放五华五批扶贫贴息贷款共2957万元，先后兴办起扶贫经济实体2955个，种植果、药、竹等8.8万亩。经过几年的努力，全县55853户、278340人解决了温饱问题，分别占贫困户数、人数的97.67%和97.55%。

同时，社会民生保障也得到逐步完善。1984—1986年，全县安排城镇待业人员就业4908人，社会福利事业越办越好，贫困户、五保户和其他优抚对象的生活都得到了妥善安排。特别是在1986年大灾后发放了返销粮1433万斤、救济粮725万斤、救济款193.4万元，帮助2.5万多户重灾户修建房屋5.08万间。同时各乡镇还兴建了敬老院，使"五保"老人老有所养。1987—1989年，全县积极组织劳务输出，妥善安置复员、退伍军人和城镇待业人员就业，注意解决农村干部生活待遇等问题，不仅稳定了社会，而且给群众带来了实惠。

五、教科文卫事业全面进步，两个文明建设不断发展

改革开放后，人民群众的物质生活状况和思想观念发生了深刻变化，教育、科技、文化、卫生、体育等社会各项事业均衡发展，有力地推动了两个文明建设的健康发展。

（一）科技工作成果丰硕

1979年1月，全县恢复了科技领导机构，成立了各种专业学会、协会，提拔了一批科技人员担任各级领导职务，恢复了一批科技人员职称，积极开展科学试验，推广应用科技成果和科技咨询活动。自20世纪80年代中期起，全县不断推进科技体制改革，建立健全四级农科网络，加强与大专院校和科研单位的联系，以提高产业技术水平为目标，把重点放在先进技术的引进、试验、示范和普及推广上，并制定优惠政策，重奖科技发明创造，改善科技人员待遇。1981—1989年，全县成立各类科普协会、专业学会187个，获得国家和省、市、县科技成果奖励的项目达到254项，1987—1989年组织科技"星火计划"10项，完成了企事业单位的职称改革工作。

（二）教育事业大步发展

1979年前，全县中小学仍实行"五二二"制，即小学五年制，初中、高中各两年制，小学附设初中班。公社、大队都有教育领导权和管理权。1979年，按照中央"调整、改革、整顿、提高"的方针，县决定全县小学不附设初中班。至1982年下学期，全县小学附中班基本撤销；同时取消中小学校革命领导小组称谓，恢复校长制。公社设中心小学，由中心小学校长统管全社乡村小学。中学亦取消革命领导小组，恢复校长制。1983年下学期起，小学一年级起点班恢复六年制。1984年下学期后，中学恢复"三三"制（初中3年、高中3年）。至此，全县教育体制基本理顺，教育工作走上正轨，教育事业发展加快。1980年基本扫除青壮年文盲。至1983年，全县学龄儿童入学率达到96.04%，小学毕业生毕业率达到92.4%，全县30个区（镇）中已有24个区（镇）实现普及初等教育；努力改革中学教育结构，挖掘潜力，增办了8间全日制初级中学，还兴办了8间农业中学和职业中学，设立师范附属小学，恢复县教师进修学校。1984年基本普及小学教育。1985年，开始实施教育事业发展规划。1986年开始实施九年义务教育。1987年开始征收教育费附加，作为解决"普九"经费的主要渠道。1988年，实行基础教育分级办学、分级管理责任制，30个乡镇成立教育委员会和教育办公室，每个行政村成立教育领导小组或校董会。1989年推行"两聘两制"（聘任校长、聘任教师，实行校长负责制、教师岗位责任制）为主要内容的学校内部管理体制改革。同时调整学校布局，进行教学改革。1984—1986年，办学条件逐步改善，教育质量有所提高。3年间新建和维修校舍24.5万平方米，新办各类学校30间，增加初中260个班1.3万人；1986年小学生升初中率达59.4%。1987—1989年3年间全县增拨教育经费1165.98万元，新建、维修校舍21.05万平方米，新办3所中学、2所小学、10所幼儿园。至1988年，全县共有幼儿园346间，在园儿童19006人；中小学541间、在校学生176198人；县电大、师范学校、卫生学校、农机学校等各类专业学校45间。1989年的教育支出为2320万元，占全县财政总支出的38%，在当时的梅州市而言，所占比重是比较高的，县委、县政府抓好教育的决心由此可见一斑。

（三）文化艺术百花齐放

1978年后，全县文化事业有了很大发展，文化事业建设投资增加157万元，扩建场地1万平方米，乡村涌现出群众办文化的热潮，如开设书报摊、俱乐部、文化室，创办文艺团体等，活跃了群众的文化生活。至1980年，全县各公社都办起了文化站，配备了专职人员，电影、有线广播、电视事业也有了发展。至1983年，全县各区都设有文化站和电影队。电影放映队进村入寨，在学校操场、生产队禾坪或农家门前，为乡村群众放电影。1989年，双头龙岭文化室被评为广东省最佳文化室之一。同时，群众性的创作和演出活动比较活跃，县文联创办了《琴江文艺》季刊；县采茶剧团创作和演出了不少好作品，如《乌云下的歌声》《竹山路弯弯》两次赴省参加汇演获奖并拍成电视。县木偶剧团首次赴泰国访问演出，受到各界人士和旅泰华侨的好评。1987年县新建了100W调频广播电台1座，全县大部分地区只要打开收音机就能听到广播。随后建成卫星电视地面接收站2个，小功率电视差转台8座，实现全县85%人口能看到一套电视节目。

（四）体育事业得到加强

五华是"世界五大球王"之一李惠堂的家乡，体育运动一直具有良好的传统和广泛的群众基础，尤其是足球和篮球活动长盛不衰、影响广泛。1985年11月至1987年2月，县筹资101万元，其中旅港同胞捐资89.5万元，扩建容纳1.2万人、功能较齐全的县人民体育场。1979年9月，五华被列为全国16个"足球之乡"之一。此后，全县中小学在体育课中均进行足球基本技术教学和足球理论知识传授。水寨中学、华城小学、水寨镇中心小学先后被省命名为足球传统项目学校。全县还有8所小学足球训练网点学校和16所开展足球活动的重点中小学。足球运动在全县普及，城乡有业余足球队688个，开展了中小学"幼苗杯""萌芽杯"足球比赛和"长乐杯""球王杯"足球赛。1979—1989年向国家和省级以上球队输送足球队员4人。

（五）医疗卫生事业取得明显进步

1979年后，全县逐步建立县、镇、村三级医疗卫生保健网。医疗卫生设施不断完善，医院设备逐步更新，医疗业务水平大幅提高，疾病预防控制、卫生保健等工作有效开展。传染病发病率、孕产妇死亡率、婴儿死亡率明显下降，人们的卫生健康状况大大改善。一是医疗软硬件设施得到改善。新建、改造和扩建了一批卫生院、所、站，更新了一批医疗设备，医疗服务质量大大提高。至1989年，全县有38个医疗卫生单位，1141张病床，1904个医务工作人员，卫生所站205间，乡村医生、接生员848人，形成了县、乡、村三级医疗卫生网。二是防疫保健事业全面进步。改革开放后，县设立"爱卫办"、防疫站、妇保所等机构，城乡卫生面貌大大改善，各种传染病得到全面根治或接近消灭，计划免疫工作连续6年被地区评为第一名，县防疫站连续7年被评为梅州市"计划免疫工作优胜单位"，1981年荣获卫生部"先进单位"奖。全县儿童计划免疫工作获得了联合国国际儿童基金会奖励，并被国家卫生部定为"发展中国基层妇幼卫生"项目县。三是医疗科研成绩突出。五华县人民医院使用毛冬青治愈脉管炎，获省科学大会奖；医疗卫生部门编印了《五华草药》等11种中草药书；全县医技人员撰写医学论文91篇在市级以上的医学杂志上发表。四是计划生育工作取得一定成效。1979年起，县每年坚持抓好计划生育工作，人口出生率、人口自然增长率呈逐年下降趋势。1979—1983年为人口出生和自然增长高峰期。1984年后逐年下降。至1989年，全县人口出生率14.14‰，死亡率4.48‰，人口自然增长率9.66‰。同时，人民群众的婚育观念，逐步由早婚早育、多子多福向晚婚晚育、少生优生转化。

第九章

深化改革，扩大开放，加快脱贫奔康步伐

第一节 深化体制机制改革，为改革发展提供保障

　　1992年春，改革开放的总设计师邓小平南行旋风席卷全中国，全国掀起了又一轮改革开放的热潮。此后的20多年间，历届县委、县政府坚持以邓小平理论和"三个代表"重要思想为指导，牢固树立落实科学发展观，坚持以发展为第一要务，始终以脱贫奔康统揽全局，审时度势，认真分析不同时期所面临的历史形势，结合自身实际，认真总结全县经济社会发展成功经验，而在不同时期提出不同的发展战略思路。1990年作出了"治理整顿、深化改革"的部署。1993年提出"以农固本，以工致富，以贸促工，综合发展"的构想。1994年制定了"地利不足人和补，多找资金打基础，以农固本靠工富，发展商贸加力度"战略。1999年确定"科教兴县，外向带动，可持续发展"的三大战略。2001年提出"创新增优、特色发展、外向带动"的战略。2005年作出发挥"一个优势"（民资民力优势），高举"二面大旗"（发展经济大旗、维护群众利益大旗），突出"三大重点"（招商引资、计划生育、发展教育），达到"四项要求"（实干兴县、艰苦奋斗、创新发展、廉洁从政），努力加快全县脱贫奔康步伐。2008年提出围绕"三年打基础、五年大提速，强势推进经济社会跨越发展"的总目标，确立了"工业立县、教育优先、民生为重、和谐五华"发展理念。经过20多年的共同努力，全县的社会经济得到跨越式发展，脱贫奔康目标逐步实现。

一、农村经济体制改革

（一）建立"统分结合"经营机制

1989年9月，全县开展"两改一完善"（改村民委员会为管理区，改村民小组为村民委员会；完善土地承包制）工作。县委组织220多名机关干部分成30个工作组进驻各乡镇，历时3个月，将全县390个村改设为400个管理区、8850个村民小组改为5480个村委会。对农户责任田实行"大稳定、小调整，坚持15年不变"的政策，对农转非、赴港定居、无人户的责任田和弃耕丢荒田由村合作社收回调整。当年，全县调整责任田64387户47740亩，调入责任田76497户41914亩，划定干部报酬田8417份3897亩。1993年，县明确提出"以股份制为突破口，引导农村经济向集约经营、规模经营转变"。全县30个镇建立各种农业基地117个、面积26万亩，其中优质稻4.6万亩、烤烟1.8万亩、蔬菜1.5万亩、茶叶1.2万亩、水产养殖1.6万亩、水果及其他15.3万亩。1996年，开展农村土地第二轮承包工作，土地承包期延长至30年不变。县政府统一印制《延长责任田承包期的通知》发至各农户。1999年，中央发出《关于当前农业和农村经济发展的若干政策措施》，规定荒山、荒水、荒滩、荒丘承包期50年不变，并允许土地承包经营权有偿流转。同年5月，县组织力量帮助各镇核实农户承包情况，颁发土地承包经营证书，11月结束。至此，全县农业经营体制改革完成并完善了从大包干到以家庭承包经营为基础，向统分结合的双层经营体制转变。无数革命先烈为之奋斗的"耕者有其田"的真正意义得以实现，农民吃下"定心丸"，极大激发种田积极性，粮食生产年年丰收，老区人民基本摆脱了粮食不足的困境，农业经济持续上升。

（二）落实山林"两权分离制度"

1985年起，全县各级组织造林绿化，并鼓励农民以家庭经营为主，承包山地开发，经营"五小园"（小果园、小茶园、小竹园、小杉园、小药园）。1990年后，县委、县政府制订出台有关政策，在明确自留山、责任山政策不变的前提下，按所有权与经营权分离、群众自愿的原则，采取"面积不变位置变，相对集中连成片"的办法，鼓励农户将零星分散、分户承包的山地进行调整，实行连片经营，办成"绿色企业"。全县林地遂从"山岭有主、耕山有权、劳者有利"逐步向集约经营、规模经营、产业化经营转变。1993年统计，全县有耕山户3.98万户、经营面积152.1万亩。其中，耕山500亩以上的369户19.9万亩，千亩以上的75户11.6万亩。办起"五小园"5.12万个、面积56.02万亩；兴办大小"绿色企业"215个、经营面积30.2万亩。他们因地制宜，集约经营，建立了一定规模的果、茶、药基地。这些举措，既改善了农村生态环境，又增加群众经济收入，还打造如茶亭冈沙田柚、双华板栗、华城小教堂细核荔枝、棉洋桃驳李、华阳三华李等优质农产品品牌。

（三）完善农村经营管理体制

一是成立农村经济联合社。1991年，全县结合"社教"（社会主义教育）工作开展农村社区合作经济组织登记。至1992年年底，经清产核资并登记发证的管理区经济联合社（原行政村）400个、经济合作社（原村民小组）7552个，结束了"队为基础、三级所有"的农村经济体制。二是完善承包合同管理。1992年，《广东省农村社区合作经济承包合同管理条例》颁布，县农委配合"社教"工作队，在20个镇完善社区合作经济承包合同7107份，清收承包欠款182万元。至2000年，全县鉴证承包合同22.7万份。三是完善财务管理。农村经济体制改革初期，农村财务管理一度出现混乱。1983年，全县470个大队开展财务整顿。1987年起，县对农村财务管理实行统一由钱物收付记账法改为借贷记账法，并在水寨镇员瑾、上坝管理区开展试点工作，1988年全县铺开，1990年完成对各经济联合社的会计培训，建立和健全财物记账。1997年推行村务公开。各管理区（村）都在公众地方设立公布栏，公开财务收支情况。四是治理"三乱"。1990年，中共中央、国务院发布《关于坚决制止乱收费、乱罚款和各种摊派的决定》，县政府成立清理整顿"三乱"领导小组，县农委组织人力到各乡镇和县有关部门，调查清理农民负担情况。1992年，县农委制定农民负担的定项限额、预决算、审批、审计、举报、统计6个制度，坚持检查督促，使各乡镇统筹、管理区（村）提留能控制在上年人均纯收入5%的限额内。1993年，县政府成立农民负担监督管理领导小组，按国务院要求，清出涉农收费文件30个，取消收费项目38个。1999年进行农电体制改革和电网改造，实现城乡同网同价。1995年，县农委被省委、省政府授予全省治理乱收费乱摊派工作先进单位。1997年省政府确认五华为"实现治理向农民乱收费乱摊派工作阶段性目标单位"。2005年起，全县农村免交农业税。

二、工业企业体制改革

一是经营体制改革。1988年起，企业承包经营分两期进行。1988—1990年为首期承包期。按照"包死基数、确保上缴、超收自留、欠收自补"原则，24家国营企业分别与县政府签订承包责任合同。1991年开始第二轮承包，重点完善和发展各种形式企业承包经营责任制，在对企业全面审计基础上，适当调整承包基数和上缴比例，完善经营者分配奖惩办法和工效挂钩办法，然后顺延承包。1993年，县政府制发《关于国有工业企业转换经营机制实施细则》，进一步落实企业经营自主权，搞好各项配套改革，强化企业自负盈亏责任，各企业普遍实行全员风险抵押承包。其间，上了大批技改项目，重点发展汽车配件、变压器、制药、建材等"四大行业"，开发食品加工业、电子工业和化工工业，生产能力大幅提高。为适应财税金融体制改革和产权制度改革，县政府采取"抓大扶强，放小搞活"的举措，重点扶持汽车电器、变压器、长乐烧酒、制药等企业。1998年，县建材总厂、县水泥厂和耐火材料厂、金属型材厂、针织总厂、染织厂、建化厂、锅厂、机电厂、宏达电机厂等相继停产；县二轻系统除微电机厂，工艺一、二厂外，其余均停产。

二是产权制度改革。1993年，县委、县政府提出积极推行股份制，开始探索产权制度改革。1998年，县第九次党代会明确提出以资本为纽带、以资产重组为突破口，按照"产权清晰，权责明确，政企分开，管理科学"要求，通过租赁、兼并、股份合作制和出售转让等形式对国营、集体工业企业进行改制，大力推动各种所有制经济的发展。（1）股份合作制。1993年7月，县建材总厂、制药厂、变压器厂、电器总厂、酒厂先后组建五华建材企业集团公司、广东康宝药业集团公司、五华电力变压器企业集团公司、五华汽车电器企业集团公司和鸿达企业集团公司，其中变压器厂、汽车电器总厂、制药厂进行股份制筹建。9月，五华变压器厂经报省政府批准，改组为广东省五华变压器股份有限公司，并在梅城举行发布会，向社会募集股金。五华汽车电器总厂、制药厂亦相继向社会募集股金。1997年，县造纸厂通过债转股组建五华丰华纸品有限公司。但在实践中，股份制并未建立健全起来，募集的资金最后大部分转为企业债券。企业仍按承包经营责任制运行。（2）租赁经营。1997年，县针织总厂、染织厂、金属型材厂、手表厂实行先停产后划块出租，一度解困。

1998年，县建材总厂、县水泥厂均因市场、资金制约，负债累累而停产，分别于当年11月和1999年1月实行租赁经营。县造纸厂引进外地民营企业家租赁。年底，桐坑石灰石矿、汽车配件厂、农药厂、林产化工厂、印刷厂均依例实行租赁经营。（3）产权转让。1999年后，县委、县政府提出"靓女先嫁"策略，深化产权制度改革，分别将五华龙头企业长乐烧酒厂、汽车配件厂、康宝药业转制给广州瑞华房地产开发有限公司、广东井得电机有限公司和康奇力药业有限公司。2003年，根据省、市提出用3年的时间，国有和集体企业改革要实现"两个基本"目标（基本完成产权改革、基本实现民营化），改革转制目标的国有企业有69家，其中经贸局所属22家（工业20家，外贸2家）。长乐烧酒厂转制后，首期投入1800万元，新建年产180吨老窖酒生产线，增加花色品质，凸显品牌优势，企业焕发出新的活力；广东井得电机有限公司通过加大投入，引进先进设备和管理机制，销售、税利和加工收入大幅度增长，实现销售收入过亿元、税收700万元；广东康奇力药业有限公司接管康宝药业后，投入2000多万元进行改造，顺利通过GMP认证，并成为广药集团王老吉加工基地，销售收入、税收创历史新高。

三、流通体制改革

一是商业体制改革。（1）管理体制。1993年10月成立五华县商业集团公司，同时保留商业局，一套人员，两块牌子；1996年县商业局改为县商业总公司，把原有的行政部门转为经济实体。（2）经营体制。1991年12月，省政府发出《关于进一步搞活流通，提高国有商业经济效益问题的通知》，县商业局根据零售门店普遍亏损的实际情况，试行经营、价格、分配、场地放开，扩大零售门店的自主权。1994年起，对零售企业全面推行

"自筹资金、自主经营、自负盈亏、确保上缴"的国有民营经营模式，根治了企业负资不负亏的弊端；关停五华购物中心，将侨特公司出租给新桥江大酒店经营；至2000年，县商业公司（局）所属仅剩百货、纺织、餐饮服务、糖烟酒、食品、五金交化、拍卖行、酒类专卖局8家公司，靠自身运转经营。

二是供销体制改革。（1）管理体制。各基层供销社于1992年下半年将人、财、物下放给乡镇政府管理。1996年7月，根据上级政策，各基层供销社重新收回县供销社管理，把为农村服务放在首位，逐步从单纯商品购销向农村经济综合服务转变，着力解决农副产品销售渠道，实行农药、化肥等农资专营，门店实行多种形式经营责任制。1998年起，实行公司经理（厂长）、基层社主任任期目标责任制。（2）经营体制。1992年各基层供销社下放乡镇管理，供销系统全面实行经营范围、价格权限、用工管理、分配制度"四放开"。1993年落实门店第三轮承包经营责任，全部实行"自筹资金、自主经营、自负盈亏、确保上缴"的国有民营经营模式。1996年，理顺供销体制后，强化为农服务功能，整顿农资流通经营秩序。1998年起，对亏损供销所属企业采取宜股则股、宜租则租、宜售则售办法，转换经营机制，扭转被动局面。

三是物资体制改革。1992年，实行干部聘任制、职工合同制、结构工资制。先后聘任3名中层干部、9名工人任公司正、副经理；对职工实行全员劳动合同制管理，明确双方责、权、利。1994年，县物资总公司逐步实施企业改革，压缩人员、盘活资产、完善管理。

四是粮油体制改革。1992年4月起，按照"计划指导，放开价格，加强调控，搞活经营"原则，放开粮食经营和价格。1993年，城乡粮食销售价格放开，实行了40年的城镇居民粮食计划供应制度取消，粮票停止使用，由各级粮食部门储备必需的粮食，对粮食市场进行调控和管理；粮食企业一律实行独立核算，自负盈亏，自主经营。1998年，按照国务院的决定，实行政企分开、中央与地方责任分开、储备和经营分开、新老财务账目分开，完善粮食价格机制。同年6月，推行按保护价敞开收购农民余粮、国有粮食收储企业实行顺价销售、农业发展银行收购资金封闭运行和粮食企业自身改革"三项政策一项改革"。2000年，农业税实行钱粮兼收。至此，粮食流通进入商品化、市场化阶段。

五是外贸体制改革。1994年，外贸体制向市场经济转型，省、市专业进出口公司直接收购、调拨原货源公司经营的农副土特产品。1998年县外贸局、县外经委合并成立对外经济贸易局。

四、政治体制改革

从1980年8月恢复人民代表大会制度、1981年1月成立第一届政协五华县委员会开始，在民主政治建设、党政体制和干部人事体制改革等方面展开。1990年起，乡镇设立人大主席团；1996年改为乡镇人民代表大会。县、镇每届人大代表均由基层选举产生。政协自成立起，随改革和经济的发展，协商领域从初期的农业、工业、商业发展到医药卫生、社会福利等；协商职能从议政发展到参政，每年均向县委、县政府提出建议意见，有的被采纳形成地方政策法规或施政方略。1984年起，县级党政机构进行了多次改革调整，逐步压缩机构，精简人员，解决党政不分、政企不分问题。干部人事制度从划分县委、政府管理权限入手，逐步建立和实行民主推荐、公开考察、任前公示和换届考评、年终考核的干部选拔任用制度。1994年起，党政群机关参照公务员管理办法管理干部，1998年完成公务员过渡工作。此后，国家机关公务员实行"凡进必考"制度，并向全社会公开招考。全县镇村建置设置也迭经变化，1983年11月，撤销公社、大队，改设29个区、1个镇，375个乡。1986年11月撤区，全县设20个镇、10个乡、390个村。1991年11月，圩镇共设34个居民委员会。1993年11月，10个乡改镇，全县设30个镇，400个管理区，34个居民委员会。1999年7月，理顺农村基层管理体制，撤销400个管理区，设立412个村民委员会。2003—2004年，先后撤并部分乡镇，全县镇级行政区划由30个调整为水寨、河东、转水、华城、岐岭、潭下、长布、周江、横陂、郭田、双华、安流、棉洋、梅林、华阳、龙村16个，下辖446个村（居）、5502个村民小组。

各项产业稳步发展，人民生活不断改善

一、现代农业稳步发展，旅游产业蓬勃兴起

1993年始，五华县委、县政府认真贯彻落实广东省山区工作会议精神，认真调整农业结构，在稳定粮食增收的基础上，提出"中部荔枝和龙眼，南部杂果南药茶，北部金柚果合柿"的发展布局，鼓励集体、个体、联户搞种养、办水电，大力发展特色农业，全县逐步形成"县成区域，镇有基地，村显特色，户有庄园"的生产格局。沙田柚、荔枝、青梅、果合柿、南药、烤烟等主导产品开始向区域化、基地化、产业化方向迈进，全县涌现了诸如河东茶亭冈农业综合开发区、水寨白石洋三高农业示范区、棉洋新光千亩单丛茶基地、双华千亩板栗基地、大田千亩果合柿基地、益塘库区荔枝园、七畲径林场麒麟茶生产基地、大都红山村一户一山头，房、畜、沼、果、渔"五个一"综合开发模式和横陂叶湖村丰华有机农业发展有限公司等农业开发先进典型。1998年，全县累计办起以荔枝、龙眼、单丛茶、沙田柚、烤烟为主的"三高"（高产、高质、高效）农业基地18.3万亩，新发展小庄园4万多个，30个镇办起千亩"三高"农业基地，初步形成"县成区域、镇有基地、区显特色"的"三高"农业新格局。此后，全力抓好农业农村经济结构的调整，以烤烟为龙头，梅、柿、茶为重点，畜牧品改为突破口，发展农业龙头企业。2005

年，全县共引进培育国家、省、市、县级龙头企业17家，带动3.5万户农户发展生产。全力扶持企业和农户做强做大沙田柚、荔枝、甜枣、柿花、绿茶、油茶等具有五华特色的农产品品牌；全县共培育国家级无公害农产品面积2万亩，无公害水产面积3553亩。"十一五"期间，五华加快推进优质稻、烤烟、油茶、南药等绿色农业基地建设，逐步向广东省有机农产品生产中心、梅州市较大的优质果品生产中心、南药生产中心迈进。突出打造"真田"有机农产品系列、"田信"果合柿、"裕宝"果蔬饮料、腾丽百香果、华阳三华李、棉洋桃驳果、五华细核荔枝、双华板栗、天柱山绿茶、琴江牌优质米、新桥腐竹、"康奇力"南药等农业品牌。2009年，五华创建河东、横陂2个万亩国家级水稻创高产示范点，被列为国家级粮食高产创建示范县和广东省产粮大县。2010年，全县实现农业总产值34.21亿元，农村居民人均纯收入5 390元。

改革开放以来，五华旅游产业经历从无到有、从小到大的过程，成为全县第三产业发展中一大亮点。1999年，县提出"旅游旺县"发展战略，重点抓好自然、人文、人造三大景观的利用和开发，并从本地自然、人文资源出发，突出客家特色，注意与生态环境保护和安全设施配套，开发自然风光游、文物古迹游和生态农业游，引进深圳西湖企业发展公司开发热矿泥和七目嶂风景区。至2002年，初步形成了以七目嶂、热矿泥山庄、益塘水库风景区等独具五华特色的"山、水、泥"特色休闲旅游线路。同年，全县接待游客20万人次，旅游收入达5000万元。"十一五"五年间，重点景区、景点基础设施建设和旅游专线公路建设取得突破性进展，热矿泥山庄、益塘水库被评为AAA级旅游景区和国家水利风景区；全县旅游接待量年均增长18.3%。旅游业的兴起有力带动了第三产业的发展，全县第三产业持续保持12%以上的增长率。2012年，全县实现旅游接待149万多人次，旅游总收入9亿多元。

二、招商引资成效明显，特色工业经济初步形成

1992年，国务院批准梅州市列入沿海经济开放区，省第七次山区工作会议又制定促进山区对外开放的各项措施，五华县委、县政府趁势作出《关于加快改革扩大开放的若干决定》。同年6月，县在华城设立经济开发试验区。1993年6月，制定《五华县鼓励投资优惠政策》《五华县鼓励引进项目资金优惠办法》。从此，全县上下认真贯彻"扩大开放、外引内连"的方针，通过多种形式、多种渠道，经常组团到广州、深圳、北京、香港召开座谈会或招商引资推介会，广泛开展招商联谊活动，积极引进资金、技术和人才，大力发展外向型经济。至2000年年底，华城经济开发区先后引进项目82个，合同投资总额12.6亿元，实际投资6.2亿元，有30个项目建成投产；全县先后兴办"三资"和"三来一补"企业累计超过90家，实际利用外资4100万美元，涉及行业有农业、林业、工业、交通运输业和餐饮业等。2003年4月，县设立招商引资办，加大招商力度。2004年在县城水寨设立县城工业园区，首期征地1000亩，当年落户园区企业10家，全县共引进项目63个，投资总额8.03亿元；实现工业总产值19.48亿元。2005年，全县实现工业总产值23.5亿元，比2004年增长20.6%。县城工业区初步形成了以五金电器、汽车零配件、再生资源回收利用等产业为重点的产业集聚群，成为县域经济的辐射区、产业转移的承接区、财税收入的增长区。在大力加强工业园区建设同时，积极实施乡贤"回乡创业工程"，制定《关于扶持县城工业区企业发展的决定》《县城工业区招商引资优惠办法》等文件，建立和完善了招商引资责任制、奖惩机制和投资者保护机制，县

党政领导挂钩联系企业等制度，确保企业"引得来、留得住、发展好"。"十一五"期间，全县引进企业65家，总投资45亿元。县城工业区实现产值33.87亿元、创税1.2亿元。同时，还制定优惠政策，吸引外资民资参与国企改革，推进国企产权招商，县电器总厂、变压器厂新厂、造纸厂、针织总厂、农药厂等6家企业通过引进外资顺利实现转制并办起新厂。2012年，全县引进项目34个，投资总额168.2亿元，工业园区产值实现20.38亿元、创税3211万元，设立经济开发试验区和县城工业园扩大开放的招商引资成效初现。2012年年底，全县规模以上工业企业18家，实现工业产值28.9亿元，完成工业投资12.23亿元，其中技改投资5.78亿元，规模以上工业企业纳税6662.7万元。纳税300万元以上的企业有辉胜达电器、长乐烧酒业、华福工艺、康奇力药业、井得电机等。

三、综合经济实力稳步增强，人民生活水平逐步提高

改革开放以前，五华向来以农业经济为主，工业基础薄弱，农村一直未摆脱贫困落后局面。改革开放后，全县以脱贫奔康为总目标，坚持发展第一要务，以经济建设为中心，通过狠抓招商引资、扶持重点企业、落实重点项目，促进了全县经济加快发展，全县综合经济实力稳步增强，人民生活水平逐步提高。1997年，全县工农业总产值23.69亿元、农村人年均收入2824元，分别对比1992年增长16.7%、192%。2002年，全县工农业总产值29.32亿元、农村人均纯收入3332元，分别对比1997年增长31.4%、18%。2005年全县实现工业总产值23.5亿元、农业总产值19亿元、农村人均收入实现3655元，分别对比2002年增长67.2%、6.2%、9.7%。"十五"期间工业产值年递增14%，比"九五"期间的2%高出12个百分点。全县运输、商贸、饮服和休闲娱乐等第

三产业快速发展，城乡居民收入稳步增长。

"十一五"期间，五华坚持"工业立县"，加大招商引资力度，大力调整优化产业结构，培育壮大特色工业、现代农业和旅游产业，经济建设的各个领域都取得了长足发展。至2010年，全县地区生产总值70.5亿元，比2005年增长68.8%，年递增11.0%，其中，第一产业年递增4.7%，第二产业年递增15.0%，第三产业年递增13.1%。一、二、三产业结构比例不断优化，由2005年的33.2∶21.6∶45.2调整为28.9∶22.8∶48.3。农村居民人均年纯收入5411元，比2005年增长47.5%，年均递增8.1%。制酒、制药、五金电器、汽车配件和工艺品加工五大特色工业主导作用明显增强，产值占规模以上工业产值达68.6%。全县实现工业产值42.4亿元，比2005年增长80.7%，年递增12.6%。全县农业总产值实现34.2亿元，比2005年增长27.8%，年递增5.0%。全县旅游总收入3.5亿元，比2005年增长126.6%。旅游业的快速发展带动了供销、商贸、物流、餐饮等第三产业蓬勃发展。2010年，社会消费品零售总额49.5亿元，比2005年增长122.5%，年均递增17.3%。全县金融机构各项存款余额93.4亿元、贷款余额27.1亿元，分别比2005年增长103.5%、150.9%。2012年，全县社会消费品零售总额59.6亿元、金融机构存款余额129.6亿元、贷款余额39.3亿元、农村居民人年均纯收入7851元，分别对比上年增长11.7%、15.8%、22.7%、16.0%。

基础设施逐步完善，城乡建设持续优化

一、基础设施逐步完善，发展基础不断夯实

（一）交通公路建设

改革开放后，"若要富、先修路"逐步成为全县上下共识。1991年冬，县成立公路建设指挥部，县委书记任总指挥，进行公路建设规划、测设，报项目，筹资金，改造旧公路，扩建新公路。1990—1993年，全县先后投资1.31亿元，改造加宽经过境内的国道G205线31.6公里，改造省道34公里，新开、续开乡村公路172.6公里。1993年始，集中抓公路改造升级。五华县委、县政府采取"改造为主，新建扩建结合"的办法，逐年加大公路建设改造力度。1994年1月，广梅汕铁路铺轨至五华，同年10月，铁路客运到五华。1993—1998年，全县先后投入资金5.24亿元，新建、改建县镇公路1121.2公里，改造国道、省道137.2公里，实现水泥硬底化里程122公里，400个管理区通公路。至2000年，全县公路通车里程1957.4公里，公路密度每百平方公里60.68公里，30个镇412个村全部通公路，其中水泥硬底化公路326.9公里。2005年10月，梅河高速公路全线通车，标志着五华发展进入高速公路"快车道"。"十一五"期间，全县累计投入11.5亿元用于交通公路建设，全县公路通车里程2716公里，公路密度每百平方公里达84.2公里，镇通行

政村道路全部实现硬底化。至2012年，全县公路通车里程2904公里，其中高速公路32.2公里；公路密度每百平方公里达到90公里。

（二）水利建设

改革开放后，县采取以水养水、以电养电、以堤养堤的方法，发展壮大水利事业。1991—1997年，全县投入资金3632.83万元，先后对桂田水库、益塘水库、三渡水水库、岩前水库进行安全加固和配套工程建设。1995年冬起，按照50年一遇的防洪标准，分别对水寨堤下冈坝段、上坝段、玉茶段，河东堤增塘段、下坝段进行加固。采取河堤加固与开发相结合，按"以地换堤"的形式，由开发商筹资加固。1997年8月，首期日产6万吨的县城水厂工程正式动工，工程总投资3200万元，1999年4月竣工投产，正式向县城十多万居民供水。1998年始，实施省人大解决小型水库安全隐患问题议案。此后5年期间，省、市下达给五华的解决小型水库安全隐患问题水库69宗全面完成，除险加固后新增库容208万立方米，恢复和改善灌溉面积1.08万亩。2003—2005年间，着重抓好县城"两江四堤"等重点水利工程建设。在"十一五"期间，全县共投入10.3亿元加强水利建设。列入省专项考核的29宗病险水库除险加固工程通过省验收销号，12宗病险水库除险加固扎实推进，完成了省人大议案小型水库除险加固65宗和水库移民安置等项目；建成县城供水应急备用水源，完成县城供水输水管道改造；建成45宗农村饮水安全工程，解决农村14.4万人饮水不安全问题；实施"小型农田水利重点县"工程，大力推进农田水利基本建设。2012年，五华竞得省水利建设示范县项目，全年累计投入资金3.2亿元，年度68宗示范县项目全面推进，完成16宗农村饮水安全工程、益塘水库灌区节水配套改造等一批民生水利工程。

（三）电力建设

改革开放后，五华立足本地资源，提出重点发展小水电，实行县、镇、村一齐上，大力扶持个体、联户办水电站。1990—1993年，全县筹资4.23亿元，新上水电站43座，装机容量达1.35万千瓦。全县30个乡镇联上县电网，农村用电覆盖率达95.6%。1993—1998年，全县投入资金1.04亿元，新建电站38间，增加装机容量达4.29万千瓦，发电量达1.7亿千瓦时，农村用电覆盖率达98%。1999年开始，全县的电网升级改造。至2000年年底，全县发电装机容量5.36万千瓦，年发电量1.83亿千瓦时（均为水电）；全县建成以水寨110千伏变电站为中心，以110千伏和35千伏线路为网架的比较完善的电力网，全县供电状况大为改善。1999—2000年，全县30个镇进行"两改一同价"（改革农村用电管理体制、改造电网，实现城乡用电同价）改造。农电管理体制由过去县、镇（乡）、村（管理区）三级管电，改为县、镇（乡）两级管理。至2002年年底，全县水电装机容量达5.49万千瓦，年发电量2.2亿千瓦时，农网改造任务基本完成。2007年，五华供电局正式被广东电网公司接管。"十一五"期间全县共投入6.3亿元进行电网建设，完成3座110千伏变电站、3座35千伏变电站、1210台配电变压器及15200千米农网线路的改造工程，220千伏琴江、110千伏桂田、35千伏油田等输变电工程建成投产。2011年，全县投入电网建设资金1.7亿元，完成3个110千伏变电站等综合改造工程，城乡电网供电能力、供电可靠性得到进一步提高，为全县经济社会的发展提供了可靠的能源保障。

（四）通信建设

改革开放以来，电信、移动和联通的通信设施建设不断加快，信息化水平不断提高。1992年开通万门程控电话，长途电话业务量大幅增加。1994年3月开通模拟移动电话。1996年7月开通GSM数字移动电话。1998年9月，县邮电局分为邮政局、电信局，剥离出移动通信公司和无线寻呼（1999年前并入中国联通公司）。1999年1月，成立广东移动通信五华分公司。2000年，五华电信顺利完成主附、主辅分离，进入多元化经营。2000年，全县固定电话交换机容量106372门，电话用户76304户；市话交换机容量37480门，用户27176户。公用数据网覆盖县城区域也逐步向农村扩展，全县累计农村电话交换机容量68892门，电话用户4.91万户，实现村村通电话。移动通信网络信号覆盖全县绝大多数乡镇，全县累计有移动电话用户4.16万户。至2002年，全县电话交换机总容量达14.54万门，移动通信网基本覆盖全县，信息化水平不断提高。随着信息技术的快速发展，移动和宽带用户逐步增多。至2006年，全县移动用户达19万户、宽带6462户。2012年，全县互联网用户达31465户，比上年增长18.2%。

二、生态环境不断改善，城乡建设持续优化

（一）造林绿化成效明显

改革开放以来，五华坚持以消灭荒山为目标，积极响应"绿化广东大行动"号召，大力开展以森林碳汇、绿色景观林带、乡村绿化美化、森林进城围城为主的林业四大重点生态工程。1985年冬提出"五年消灭荒山，八年绿化五华"的奋斗目标，至1993年年底，全县投入造林绿化资金2443万元，累计造林283.3万亩，有林地面积293.03万亩，森林蓄积量198.9万立方米，森林覆盖率61.9%，提前一年实现绿化达标。此后，全县上下致力于造林绿化和治理水土流失，引导群众进行林业第二次创业，发展现代林业，建设生态文明，努力打造宜居宜业的生态家园，先后建有七目嶂省级自然保护区和天堂山、益塘、龙狮殿、天柱山、插天嶂、蒲石顶、天吊嶂、鸿图嶂、清水河、桂竹园10个市级自然保

护区；建有蒲丽顶省级森林公园和罗湖、源坑、绿坑、天云岭、星湖岭5个县级森林公园。

2003年始，全面启动"绿满梅州"大行动和创建"林业生态县"，至2005年，全县完成韩江上游水源林建设1.45万亩，新造林39万亩。"十一五"期间，扎实推进"建设林业生态文明万村绿"工程和"绿满梅州"大行动。至2010年，基本完成集体林权制度主体改革，5年间造林18.9万亩，森林覆盖率达到65.1%，比2005年提高2.6个百分点，全县生态优势得到进一步巩固。2011—2012年，五华被列为全省"一消灭三改造"重点县，竞得省森林碳汇重点生态工程项目资金4700万元，两年完成造林14万亩，全面完成省道S228线水华线绿化升级改造工程、梅河高速五华段省级示范绿色景观廊道建设及县城主要进出口绿色通道建设，升级改造县城绿化景观5.6万平方米。2012年，全县森林覆盖率67.61%，有自然保护区11个，县级以上森林公园3个。同年，五华被国家发改委和原国家林业局评为油茶示范基地建设重点县。

（二）水土流失有效整治

从1986年起，五华按省的要求，采取工程措施和生物措施相结合，治理与开发利用相结合，治理与监督管护相结合等措施，以乌陂河、棉洋河、吉程河综合治理为示范，年复一年对水土流失区域进行综合治理。1986—1995年完成治理水土流失面积1021.19平方公里，1996—2000年完成治理水土流失面积732.2平方公里。通过十多年连续不断的综合治理，工程拦蓄泥沙2380.66万立方米，植被覆盖率从16.4%提高到83%，琴江河和五华河河床分别降低0.68米和0.77米，恢复耕地4766亩，保护农田46.26万亩。1995年6月，五华整治水土流失工作通过省验收；治理水土流失的经验引起了联合国的关注，联合国粮农组织先后两次派员到实地考察，并在五华设立水保培训基地，为印度、印尼、泰国等8个国家培养水保科技人才。此后，历届县委、县政府始终抓好治山治水工作不放松。

2003—2005年，全县投入水利水电水保资金2.2亿元，完成维修、加固、新建、续建工程3922宗，治理水土流失面积179平方公里。"十一五"期间，加强对地质灾害防治，完成全县190个地质灾害隐患点的再排查。启动实施"小型农田水利重点县"项目建设，大力推进农田水利基本建设，全县水生态环境明显改善。至2012年年底，全县累计治理水土流失面积361.3平方公里。通过数十年的努力，五华水土流失得到有效控制及整治，生态环境大大改善。

（三）城乡建设持续优化

1. 县城建设方面

改革开放以来，县政府分别于1997年、2003年、2012年启动县城总体规划修编，历经3次，县城规划布局和发展空间得到进一步优化提升，基本形成"重点向南，优化河东，适度向北、向西融调"的县城发展格局，构建覆盖水寨、河东、转水、横陂4个镇区的城市发展框架。1993—1998年间，累计投入县城建设资金5.38亿元，新建琴江大桥、五华大桥、华兴大桥和河口大桥，开通2条大道，修建扩建水泥街道13条11.1公里，建成2个商住区和有一定规模的商贸市场4个，完善了配套设施。县城规划面积由过去的29.7平方公里增至38.5平方公里。至2000年年底，县城建成区面积8.5平方公里。至2002年，县城建成区面积9.5平方公里，比1997年增加2.5平方公里。

2003—2005年，全面完成了华兴路改造，完成县烈士纪念碑迁建工程，长乐公园、鸿云广场、市场建设、河堤加固等县城重点工程建设进展顺利，市政基础建设稳步发展。"十一五"期间，县城新增绿化面积3078亩，全长28.1公里的水寨至华城公路新装景观路灯，大存纪念大桥、长乐公园文化广场和健身广场相继建成使用，蒲丽顶森林公园升级为省级森林公园。投资1.2亿元的县城污水处理厂建成运行并通过市验收，城区净化、绿化、亮化、美化水平进一步提升。2012年筹措资金5600多万元，完成并升级长乐公园，筹建长乐大桥，动工实施垃圾填埋处理场无害化升级改造，完成下坝堤路、员瑾堤路、澄湖堤路、华一东路、田家炳交通岛的高标准升级改造和水潭西路、鸿云大道、鸿云广场等市政设施配套建设，县城建成区面积14.5平方公里，县城发展架构不断扩大，城市形象和品位持续优化。

2. 镇村建设方面

1992年始，各镇严格执行圩镇总体规划，搞好圩镇基础设施建设，重点抓好街道水泥路面、供水供电、排水排污、公厕、绿化、垃圾处理等工作。1994年，全县30个圩镇总体规划修编相继完成。同时利用3年的时间对全县400个管理区（行政村）作中心村建设规划。1996年，县委、县政府引导各镇以整治"脏乱差"为突破口，在镇村开展"岭南杯"达标竞赛活动，各镇圩镇面貌有较大改观。至1999年，全县30个镇均实现"岭南杯"达标目标。至2000年，全县圩镇街道水泥路面铺设率达86%以上，圩镇建设配套设施逐步完善；412个行政村全部通公路。

2003年后，根据"生产发展、生活宽裕、乡风文明、村容整洁、管理民主"的社会主义新农村建设总目标，引导各镇、村加强对农村改水、改路、改房、改厕、改灶的投入，沿路、沿街、沿河的环境得到整治，全县农村面貌焕然一新。至2012年，全县新增绿地43.8万平方米，安装路灯2.8万盏，新建一批垃圾填埋场和垃圾池，建立"村民小组保洁、村收集、镇转运处理"的管理机制。建成华城、岐岭等镇和水寨大沙村、龙村睦贤村等25个村的示范名镇、名村。

扶贫攻坚强力推进，教科文卫体协调发展

一、扶贫攻坚强力推进，脱贫奔康步伐加快

五华于1986年被列为国家扶持贫困县和广东省贫困县后，全县人民不泄气、不松懈，以脱贫奔康总揽全局，坚持走开发治本道路，艰苦创业，发展经济，扶贫工作取得了阶段性成效。全县人民在省、市扶贫工作组指导帮助和深圳市经协办、南山区的对口扶持下，动员全县党政和社会的力量投入"温饱工程"，大力兴办扶贫经济实体。1992年，98.5%的贫困户解决了温饱，其中80%已脱贫（达到当时的脱贫标准线，下同）。但当年的全县财政收入仅为3508万元，人均财政收入仅为33.61元，远低于全市、全省水平。1996年6月仍被省列为全省特困县。省、市、县党政领导和有关部门组织工作组，年复一年到县、镇、村挂钩扶贫，帮助当地找准脱贫致富路子，支持集体和农户发展脱贫项目。1997年年底基本消灭了绝对贫困。至2000年，先后有省财政厅、工商银行、粮食储备局、保险公司、税务局、药监局、物价局、广东进出口检验检疫局和市纪委、市财办、人事局、工商局等数十批省、市直单位和100多批县扶贫工作组（队）共筹集扶持县、镇、村、户资金3.10亿元，其中有偿2.70亿元，无偿3997.32万元。中央、省、市各级先后投入扶贫资金2856.36万元，扶持69663户（次）贫困户发展经营果、药、烤烟、竹木、黄檀"五

小园" 31014个，兴办家庭加工项目2990个，兴办种养经济实体418个。1993年9月起，省委、省政府还指定深圳市南山区与五华对口帮扶。至2000年，先后接受深圳经济技术协作扶持资金9073.7万元，共发展项目55个，兴办一批经济实体和社会公益事业。2000年，全县农民人均年纯收入3198元，412个行政村村村通公路、通电话、通电、通邮、通广播电视。

在扶贫攻坚的每一轮战役中，各级帮扶单位和驻村干部与老区人民心连心、同呼吸、共命运，勇于吃苦、乐于奉献，使贫困人口大幅减少，镇村面貌发生了很大变化，群众生产生活得到有效改善。2005年，实行县领导挂点、单位挂村、党员干部挂户的扶贫责任制，人年均收入1500元以下的贫困户得到重点扶持。同年年底，全县1600户农村贫困户住上新房，490户农村贫困户危房得到改造，4.53万人告别饮水难，有22个贫困村、1038户贫困户6211人实现脱贫。安流镇红山村被国务院扶贫办授予"全国整村推进扶贫开发先进村"称号。"十一五"期间，以争当全市标兵，走在全省山区县前列为总目标，以打造油茶种植、养鸡、养猪三大主导产业为突破口，采取"五个合力攻坚"，突出打造"四类典型"，强势推进扶贫开发"双到"工作。各级帮扶单位共投入帮扶资金3.3亿元，落实发展集体经济项目352个，规划基础设施建设项目580个；68%的省定贫困村（78个）村集体经济收入达3万元以上，89%有劳动能力的贫困户实现稳定脱贫；22个村被市评为扶贫"双到"先进村，282户贫困户被评为"脱贫之星"。2012年，扶贫开发"双到"3年攻坚任务顺利完成，落实帮扶资金7.96亿元，全县115个省定贫困村集体经济收入平均达到10.03万元，贫困户人均纯收入达7078元，有劳动能力的贫困户12023户59073人全部实现脱贫，缺乏劳动能力的贫困户全部纳入社会保障，顺利通过省扶贫"双到"考核验收，并取得"优秀"等次。

二、教科文卫体协调发展，人口素质不断提高

（一）教育事业大步发展

五华历届县委、县政府充分意识到：穷县治贫重在教育。自1990年始，全县教育体制改革得到不断推进，教师队伍不断壮大，办学水平和教学质量不断提高，普通教育、职业教育和成人教育协调发展。1990—1993年，全县共筹集"改危"资金5066万元，改造校舍危房463座，新建校舍668幢，实现全县中小学校"一无二有"，并经省、市检查验收评为优秀。1992年，五华成为全省第四个、梅州市第一个通过了国家高标准扫除青壮年文盲的达标验收。1993年起，全县人民以"五华阿哥硬打硬"的精神和"勒紧裤带兴教育，砸锅卖铁筹资金"的决心，大打"普九"教育攻坚战，走出一条以政府为主、社会力量为辅，穷县也能办起大教育的新路子。至1997年，全县教育累计投入"普九"资金2.58亿元，新建初中11所、完中1所、完小4所。1997年，五华县以梅州市最高分通过省"普九"达标验收和国家教委"双基"检查复评，被国家教委评为全国"两基"工作先进县。1997—2003年，对全县中小学学校进行"改薄"，全面推进素质教育，巩固提高"两基成果"，累计投入资金1.56亿元，高质量、高标准改造薄弱学校247所，获梅州市"改薄建规"评估最高分（94.5分）。

2003—2005年，全县共投入资金13.2亿元，发动1200多位社会能人、名人挂钩帮扶535所学校，新建县中小学德育基地和县第五小学，新建校舍44.1万平方米，办学条件得到改善。至2005年，实现省一级学校1所、市一级学校13所、县一级学校53所。"十一五"期间，县委、县政府坚持"教育优先"发展战略，教育事业实现跨越式发展。全县投入22.5亿元发展

教育。新建校舍8.78万平方米，教学条件不断改善。高中阶段在校生由2005年的31622人增加到72047人，提前1年实现"普高"目标。创建广东教育强县、强镇扎实推进。2012年，扎实推进"教育强县"工作，有水寨、华城、双华、梅林、郭田5个镇"创强"工作通过省验收。全县有中等专业学校1所、普通中学58所，职业中学6所、小学363所，全县在校学生人数达217958人。

（二）科技工作不断进步

1990年后，全县不断推进科技体制改革，建立健全四级农科网络，加强与大专院校和科研单位的联系，以提高产业技术水平为目标，把重点放在先进技术的引进、试验、示范和普及推广上，先后开展"星火计划""火炬计划""丰收计划"等科技项目攻关活动，并制定优惠政策，重奖科技发明创造，改善科技人员待遇。2000年，全县有县属科研机构6个，各类协会、学会53个，初、中、高级技术人员近2万人，共获各级科技成果进步奖474项，其中国家奖4项、省级奖28项，获国家专利项目5项。进入21世纪后，全县科技创新和普及工作取得新进步，至2005年，县水保站的"广东省水土流失区高效生态农业试验研究成果"，被确认为国内先进水平；全县有79个项目获省、市、县科技成果奖，有17个项目获国家专利。"十一五"期间，全县有74个项目获国家专利，水寨、长布、岐岭、棉洋、安流5个镇被评为省级技术创新专业镇，岐岭镇双头社区被评为"全国科普示范社区"。2012年，全县有各类专业技术人员15848人。

（三）文化艺术成果丰硕

改革开放后，县有文化馆、图书馆、博物馆、电影公司、采茶剧团、木偶剧团；乡镇设立文化活动中心，行政村办起集思想教育、普及科技、传播信息、文娱活动"四位一体"的文化室，城乡人民文化生活日渐繁荣丰富。木偶戏、采茶戏、竹马舞、春牛舞、花朝戏、唢呐七盏灯、民歌、狮舞、龙舞、锣花舞、八音乐班、杂耍等近20个群众喜闻乐见的传统文艺品种得到传承和繁荣，文化艺术成果丰硕。1993年，新桥竹马舞参加梅县地区民间艺术汇演及中央电视台摄制专题片《神州百姓闹元宵》演出。1999年，县采茶剧团《补皮鞋》《俏妹子》等节目赴台湾交流演出12天，广获好评。随着人民物质文化消费水平提高，出现多元化文化市场。1991年6月，县有线电视台开播，2000年实现MMDS多路微波电视县、镇、村联网。进入新世纪后，积极开展文化先进镇创建，深入开展群众性文化活动，坚持创新办好"每月一台戏"，城乡文化基础设施建设不断加强，物质文化遗产的保护得到持续加强。2001年，五华被省政府评为广东省实施"南粤锦绣工程"文化先进县。2002年，提前完成省人大34项山区文化建设议案工程。加大投入做好境内文物的列级保护，全县辖区列入不可移动文物有309处，其中狮雄山塔、狮雄山秦汉建筑遗址、长乐学宫、李威光故居、荣槐楼、李惠堂故居、英烈庙、兰芳楼等省级保护单位8处；水寨大桥、古大存故居等市级保护单位11处；县级保护单位67处。2011年，对狮雄山建筑遗址长乐台启动新的全面勘探，揭露面积500平方米，钻探面积5万平方米，收获一批秦代晚期陶器和18枚"定揭"封泥，后该遗址被列为广东省八大遗址之一。至2012年，全县有调频广播电台1座，有线电视台1个，有线电视站16个，有线电视用户6.83万户，广播、电视人口覆盖率为98.7%。

（四）卫生保健工作成效明显

随着改革开放的深入，卫生系统进行系列整顿和改革。1990年，实行卫生经费分类包干体制。1991年，全县开始完善乡镇卫生院"一无三配套"（无危房，人员、设备、房屋配套）建设。至1995年，全县有17所卫生院基本完成"一无三配套"建设，31所医院通过省市医院分级管理评审达标验收。至2000年，全县有医院42所，其中，二甲医院2所、二乙医院2所；全县有卫生技术人员2840人，其中，中（西）医师570人、护理师245人、防疫人员127人；全县412个村均设有卫生站（所），有乡村医生和卫生员518人，每千人口有乡村医生（含卫生员和接生员）1.11人。全县医用设施配备日益齐全，医疗业务水平全面提高。

"十一五"期间，卫生事业得到快速发展。全县投入7.2亿元加快医疗卫生基础设施建设，县妇幼保健院大楼、县人民医院和华城、安流中心卫生院住院综合大楼以及县中医医院门急诊综合大楼相继建成投入使用。全县医疗服务总体水平大幅提高，卫生技术人员队伍不断壮大，医疗设备日益先进，医保网络逐步扩大，防范意识不断提高。2012年年末，全县有医疗卫生单位39个，其中县属医疗卫生单位9个、中心卫生院5个、一般卫生院25个，病床2040张；设有残联精神病院1所、非营利性综合民营医院1所；有卫生技术人员3128人（主任医师2人、副主任医师104人、主治308人、师级893人、士级1607人、员级214人）。全县有农村卫生站562个、乡村医生676人、接生员198人、保健员151人。全县参加新型农村合作医疗的人数102.99万人，全县医疗机构门急诊接收病人352.09万人次。

（五）体育事业加快发展

改革开放以来，全县坚持竞技体育与群众体育相结合，以训练工作为中心，青少年儿童为重点，全民健身为基本内容，注意打好"球王"牌，群众性体育活动广泛开展，体育设施逐步完善，体育事业加快发展。1995年被省体委命名为"广东省体育先进县"。至2000年，全县共投入1亿多元，累计建成大、中、小型足球场550个、篮球场715个、羽毛球场755个、田径场544个，实现每所中小学校均有体育场地。人口较集中的水寨、华城、横陂镇设有公共足球场，大部分乡镇、厂矿、企事业单位都有篮球场和羽毛球场。同年，五华被国家体育总局授予全国体育先进县。足球事业发展形势喜人，先后举行了"球王杯""市长杯"足球赛。至2000年，县体育代表队先后参加省级足球比赛16次、参加市级足球比赛40次、参加全国青少年足球比赛7次；向国家级足球队输送队员9人，向省级足球队输送队员8人。群众体育休闲活动有声有色，有足球、篮球、羽毛球、棋类、信鸽、门球、钓鱼，有农民、职工、残疾人、老年人体育协会等，各协会经常组织专项比赛，涌现了不少"足球世家""家庭篮球队""象棋之家"。进入21世纪后，县委、县政府积极实施《全民健身计划纲要》，加强城乡体育基础设施建设，在县城长乐公园兴建了占地2万多平方米的全民健身广场，配套和完善相应的体育健身设施。为国家、省、市培养和输送足球运动员14名。"十一五"期间，全民健身运动蓬勃发展，县每年举办"球王杯"足球赛等活动，人民群众的文化体育生活日益丰富。至2012年，结合承办市七运会，先后完成县综合训练馆、游泳场馆和水寨、河东、华城、横陂、双华镇的农民体育健身工程建设；全民健身运动积极开展，全县举办大型的足球、篮球、乒乓球、棋类、健身竞走等大型群众活动。

（六）人口计划生育工作成效显著

改革开放后，五华各级坚持党政一把手亲自抓、负总责不动摇，坚持落实人口计生目标管理责任制不动摇，坚持人口计生"一票否决"不动摇，持续多年每年四季计生集中服务月活动，人口计生工作整体水平稳步提高，全县人口增长逐步与经济社会协调发展。至2000年，全县综合节育率由1979年64.66%提高到

89.73%；人口出生率从1979年30.35‰降为2000年的12.91‰。2004年始，通过抓清理清查、抓责任追究、抓打假、抓早、抓实的办法，全面完成省、市下达的各项人口计划指标。2010年创建为省计生优质服务先进县。优生优育的生育观念逐步深入人心，至2012年年末，全县总人口为1334 985人，出生率为14.71‰，自然增长率为9.03‰。

10

第十章
加快老区振兴发展，大步迈进新时代

综合实力稳步增强，基础设施不断完善

改革开放30多年来，五华革命老区基础设施建设步伐加快，群众生活得到较大改善，经济社会呈现出良好的发展趋势。但由于地处粤东、交通欠发达，又加上受人口基数大、底子薄、基础差等自然条件及资源禀赋等因素的影响，五华这个曾经为革命作出巨大贡献的老区，与同是中央苏区的邻省江西赣州、福建龙岩等市县和梅州各县（市、区）相比，仍是典型的工业小县、农业弱县、财政穷县，加快发展的任务仍然十分艰巨繁重。面对五华在全市、全省长期处于落后位置，县委、县政府深化对县情的认识，站在区域发展的格局、背景下认真审视自身的发展，在此基础上对全县经济社会发展作进一步的系统谋划。

2013年1月，县委作出"两新两特两重点"（新型工业化、新型城镇化，特色休闲高效农业、特色文化旅游产业，以交通水利为重点的基础设施、以造林绿化为重点的生态环境）、惠民生、促和谐、强队伍的总体工作思路，出台"1+10"文件，提出以新型工业化、新型城镇化和交通水利建设为龙头，以产业发展为支撑，以优化环境为基础，以创新社会管理为动力，以改善民生为根本，以加强党的建设为保障，夯实发展基础，增强发展后劲，做大经济总量。2013年7月，中央党史研究室确认五华属于原中央苏区范围。这是五华人民政治生活中的一件大事，这不仅体现了党中央对五华在土地革命战争时期的重要历史地位的充分

肯定，告慰了长眠在这片红土地下1594名英烈的英魂，也为五华今后的发展提供了新的机遇。

2016年1月，县委、县政府为认真落实粤东西北和原中央苏区两大振兴发展政策，提出以"全力加快振兴发展、全面提升治理水平"为主线，立足"工业新城·宜居五华"的目标定位，全力构建"一核（县城中心区扩容提质步伐）两区（广东五华经济开发区、河东工业区）三组团（打造县域北部、南部以及绿色能源和生态文化旅游组团）"的县域发展新格局的战略思路。这是对"两新两特两重点"、惠民生、促和谐、强队伍工作思路的延续深化和具体细化，为推动五华加快振兴发展明确了工作重点和主攻方向。"十二五"期间，特别是中共十八大以来，在国家和省、市加快革命老区振兴发展的政策激励下，五华全县上下围绕以习近平同志为核心的党中央提出"创新、协调、绿色、开放、共享"的五大发展理念，加快观念的深刻嬗变，解放思想，牢记"一日无为，三日不安"的光荣使命，始终紧扣振兴发展主线，奋力开创革命老区振兴发展新局面，全县经济社会实现了平稳快速发展！

2013年7月，五华被确认为原中央苏区范围后，五华县委、县政府通过研究吃透、准确把握原中央苏区振兴发展相关政策，积极向上沟通对接，全力争取更多项目资金支持，为加快实现五华振兴发展提供有力支撑。一是积极争取政策倾斜。通过主动加强与上级部门的沟通对接，争取提高原中央苏区的省级财力补助标准，从2015年开始由每年1亿元提高到每年2.5亿元。中央和省、市也大幅提高社会类项目的中央预算内资金比例（中央预算资金比例从以往的30%—40%提高到80%）。通过争取政策倾斜支持，总投资2500万元的县中医医院外科综合大楼项目获得中央2000万元的资金支持，总投资1600万元的残疾人康复中心项目获得中央904万元的资金支持，中央预算内资金比例分别达到80%和56.5%。二是积极争取更多资金项目支持。2014年争取中央专项彩票公益金1000万元，用于支持革命老区双华镇矮畲村、郭田镇郭田村、梅林镇梅林村的道路和水利等公益项目建设。争取到中央预算内投资6306万元用于民生项目建设，其中县城城市供水管网漏损计量和改造工程560万元、县技工学校实训楼及购置设备项目2000万元、城镇中学建设项目400万元、县殡仪馆升级改造项目832万元、华城粮食储备仓库项目514万元、镇级污水处理设施及配套管网建设工程2000万元。三是积极争取政策性银行支持。通过加强与国开行、农发行等银行合作，争取政策性贷款支持：2015年成功申请土地储备贷款5亿元和国家专项建设基金5000万元的支持。正是在国家和省、市加快苏区振兴发展的一系列具体政策大力激励下，中共十八大以来，五华县委、县政府紧扣科学发展主线，努力克服国际经济深刻调整、国内经济发展"三期叠加"的影响，全力加快振兴发展，顺利完成"十二五"规划的主要目标和任务。主要经济指标方面，五年来均保持两位数以上增速，实现逆势上扬发展态势。2015年，全县GDP总量126.93亿元，对比2010年增长68.6%；财政预算收入5.6亿元，对比2010年增长1.8倍；固定资产投资69.94亿元，对比2010年增长5.2倍；规模以上工业增加值13.2亿元，对比2010年增长2倍。在2015年度全市振兴发展评估考核中，全县固定资产投资比增60%，增速居全市第一；公共财政预算收入对比上年增长28.8%，增速居全市第二；地方生产总值对比上年增长9.7%，增速居全市第四。2016年，全县完成固定资产投资97.2亿元，对比上年增长39%，增速居全市第二；实现地方生产总值143亿元，对比上年增长9%，增速居全市第二；一般公共预算收入6.9亿元，对比上年增长24.3%，增速居全市第一。至2017年年底，全县实现生产总值151.63亿元，一般公共预算收入8.16亿元，完成固定资产投资128亿元。

一、农业经济运行良好，特色农业快速发展

"十二五"时期，五华大力推进耕山致富，扩大优质稻、水果、茶叶、油茶等特色基地规模，推进现代烟草农业建设，完成高标准基本农田建设任务；落实各项强农惠农政策，扎实推进"一镇一品""一村一品"建设，新增一批省名牌农特产品，新发展一批省级、市级农业龙头企业和专业合作社，其中双华镇创建为市级板栗专业镇，松岗嶂有机茶叶专业合作社、富强农副产品专业合作社被评为国家级示范社；建成特色农产品展示中心，农业生产得到快速发展。2015年，全县农林牧渔业总产值49.25亿元；"十二五"期间年均增长8.4%。粮食产量基本稳定，优质稻、烤烟、油茶、南药、肉类等农产品实现大幅增长，烟叶生产保持平稳健康发展，畜牧业、水产业走上了规模养殖的健康发展轨道。"十二五"期间，新增农业龙头企业52家，其中省级9家、市级15家、县级28家。至2017年年底，全县粮食播种面积84.5万亩，总产33.28万吨；茶叶种植面积3.2万亩；种植烤烟1.16万亩，收购干烟叶3.25万担；新增农民专业合作社145家；华阳镇被认定为"省级蔬菜技术创新专业镇"，"棉洋七畲径茶""长布大田柿花"被评为"国家地理标志产品"，棉洋华顺富硒绿茶被评为"粤茶杯"特等金奖，"焕兴"金柚、"访业"三红柚、"福善楼"绿茶、"九霖"单枞茶被评为"省名牌产品"，"彩云"百香果、"云溪圣峰"茶叶等14个农产品被评为"省名特优新农产品"。全年实现农业总产值56.45亿元，比上年增长3.8%。同时，全县农村土地确权登记颁证工作基本完成。

二、产业园区扩能增效，工业经济高速增长

坚持工业立县，壮大工业经济总量，是五华老区加快振兴发展、赶超争先的"加速器"。"十二五"期间，五华围绕产业园区扩能增效目标，主动融入梅兴华丰产业集聚带建设，补齐工业发展短板，坚持发展新型工业，迈出振兴发展坚实的一步。工业园区建设和招商引资呈现新亮点。

2013年，将位于华城的五华经济开发区的区位调整至县城工业区，实现"两区"融合，并轨运行，还依托区位调整后的五华经济开发区重点规划建设广州番禺（五华）产业转移工业园，纳入省级产业园管理，享受省产业转移政策。经调整后的五华经济开发区总体规划用地面积20平方公里。至2017年年末，建成区面积扩大至7平方公里，形成"七纵五横"道路架构网络，供水供电、排污净化等基础设施不断完善，承载能力和综合效益大幅提升；进园企业累计103家（建成投产78家、在建12家、筹建13家，其中规模以上企业23家），用工人数1万人，初步形成五金机电、食品饮料、医药制造、家居建材、再生资源利用等主导产业。全年园区实现工业总产值18.1亿元、工业增加值3.3亿元、税收2.05亿元，成为壮大五华实体经济发展的重要产业集聚区和带动全县经济发展的增长极。

2014年，全面启动河东工业区建设，该园区是梅兴华丰产业集聚带的重要组成部分和桥头堡，规划总面积25平方公里，首期开发4.5平方公里，2015年全面启动首期规划建设，重点培育发展五金机电、新材料、家居建材、农副产品加工等主导产业，并重点培育发展先进装备制造业和自行车产业。至2017年年底，河东工业区完成征地466.66公顷、平整100公顷和土规、林地调整工作，以及供水供电、交通路网、排污净化等基础设施和配套服

务项目建设，全面拉开开发架构，有12个项目签约落户，计划总投资41.6亿元、固定资产投资36.8亿元。区内规划面积133.33公顷的粤台（梅州）自行车产业园全面启动开发建设。还结合交通路网条件的改善和产业发展基础，谋划启动华城、安流两个工业园的建设。与此同时，全县深入实施"乡贤回归投资兴业工程"，加大招商引资力度，落实县领导挂钩联系服务企业制度，深入开展"暖企服务"活动，扶持企业做强做大，企业增资扩产步伐加快，初步形成了以五金机电、食品饮料、医药制造、再生资源利用为主的特色产业。

2015年，全县完成工业总产值97.92亿元，"十二五"期间年均增长16.5%；规模以上工业总产值完成57.95亿元，"十二五"期间年均增长25.9%；全部工业增加值完成29.73亿元，"十二五"期间年均增长20.4%。2015年，进园企业累计达到91家，园区实现总产值53.2亿元、增加值11.9亿元、税收1.71亿元，分别比"十一五"期末增长3.2倍、2倍、5.5倍。至2017年，全年园区完成固定资产投资24.5亿元、规模以上工业增加值5.3亿元、税收1.5亿元，分别对比上年增长16.1%、30%、68%。全县工业总产值62.84亿元；完成工业增加值6.38亿元，对比上年增长1.7%，其中规模以上工业企业43家，实现总产值25.2亿元、增加值5.35亿元、税收1.5亿元。富胜实业、客都天润实现"新三板"挂牌上市，新增规模以上工业企业10家、高新技术企业2家。

三、产业结构不断优化，第三产业快速发展

长期以来，五华经济规模偏小、产业结构不合理、财政自给能力不强、基础设施薄弱的现状没有得到根本改变，在全省、全市长期处于落后位置。党的十八大以来，五华不断优化产业结

构、壮大工业经济总量、加快发展第三产业，服务领域进一步拓宽。2015年，全县社会消费品零售总额达81.53亿元，"十二五"期间年均增长10.6%；三大产业结构比由"十一五"期末的29.6：22.8：47.6调整为2015年的21.9：29.1：49，初步形成以五金机电、汽车配件、医药制造、食品饮料、再生资源利用为主的五大特色产业，客货物运输、现代物流业、房地产业等均得到快速发展；旅游业发展势头良好，益塘水库和七目嶂旅游风景区客源稳定，华城狮雄山秦汉遗址、横陂世界球王李惠堂故居和河东寨顶巷古村落保护开发工作积极推进，双龙山旅游景区一期建成开业，新丰寨农旅园、客天下文化旅游产业园红色旅游区建成开园，南沣山养生养老生态园、热矿泥温泉山庄升级改造等旅游项目加快建设。至2017年，全县实现社会消费品零售总额98.05亿元，共接待游客612万人次，旅游总收入43.7亿元。同时，现代商贸已经悄然进入苏区五华，全县建成电子商务大厦和100个阿里巴巴"农村淘宝"村级服务站，也建立了村镇银行，网上购物、销售产品的人越来越多，手机付款已成为大街小巷的时尚，小山村与大城市距离不再遥远，电子商务繁荣了边远山区的商贸市场。

四、各项基础设施建设不断完善

（一）交通公路设施建设

"十二五"期间，特别是中共十八大以来，五华县委、县政府抢抓原中央苏区和粤东西北振兴发展两大政策机遇，紧紧扭住"三大抓手"，全面实施一批打基础、利长远的项目，交通基础设施日益改善，围绕建成"外联内畅"的综合交通体系，统筹推进"四横两纵"的"两高"（高速、高铁）建设和县内交通路网的提升改造，加快建成梅州乃至粤东地区西出珠三角、南下潮汕揭的交通枢纽城市，缩短与周边发达地区的时空距离。至2015年年底，汕湛、平兴高速五华段建成通车，兴华高速五华段、琴江生态景观大道动工建设；大丰华高速五华至丰顺段、兴汕高速五华至汕尾陆河段纳入建设规划，完成了环城大道、工业大道、省道S120线河东圩镇至油田再新段公路、省道S228线华城高速出口至河东段公路、枫林至平安寺公路、热矿泥旅游专线公路等一批省、县、乡道改造和建设。同时，加快推进高速公路出口与县内主干道的连接线建设，有序推进一批县乡道路建设及2013年"8·17"洪灾水毁桥梁重建修复工作，通过交通路网的优化提升，为产业发展和公共服务水平的提升创造条件。"十二五"期间，全县高速公路从"十一五"期末的1条32.5公里增加至3条77.1公里；累计投入30.5亿元，完成6条国道、省道共118.5公里的升级改造，新建和改造18条县道、乡道以及完成550公里村道硬底化建设，镇通行政村道路全部实现硬底化。至"十二五"期末，全县公路通车里程为3246.7公里，公路密度达每百平方公里100.3公里，分别比"十一五"期末增加511.47公里和15.8公里。至2017年年底，兴华高速五华段、琴江生态景观大道实现提前通车，大丰华高速五华至丰顺段、兴汕高速五华至陆河段顺利实现全线动工，完成汕湛高速华阳互通至龙村连接线和兴华高速横陂出口至环城大道东延线段、省道S238线周江至安流段升级改造工程，国道G355线华阳至安流段、长乐大道、环城大道东延线、工业大道北延线、县道X003线金坑至龙村段、周江冰坎至华阳新田公路、郭田至双华公路等一批交通公路项目加快推进；完成160公里农村公路硬底化建设。全县基本实现镇级有站、村级有亭和有通客运班车条件的行政村通客车，客运通达率100%。全县公路通车里程3481.66公里，公路密度为每百平方公里107.5公里。

内畅外联的交通网络正在让五华的发展驶进"快车道"。

（二）水利设施建设

党的十八大以来，五华县委、县政府统筹谋划，从解决群众十分关心和期盼的民生水利问题入手，全力推进重点水利项目和民生水利工程建设，全县上下兴起水利建设热潮。2012年后，上级先后把五华列入了"中央小型农田水利建设重点县"和"广东省水利建设示范县"，争取农田水利建设资金近9亿元，分期分批推进农田水利工程建设。"十二五"时期，全县全面完成省级水利示范县121宗项目建设任务，完成了双华河、蕉州河等一批中小河流治理、小流域治理、中小型水库加固、内涝整治、机电排灌改造、小型灌区改造和2013年"8·17"洪灾水毁水利等工程建设，实施益塘水库农业综合改革示范工程项目，益塘水库引水工程前期工作稳步推进，并扎实做好益塘、桂田水库水资源保护工程。经过十多年的积极争取，梅州历史上投资最大的单体基建工程——梅州（五华）抽水蓄能电站，于2015年9月全面动工建设。一期装机规模120万千瓦，计划于2022年建成投产，装机4台，单机容量30万千瓦，设计年发电量15.7亿千瓦时，年抽水电量20.9亿千瓦时。2016年，该项目的"三洞两路"前期工程和2个移民安置区建设有序推进，启动库区大面积征地工作。全县投入4.9亿元，完成水利示范县36宗病险小型水库除险加固任务和年度"五沿"崩岗水土流失治理工程，基本完成年度16宗山区中小河流治理主体工程建设，周江、华阳、长布等5宗镇级集中式水厂全面动工建设。2017年，投入6.5亿元，全面完成18宗山区中小河流治理工程，村村通自来水工程全面启动；完成转水、双华等6宗村村通自来水主体工程；92个省定贫困村集中供水工程全面启动。革命老区及原中央苏区水土流失治理一期工程全面完工，治理崩岗39个。县水土保持科技示范园顺利通过国家中期评估考核。

（三）电力信息化建设

"十二五"期间，特别是中共十八大以来，五华扎实推进农村水电增效扩容、加快通信基础设施建设等民生项目，进一步实施农网升级改造，建设一批输变电工程和配网工程，逐步改善农村低电压和重过载问题。"十二五"时期，全县投入8400万元，建成176个基建配网工程；2016—2017年，全县投入电网建设资金2.8亿元，完成一大批电网建设工程。其中，2016年完成119个中心村农村电网改造，建成208个基建配网工程；2017年，新建或改造配变96台、台区117个，新建10千伏中压线路280.2公里，110千伏周江狮潭输变电工程基本建成。至2017年，全县有35千伏及以上变电站21座，10千伏馈线161回，公用配变2580台，供电客户数34.5万户，专用配变1324台。同时，至2017年年底，全县原中央苏区农村超高速无线局域网应用试点扎实推进，基本完成412个村设备安装调试；新增4G无线基站422个，新建光网端口4.3万个，基本实现城区、乡镇、行政村光纤宽带和4G网络信号全覆盖，城市管理逐步实现数字化。

第二节 生态文明建设稳步推进，各项事业全面进步

中共十八大以来，五华县委、县政府积极践行习近平总书记"绿水青山就是金山银山"的发展理念，立足当前、着眼长远，着力优化生态功能区空间布局、培育绿色低碳产业体系、推进林业生态工程建设，积极践行简约适度、绿色低碳的生活方式，多管齐下构建生态环境多元共治体系，全力推进生态文明建设。

一、全面加强生态环境建设

"十二五"期间，全县累计投入环境污染防治资金和生态公益林建设经费约6.6亿元，坚持环保优先方针，按照"造林就是造福，绿化就是美化"的思路，一手抓植树造林、一手抓森林防火，全面加强生态环境建设，服务绿色经济崛起，扎实推进节能减排工作，生态环境质量总体保持稳定，有效支撑了社会经济的持续、快速、健康发展。至2015年年底，成功创建"省林业生态县"，实现县城集中式饮用水源水质良好，水质达标率为100%，城镇供水水源地水质全面达标，农村生活饮用水水质合格率均达到88%以上，全年360天城市空气质量均达到国家环境空气质量二级标准；城镇生活污水处理率达39.1%，工业废水排放达标率达到70%，城镇生活垃圾无害化处理率达到40.2%。大力推进绿化造林，完成造林75.8万亩，全面完成森林碳汇重点生态工程，完成沿江沿路绿色景观廊道、省级自然保护区七目嶂、蒲丽顶森林

公园、环城大道及县城主要进出口绿色通道建设，森林覆盖率达70.2%，比2011年提高4.08个百分点，城镇绿化覆盖率达到18%，城镇人均公共绿地面积12平方米，活立木总蓄积量为748.35万立方米，林木绿化率为77.67%。同时，切实加强森林资源管护，严厉打击破坏森林资源行为，做到"营造"与"封管"并重。2016—2017年，全县继续实施"县城周边三万亩群山森林围城"工程、"公路沿线三十万群山绿化工程大行动"等，深入推进"森林碳汇、森林进城围城、生态景观林带、乡村绿化美化"等林业四大生态重点工程，两年间完成碳汇造林23.5万亩、森林抚育85.9万亩，建设生态景观林带25公里，建成乡村绿化美化工程64个。同时，全县深入抓好重点环境问题整治，综合防治大气、水、土壤污染。2016—2017年，连续两年空气质量优良率、饮用水源地水质达标率分别达98.6%、100%和96%、100%。全面推行河长制，致力打造生态秀美河湖。全县27条河流共设县、镇、村三级河长300多名。全县规划治理中小河流项目32宗，治理河长共415公里，总投资超过8亿元。

二、人居环境持续改善优化

"十二五"期间，五华坚持以"宜居五华"为目标，实施"交通拉动、项目带动、产城联动"战略，按照超前谋划、建管并重的工作思路，全力推进县城扩容提质，努力提升全县新型城镇化水平；重点实施了一批市政配套设施建设和改造提升工程，启动琴江新区3平方公里起步区建设，城乡环境得到极大改善，人居环境持续改善优化；县城建成区面积达到14.6平方公里，城镇化率由"十一五"期末的23.5%提高到31.5%。一个生机盎然、宜居宜业的新五华笑迎四方宾客。

（一）县城"扩容提质"强势推进

"十二五"期间，特别是中共十八大以来，五华县委、县政府按照建设"宜居五华"目标，围绕县城"扩容提质"的主线，大力实施"内联外通"工程，进一步拉开县城框架，扩大县城范围，改变县城面貌，资金投入之大，建设规模之高，均为县城建设史上之最。按照48平方公里、48万人口的规模，对县城重新布局，提升功能，完成县城第三次总体规划修编，做好县城中心城区27平方公里的控制性详细规划和13.5平方公里的琴江新区规划编制及重点镇规划修编。还相继升级改造水潭东路、公园路、建设南路、园新路、富强路、水寨大道、华一南路、水安路、华兴路、河东大道、大新街，建设改造下坝堤、上坝堤、水中堤、员瑾堤、澄湖堤、莲洞堤、罗湖堤、大湖堤和河东北堤，贯通衔接琴江大桥、大存纪念大桥、水寨大桥、华兴大桥、五华大桥、河口大桥及长乐大桥。陆续建成狮山公园、上坝公园、街心公园、长乐公园、老河道公园、琴江公园、滨江公园、黄基山公园、蒲丽顶森林公园一期等，建设县城河堤7.6公里，打通关键节点11个。至2017年，县城累计投入建设资金约200亿元，建成区面积达20平方公里，公园占地总面积近60万平方米（含部分水域面积），城区居住人口约30万人，城区通车里程约40公里，道路硬底化率98%，柏油路面铺装率80%；公共服务设施逐步完善，自来水普及率达95%，绿化覆盖率达39.9%。成功创建"广东省卫生县城"工作，城市精细化管理和文明水平不断提升，县城人居环境不断改善。

（二）中心镇建设上新台阶

华城、安流、龙村镇是五华的中心镇，地理位置特殊，居住人口较多，商贸比较活跃，交通比较便利，它对周边镇的辐射作用不可小视。"十二五"期间，特别是中共十八大以来，五华大力推进中心镇的"六个一"（一个可以落地的城镇规划、一片储备用地、一个有质量的住宅小区、一大批公共服务设施、一条商业街、一个政府服务节点）项目建设，引导华城、安流和龙村3个中心镇成立项目融资公司，共投入83.3亿元的用于57项基础设施项目投资，全力打造县域副中心，给镇域经济注入强劲动力。华城、安流、龙村3个中心镇城镇化进程明显加快，中心镇辐射带动能力得到有效增强。其中，华城镇有21个小项目，计划总投资约12亿元；安流镇有22个小项目，计划总投资59.3亿元；龙村镇有14个项目，计划总投资12亿元。至2017年年底，完成华城镇金山市场、前和市场、环城大道及状元大道升级改造，宝盛花园二期、南国花园等一批高品质住宅小区加快建设；完成安流镇圩镇内涝整治、司前街、省道S120线和省道S238线圩镇段改造；龙村镇圩镇农贸市场等一批市政项目基本建成。完成省道S120线锡坑、夏阜、横陂圩镇段改造；建立16支圩镇市政管理队伍，强力推进圩镇"六乱"整治，圩镇整体形象和管理水平不断提升。在此辐射作用下，全县16个镇的圩镇，到处可见高楼林立、道路宽畅、环境整洁、绿树红花，让人赞叹不已。

（三）新农村建设有序推进

中共十八大以来，五华县委、县政府围绕"生产发展、生活宽裕、乡风文明、村容整洁、管理民主"的新农村建设方针，以省级新农村示范片建设为契机，发挥示范辐射带动作用，把新农村建设与农民生产生活紧密结合，与扶贫开发工作相结合，推进农村一、二、三产业融合发展，因地制宜发展特色产业，坚持让农民成为新农村建设的主体，激发内生动力，引导村民共建共享社会主义新农村。2016年，全县农村人居环境综合整治和美丽乡村建设全面实施，重点打造了转水"益塘流域·十里水乡"、潭下"五村联动桃花源"和郭田"红色文化·金色风铃"等美丽乡村示范点，完善了镇村生活垃圾处理设施，建成一批群众休闲健身广场，实施了华城环城街、安流新兴街升级改造和横陂圩镇扩宽改造等一批街道提升改造工程。全面规范农村建房秩序，完成削坡建房边坡整治2141户。至2017年，全县完成27个县级美丽乡村示范点规划编制，河东高榕、岐岭荷梅等一批美丽乡村建设成效凸显；全域推进农村人居环境综合整治，完成35%自然村整治任务，建成转水黄龙、华城环城街等镇村生活垃圾分类中转站和转水、岐岭等镇级污水处理设施，村级污水处理设施建设启动实施；深入推进"六个一百"工程，打造了华城新一村、城镇村等良好村风民风孕育工程示范点；强力推进92个省定贫困村社会主义新农村示范村创建，完成580个自然村村庄规划编制和459个村民理事会组建，基本完成"三清三拆三整治"任务，转水镇"5+2+3"省级新农村连片示范村建设初显成效，一大批美丽的乡村呈现在人们眼前，如河东的高榕村，岐岭的荷梅村，华城的新一村、城镇村，转水的黄龙村，长布的河汉村、老禾仓村、青岗村等，天蓝水碧，美丽迷人，引来游客如织。

三、社会民生事业全面进步

（一）人口发展总体平稳

2011年，五华县户籍总人口为132.19万人，比上年增加10705人，当年出生15505人。全县出生率为12.13‰，死亡率为5.36‰，人口自然增长率为6.77‰。"十二五"期间，全县上下认真贯彻落实党中央、国务院和省委、省政府关于人口工作的决策部署，完善落实全面两孩生育政策，加强和改进人口服务管理，注重保障和改善民生，推动人口与经济社会协调发展，全县人口年均自然增长率6.2‰。至2017年年底，全县总人口为152.37万人，比上年增加7293人；男性人口793615人，女性人口730104

人，性别比108.7%；出生率17.02‰，自然增长率11.09‰。

（二）落实各项便民改革措施

一是全力推进政务服务改革。大力推进基层公共服务平台建设和"一门式一网式"政府服务模式改革，着力打造便民服务3.0版。大力推进基层公共服务平台建设，建成"1个县公共服务中心+29个镇（片区）公共服务中心+446个村（社区）服务站"，建立"前台综合受理，后台分类审批，统一窗口出件"审批模式，深化简政放权，在不改变各职能单位现有审批职责的前提下将盖章环节前移到镇（片区）公共服务中心，实现政务服务"马上办"。深化"放管服"改革，持续深化市场准入制度改革，深入推进"多证合一"改革，推进商事登记全程电子化和电子营业执照应用，持续优化营商环境。

二是深化医药卫生体制改革。全面实施"强基创优"三年行动计划和医疗卫生重点项目规划建设方案，制定出台《关于进一步推进家族医生签约服务工作的通知》，全面推广家族医生签约服务，分级诊疗逐步形成。严格执行梅州城乡居民基本医疗保险规定，健全重特大疾病保障机制，建立医疗联合体，提升乡镇医疗服务能力。制订出台《五华县医疗联合体建设实施方案》，建立双向转诊机制、业务指导和培训机制。全县公立医院取消药品加成，落实"三医"联动。

三是深化司法体制改革。制订出台《五华县落实民生实事，加强人民调解工作，健全社会矛盾纠纷化解机制工作方案》，加强人民调解规范化建设。扎实推进社区矫正规范化建设工作，加强社区矫正硬件设施建设，完善社区矫正中心功能场所建设和"互联网+村（社区）"法律顾问服务和管理制度。降低法律援助门槛，推进公共法律服务中心建设，基本形成以县公共法律服务中心为龙头、16个镇公共法律服务工作站为补充、446个村

（居）公共法律服务工作室为延伸的公共法律服务体系，实现公共法律服务县、镇、村三级全覆盖。

（三）社会民生保障水平逐步提升

五华县委、县政府始终把加强民生幸福作为经济社会发展的根本出发点和落脚点，切实保障和改善民生事业，让广大人民群众有更多获得感和幸福感，共享经济社会发展成果。

"十二五"期间，五华大力开展社保"五大险种"扩面征缴工作，全面完成城乡居民养老保险年度参保任务，实现城乡居民医疗保险全覆盖；积极抓好城乡劳动力技能培训及有序转移就业；落实双拥优抚安置，成立县复退军人服务管理中心；提高城乡低保、五保标准和补助水平，实行低保、五保医疗救助"一站式"结算；理顺敬老院管理体制；抓好殡葬改革，扎实推进县、镇两级公益性生态公墓建设；加快推进公共租赁住房和保障性住房建设；扎实做好年度"十件民生实事"。至2015年年末，全县参加城乡居民医疗保险120.88万人，享受最低生活保障困难群众61664人。全县各镇已建立农村社会保障网络。新增就业人员稳步增长，劳动关系更加和谐稳定。至2017年年底，全县参加城乡居民医疗保险人数116.86万人，参加农村养老保险人数45.71万人，参加失业保险34530人，参加基本养老保险的职工人数68 538人，参加工伤保险人数47066人，有68538名离退休人员享受社会养老保险。全县享受最低生活保障困难群众41960人，有"五保"对象4376人；发放医疗救助资金4231.31万元。

城乡居民收入逐年提升。2015年全县城乡居民人均可支配收入达12586元，其中城镇居民人均可支配收入17815元；农村居民人均可支配收入10 185元，剔除价格因素，分别比上年增长7.5%和6.1%，"十二五"期间年均分别增长12.3%、13.5%。至2017年年底，全县常住居民人均可支配收入14776元，比2016年增长

9.6%，扣除价格因素，实际增长8%。

（四）扶贫开发工作取得显著成效

五华是广东省扶贫开发重点县，历届县委、县政府始终把扶贫开发工作作为最现实、最紧要、最艰巨的民生工程来抓。2012年，顺利完成扶贫开发"双到"三年攻坚任务，全县落实帮扶资金7.96亿元，极大地改变贫困村和贫困户的面貌，全县115个省定贫困村集体经济收入平均达到10.03万元，有劳动力的贫困户12023户59073人全部实现脱贫。同年，全县扶贫开发"双到"工作通过省考核验收并获优秀等次。

2013年，五华启动实施新一轮扶贫开发工作，积极加强与帮扶单位的对接，争取更多的项目、资金扶持，加大农村低收入住房困难户住房改造、农村基层组织建设力度，着力培育主导产业、增收项目，确保103个贫困村（省定贫困村外）集体经济收入达5万元以上、贫困户稳定脱贫。至2015年年底，全县完成新一轮103个重点帮扶村扶贫"双到"工作任务，各级帮扶单位累计投入12.1亿元，落实村集体项目4706个，发展户生产项目33948个；重点帮扶村集体经济收入均达5万元以上，贫困村农民人均纯收入8843元，有劳动能力贫困户12736户62288人全部实现稳定脱贫，贫困村落后面貌得到根本改观。

2016年始，全面启动精准扶贫精准脱贫3年攻坚工作，通过精准识别贫困对象，全县有相对贫困户25433户86963人（其中有劳动能力的18079户74774人），占全市总量的44.6%，全县有16个乡镇、412个村，其中92个是省定相对贫困村，是名副其实的脱贫攻坚主战场。当年，全县坚持"精准扶贫不落一人、推动整县脱贫"的目标导向，瞄准"精准"内涵要求，撬动盘活各种资源，不断创新帮扶方式，扎实推进脱贫攻坚各项工作。各级帮扶单位投入扶贫资金2.2亿元，推进产业发展、培训就业、教育文化、医疗保障、住房改造和兜底扶贫，2.7万相对贫困人口顺利脱贫。2017年，全县精准扶贫工作深入推进，进一步完善扶贫工作例会制度和"以奖代补"机制，着重抓好产业帮扶、资产收益脱贫、农村"三变"、电商扶贫、金融扶贫、就业帮扶和"三保障"兜底帮扶，汉光超顺现代农旅园、贵澳农旅扶贫产业园、南方电网光伏发电扶贫等一批帮扶项目有效实施，全县累计下拨帮扶资金10.4亿元，计划预脱贫23137人，实际预脱贫27739人，全县已完成预脱贫人口54270人，占全县贫困人口70926人的76.5%，贫困户人均可支配收入达到8354元，为全面完成脱贫攻坚工作任务打下了坚实的基础。

（五）文教卫体事业再上新台阶

中共十八大以来，全县文化、教育、医疗、卫生事业稳步发展。积极开展送戏下乡等文化活动，成功申报一批省级非物质文化遗产保护项目和文物保护单位；狮雄山秦汉遗址被列为广东省八大遗址之一。至2017年，全县新建180个村级文化广场，实施了长乐学宫、狮雄山塔、李惠堂故居、古大存故居等文物维修保护工程。成功举办首届全国采茶戏艺术展演暨学术研讨会，五华采茶戏代表广东省参加中国戏曲文化周展演，作品《月照城乡》获得省第十三届艺术节戏曲类剧目三等奖。

投入7.58亿元成功创建"广东省教育强县"和"义务教育发展基本均衡县"，教育事业全面进步，教育教学工作明显提升。2016年，五华顺利通过"全国义务教育发展基本均衡县"国家复查验收；启动"广东省推进教育现代化先进县"创建工作，高级中学如期建成开学，县第六小学和特殊教育学校基本建成，县技工学校建设扎实推进；设立县教育发展基金，募集认捐资金1.35亿元。2017年，全县教育财政拨款18.38亿元，全县有各类中等专业学校2所，在校学生130人；普通中学53所，在校学生69941

人，其中高中学生25723人；职业中学3所，在校学生2151人；小学160所，在校学生97203人。适龄儿童入学率100%，小学毕业生升学率100%，初中毕业生升学率100%，高中毕业升学率97.6%。

加快"卫生强县"创建步伐，深化医疗卫生体制改革，县中医医院外科住院大楼建成使用，县人民医院门急诊医技住院综合大楼、精神卫生中心住院大楼、疾控中心业务大楼及安流、华城镇中心卫生院升级改造项目动工建设；19间乡镇卫生院标准化建设和360个村卫生站公建民营规范化建设基本完成。创建"全国基层中医药工作先进县"通过专家评审。计生服务管理机制逐步完善，全面两孩政策稳妥实施，人口计生各项指标实现年度目标。至2017年，全县拥有卫生机构43个、床位3338张。各类卫生技术人员3648人，其中执业医师1011人，执业助理医师1021人，其他1616人。

进一步擦亮"中国内地现代足球发源地"和"球王故里"名片，积极发展足球事业，设立县青少年足球发展基金，启动新球王人才培养工程，认真组织中甲主场赛事，积极打造文明赛场；成功承办市七运会；全面开展足球"三进"活动，成立县青少年足球发展基金，大力推动青少年足球事业发展，五华U12足球队获全国冠军并代表国家赴瑞典参加国际青少年足球赛；梅州五华客家足球队获中乙联赛冠军，成为全国首支县级中甲球队；筹资10亿元动工建设集市民健身、娱乐、文化交流和足球竞技等为一体的五华奥林匹克体育中心，成功举办美景里程骑跑挑战赛等13场大型群众体育赛事；新建改建足球场12个，获得市级以上足球比赛冠军13个。横陂足球小镇入选全国首批运动休闲特色小镇试点项目。2017年年末，全县各类注册登记体育协会23个，社会体育指导员3300人，全年组织或协助举办大型县级群众体育赛事13场次，镇级群众体育赛事10场次，校园足球三级联赛342场次。

（六）社会治理水平得到提升

"十二五"期间，特别是中共十八大以来，五华深入开展"三打两建""平安五华"建设、"社会矛盾化解年"活动，针对重点行业、重点领域和关键环节中矛盾突出、群众反映强烈的问题，集中开展整治"黑恶势力"、非法堆放经营河砂、违法占用耕地建房和非法买卖（转让）土地、镇村生活垃圾处理等"十大专项整治"行动等系列工作，深入推进"平安细胞"工程，强化社会治安综合治理，严厉打击各类违法犯罪行为。

坚持以群众工作为统领，建立健全"重心下移、关口前移、及时化解矛盾、就地解决问题"的工作机制。大力宣传新信访条例，发挥县、镇综治信访维稳中心和网上民声信访平台作用，畅通信访渠道，注重依法行政，从源头上治理信访突出问题，全面加强和改进信访维稳工作，信访形势逐年趋稳趋好。积极开展创建减灾示范社区活动，水寨镇府前、西河社区于2014年被评为"全国综合减灾示范社区"。

加快便民服务中心建设；扎实开展"一村（居）一法律顾问"工作，引导群众学法、守法、用法。加强社会建设，创新社会管理，健全社工委机构，扎实开展"三个一"示范项目创建活动，加强社会组织培育和管理，社会保持稳定。坚持抓好精神文明建设，加强公民思想道德和社会主义核心价值观的教育，积极推进文化惠民项目建设；承接落实各项改革举措，增强发展活力，优化发展环境，县行政服务中心、网上办事大厅建成启用，政府效能不断提升。

至2017年年底，五华持续推进县直机关干部回乡联村、基层服务效能提升等基层治理"十项重点工作"和消除人居泥砖危房、商品混凝土等规范城乡建管"十大专项整治"工作，不断提升城乡建设管理和基层治理水平。完成148个"平安村居"创建；完成13个原撤并镇片区管理服务中心设立工作及"一门式一网式"政务服务改革，有效解决群众"办事远、办事难"问题。全力做好重症精神病患者管控、地质灾害防治等风险防控工作，社会风险得到有效管控。深入开展"双禁双打"专项整治，并获得群众安全感调查全省第一的优异成绩。扎实推进"中心+网格化+信息化"建设，不断完善社会治安联防体系。实现农贸市场食用农产品快速检测全覆盖，餐饮单位建成"阳光厨房"1443家。全面落实安全生产责任，不断夯实工作基础。

（七）全面从严治党纵深推进

中共十八大以来，五华坚持以党建工作为引领，着力在思想、组织和作风上下功夫，深入开展科学发展观、党的群众路线、"三严三实"专题教育等活动，深入实施软弱涣散村（居）党组织持续整顿三年行动计划，健全完善镇村干部实绩考核体系，切实做好镇领导干部驻点普遍直接联系群众工作，解决联系服务群众"最后一公里"问题。加强党委中心组理论学习，定期举办"五华学习讲坛"，增强党员干部党性修养；加大干部教育培训力度，严格落实中央"八项规定"，压缩"三公经费"等一般性财政支出；认真落实党委主体责任和监督责任，注重源头防范和制度建设，加大机关作风明察暗访和干部问责力度，深化"四风"整治，强化党员领导干部"八小时以外"活动监督管理，干部作风明显转变。扎实推进惩防体系建设，强化监督执纪问责，积极开展基层党员干部违纪违法线索集中排查，严肃查处了一批违纪违法案件，党风廉政建设和反腐败工作取得明显成效。

至2017年，五华进一步落实管党治党主体责任，全面加强党的领导和党的建设；推进"两学一做"学习教育常态化制度化，严格执行《关于新形势下党内政治生活的若干准则》和《中国共产党党内监督条例》，严肃党内政治生活。认真落实新时期好干部标准，完成县、镇、村换届工作，加强干部队伍大培训，实施县直机关干部到乡镇挂职项目专员、县直干部回乡联村活动；持续抓好软弱涣散党组织整顿工作，提升基层党组织的领导力和战斗力。认真贯彻落实党风廉政建设各项规定，大力实施改进机关作风、优化政务环境"四大工程"，加强党员干部"八小时以外"生活的监督管理。落实领导干部谈心谈话制度，切实管好管住"关键少数"。扎实开展涉农领域腐败专项整治，着力解决发生在群众身边的不正之风和腐败问题。全面落实巡察机构深化改革，深入开展县委巡察工作，完成两轮12个单位和乡镇，以及92个省定贫困村的巡察工作。

踏上新征程，谱写新篇章

2016年10月20日，中国共产党五华县第十三次代表大会在县城水寨召开，大会回顾总结过去五年工作成效，谋划今后五年（2016—2021年）发展蓝图，动员全县上下进一步坚定信心和决心，铆足干劲加快发展，下大力气加强治理，围绕"一核两区三组团"县域发展格局，早日建成"工业新城·宜居五华"。

2018年，中共广东省委十二届四次全会提出建设"一核一带一区"区域协调发展新格局，明确梅州作为广东重要生态功能区的定位。中共梅州市委七届五次全会提出建设生态功能区先行地、当好绿色发展引领者。立足新的定位，五华县委、县政府主要决策者在看到自身优势和发展机遇的同时，对照省委全会提出的十个方面问题和市委全会提出的八个方面问题，直面当前县域发展存在不平衡不充分的问题，落实新发展理念，围绕"坚持生态优先、推动绿色发展"的目标方向，延续深化、完善提升目前的发展思路，把县域发展定位优化提升为"工匠之乡·宜居五华"。五华县委把"工匠之乡"提升到县域发展的高度，融入了五华深厚悠久的工匠文化精神，既符合当前的时代需求，又体现五华人"硬打硬、实打实"的地域文化精神，同时还表明了今后要把先进装备制造业、建筑行业、红木产业、石雕工艺、口腔健康等产业打造为主导产业的信心和决心。"宜居五华"的提法，既保持了发展规划的稳定性和连续性，也突出县委始终把提高群众幸福感、满意度作为工作目标的价值追求。

一、新时代的形势与任务

新时代，是五华加快发展的黄金窗口期。通过坚持不懈的努力，通过实施一大批打基础、利长远的重点项目，五华已初步具备加快发展的条件。一是发展基础实。随着交通、水利、电力等基础设施短板不断补齐，城市集聚力、辐射力不断增强，特别是随着"四横两纵"两高路网的贯通，快速综合交通体系逐步形成，五华将成为梅州交通区位条件最优越的地区之一，发展半径显著拓展。二是发展思路清晰。虽受长期贫困落后发展现状制约，但广大干部群众始终坚持不忘初心、牢记使命，以发展为第一要务，用发展的办法解决发展中的难题。特别是县委提出"工匠之乡·宜居五华"的发展定位和构建"一核两区三组团"的发展格局，已在全县上下达成了高度共识。三是发展氛围浓。通过开展党的群众路线、"三严三实"和"两学一做"等教育活动以及机关作风整顿，干部作风持续转变，全县上下干事创业氛围初步形成。尤其是通过近年来发展成效的展现，广大干部群众看到了发展的希望，增强了发展的信心和决心，从不甘落后转变到破难攻坚，从破难攻坚走向了奋勇争先。全县上下人心齐、干劲足、内生动力强劲，凝聚起前所未有的强大合力。

新时代，是五华大有可为的战略机遇期。必须准确判断当前发展形势，牢牢把握一切发展良机，乘势而上、迎头追赶。当前和今后一段时期的发展机遇主要有：一是后发优势凸显。国内经济继续呈现"四个没有变"的发展态势，创新驱动战略培育催生了一大批新业态，形成大众创业、万众创新格局，支撑经济持续增长的积极因素不断涌现。特别是随着供给侧结构性改革的深入推进，改革步伐加大、动力转换力度加强，改革红利进一步释放，将为欠发达地区后发崛起带来新的空间和机遇。二是政策红利增多。省委、省政府把推进县域经济发展作为振兴粤东西北地区的重大举措来抓，特别是省委要求进一步加强穗梅两地的产业对接和共建，这必将成为五华做强工业、推动县域经济发展的助推器。同时，市委、市政府规划建设的梅兴华丰产业集聚带，一揽子措施进入实质性实施阶段，五华"主战场"和"桥头堡"地位逐步凸显，将为产业集聚发展带来更广阔的空间。三是创业环境更优。近年来，中央和省纵深推进简政放权，赋予县级更大的自主权和决策权，不断提升政府效能和服务企业水平，不断优化营商环境，必将为五华加快振兴发展增添新动能。

新时代，五华经济社会发展的指导思想是：坚持"四个全面"战略布局，践行"创新、协调、绿色、开放、共享"五大发展理念，深化运用原中央苏区和粤东西北"两大振兴发展"政策，按照省"三个定位、两个率先"总目标和市"一区两带"发展战略，以"全力加快振兴发展、全面提升治理水平"为工作主线，围绕构建"一核两区三组团"县域发展新格局，全面深化改革，聚焦产业发展，壮大县域经济，守住绿水青山，增进民生福祉，加强基层治理，落实从严治党，努力建设"工匠之乡·宜居五华"。

新时代，五华的主要目标任务是：到2020年，力争地区生产总值突破200亿元大关，年均增长10%左右，人均地区生产总值实现1.86万元，年均增长9.5%左右；县级公共预算收入突破10亿元，年均增长15%左右；城乡居民人均可支配收入年均增长11%左右；工业总产值、增加值年均分别增长15%；固定资产投资年均增长38%以上。城乡一体化建设迈上新水平，"一核两区三组团"县域发展新格局基本形成，新农村建设水平不断提高。到2018年，相对贫困人口增收脱贫，稳定实现"两不愁、三保障、一相当"。

二、新时代的工作重点

新时代，五华将全面贯彻落实习近平总书记系列重要讲话精神，以及中央和省、市各项决策部署，在过去几年成功探索实践的基础上，不忘初心、继续前行。按照省委补齐三个短板的要求和市"一区两带"总体布局，强化"重实体、兴实业"理念，切实把经济工作重心转移到供给侧，继续以推进县城中心区扩容提质为支撑、发展壮大工业经济为引擎、构建外联内畅的快速交通体系为基础，统筹县内外资源，推动城区与乡村、县域北部与南部、工业与生态、物质文明与精神文明均衡发展，努力构建"一核两区三组团"县域发展新格局。重点要做好以下六个方面的工作：

（一）以做大"一核"为支撑，提升宜居宜业水平

围绕打造"梅州城市副中心"的目标，按照"两轴两带、三心五片"的空间发展格局，坚持规划先行、建管并重、功能优先、集约高效的原则，抓好中心城区和琴江新城建设，提升城区综合承载和辐射带动能力，以城带乡统筹发展。

高质量推进中心城区建设。突出"宜居宜业"，着力抓好市政基础设施、公共服务配套和精细化管理，不断完善功能、提升县城品位。一要突出抓好市政基础设施建设。加快实施一批影响城区通行的交通环岛、"断头路"、连接线改造，完成五华大桥、琴江大桥改扩建和客天下大桥、球王大桥、大坝大桥、犁滩大桥新建工程，加快推进布新中路、老旧小区改造配套和远恒佳教育城基础设施建设、河东北堤、犁滩堤、曲湖堤、客天下大道、球王大道等市政项目；争取海绵城市试点建设项目，推进县城地下综合管廊、防洪排涝等设施建设，夯实城区扩容提质的基

础条件。二要突出抓好公共服务配套。以群众需求为导向，大力推进生态绿化、美化、亮化和休闲健身场所提升等工程，谋划启动犁滩湿地公园、河东下坝小区、寨下坝初级中学和文化综合体等项目，稳妥推进县城建筑垃圾消纳场和垃圾中转站、公共厕所建设，配套建设学校、商场、农贸市场，以及社区养老、医疗卫生等设施，补齐公共服务短板。三要突出抓好精细化管理。加强规划管控，实行"多规合一"。坚持建管并举，加大城区环境综合整治力度，疏堵结合遏制"六乱"行为。实行专项整治和日常管理相结合，完善市政建设综合施工制度，提升市政设施、园林绿化等精细化管理水平。推进智慧城市建设，完善数字城市管理系统，加快创建"国家卫生县城"和"广东省文明县城"，提升市民群众文明素养和水平。

高标准开发琴江新城。坚持"规划一步到位、建设分步实施、实现滚动发展"的原则，以"五大工程"为突破，全力以赴加快新城开发建设。一要实施交通畅通工程。以"四纵三横"的骨干路网拉开新城建设架构，加快建成琴江大道、布新南路、西外环路、联增大道、增塘堤路等主干道路，推进番禺大道、水安路的升级改造。二要实施基础设施工程。创新市政基础设施建设管理机制，加快市场化运作，鼓励和引导社会资本参与市政管理运营。统筹抓好水电气讯等地下管网和站点建设，完善污水处理和净化系统。三要实施公共服务配套工程。加快推进汽车客运站场、民营三甲医院、中小学校、滨江广场等配套设施建设，增强城市公共服务功能。四要实施商住安居工程。树立经营城市的理念，引进有实力的房地产企业参与新城开发，支持碧桂园、奥园、华圣豪庭等高档住宅区建设，完成安置区保障性住房建设，提升城区集聚力和承载力。五要实施产业支撑工程。争取3—5年的时间，建成汽车商贸城、沿河美食一条街、足球小镇等项目，启动白石洋、东延线等重要节点板块的开发建设，实现以城促产、以产兴城。

（二）以打造"两区"为引擎，发展壮大工业经济

立足打造梅兴华丰产业集聚带的桥头堡和核心区，依托中心城区综合服务功能的提升，借助交通区位条件的改善和人力资源优势，全力办好广州番禺（五华）产业转移工业园、全力开发河东工业区，壮大工业经济总量，促进实体经济稳健发展。

全力办好产业转移工业园。围绕建设"百家投产企业、百亿产业园区"目标，深化与广州番禺的共建共享，加强产业对接、引进优质项目，打造省级优质示范园区。一要注重完善产业配套。把园区纳入县城规划管理体系，推进市政配套设施进园区，重点抓好交通路网、供水供电、排污净化、绿化亮化等基础设施和配套建设，打通园区内的"断头路"，启动生态工业小镇建设。二要注重培育特色产业。结合推进供给侧结构性改革，通过服务模式创新、财税资金引导、金融信贷支持、项目用地保障等措施，大力培育发展前景好的新兴产业、特色产业。实行一业一策，落实鼓励民营经济发展的政策措施，引导重点企业增资扩产、技改升级，培植一批对财政贡献大、带动能力强、起骨干和支撑作用的民营企业。创新运用"互联网+"，改造提升传统老工业品牌，扶持中小微企业发展，加快建设"小家电、红木家具、生物医药、酒水果汁、蔬菜加工"等园中园。三要注重提升服务管理。牢固树立"服务企业就是服务五华发展"的理念，落实领导干部挂钩服务企业责任，对企业重大项目落实专人亲自抓，提高服务实效。落实降低企业成本各项政策措施，为企业再投资、再创业和加强技术、产品、管理等方面创新提供便利。按照"个转企、小升规、规改股、股上市"思路，以搭建平台、助推项目、帮扶企业为着力点，力争5年内新增25家规模以上企业，培育5家以上企业在"新三板"挂牌，2家以上企业在证券市场主板、中小板、创业板挂牌交易。

全力加快开发河东工业区。围绕"三年打基础、五年大突破、十年大发展"目标，着力在建设规模、基础设施和项目引进上下功夫。一要加快要素集聚。树立现代园区管理理念，规范园区管理和运行机制。创新办园模式，拓宽融资渠道，吸引社会资金参与园区建设。强化园区用地、资金保障，依法依规高效推进征地拆迁，为项目落地搭建发展平台。二要加快基础设施建设。科学规划产业布局和功能服务配套，完成首期范围内油田大道、华兴东路、长乐大道等"三横一纵"的主干道路建设，推进油田小学、县人民医院油田院区改扩建工程，启动集中安置区、综合服务中心、商务中心和标准化厂房建设。三要加快项目落地建设。完善项目分期供地机制，优先保障重大项目供地。建立职能部门联席会商机制，统筹解决项目办证、融资、用工等问题。抓好已签约落户企业的建设，通过项目建设形成辐射带动效应，推动园区实现滚动发展。

全力抓好招商引资工作。主动加强与珠三角地区的产业对接，吸引一批带动能力强、集约化水平高、关联度大、综合效益强的项目落户园区。继续实施"乡贤回归投资兴业"工程，指定领导、组织专人，实行"一对一""点对点"精准招商，进一步提高招商引资的质量和效益。支持企业总部经济发展，引导有资质等级以上的建筑企业、房地产企业总部回迁并做强做大。

（三）以构建"三组团"为抓手，推动城乡均衡发展

按照"城乡一体、均衡发展"目标定位，依托镇域特色优势产业和资源禀赋，统筹推进基础设施、美丽乡村、特色旅游和生态文明建设，加快以华城工业园为重点的县域北部、以安流工业园为重点的县域南部、以梅州（五华）抽水蓄能电站库区为重点的绿色能源和生态休闲旅游片区"三组团"发展。

推进交通基础设施建设。坚持把交通建设作为产业集聚、经济发展的先行官，围绕"外联内畅、高效便捷"的目标，加快构建以"四横两纵"两高建设为骨架、干线公路为支撑、县乡道路为脉络的交通体系，争创山区交通先进县。一要保障服务高速公路建设。全力确保在建的兴华高速无障碍施工，争取大丰华高速五华至丰顺段、兴汕高速五华至陆河段尽快动工建设。激活高速公路支撑带动地方经济社会发展的作用，谋划启动8条共204.2公里的高速公路连接线建设，实现产业园区、城镇、干线道路与高速公路之间的无缝连接。积极跟进双龙高铁线路走向，争取靠拢县城并设站。二要优化提升干线公路通达能力。加快推进10条共228公里的国道、省道，10条共180公里的县道、乡道升级改造项目，争取将跨境出县的7条共329公里的地方公路升级为省道，畅通五华与兴宁、龙川、汕尾等"三市七县"之间的快捷通道。三要加快农村道路硬底化建设。加快贫困村中200人以上自然村道路硬底化建设，优先对农村乡道中较窄路面实施拓宽改造工程，方便村民出行。

推进美丽乡村建设。按照"因地制宜、科学规划、典型引路、全民参与"的基本原则，突出"环境保护、公共服务、文化休闲、乡风民风"等工作重点，打造一批望得见青山、看得到绿水、记得住乡愁的美丽乡村。一要突出规划编制。按照"保持田园风光、增加现代设施、绿化村落庭院、传承优秀文化"的理念，加快规划编制。全面规范农村建房秩序，实现既有新房又有新村。二要突出环境卫生整治。以农村生活垃圾和污水治理为重点，每年整治20%以上的自然村。全面建立农村垃圾收运处理体系和管理长效机制，重点实施以改路、改水、改厕、改造危房和美化为主的"四改一美化"行动。三要突出基本公共服务。从群众最亟须、反映最强烈的热点问题出发，通过"以奖代补"形式引导镇、村推进农村社区建设，实现小公园、小菜市场、小运动场、小医疗室、小文化站"五小"场所全覆盖。四要突出乡土特色文化。先行打造潭下镇"五村联动桃花源"、转水镇"益塘流域·十里水乡"、郭田镇"红色文化·金色风铃"、华城镇"千年古邑·魅力华城"等新农村建设示范片区，挖掘传承具有村落个性的客家农耕、民俗风情、民间游艺等传统文化资源，建设乡土气息浓郁的美丽乡村。五要突出培育乡风民风。从转变农民生活观念和生活习惯入手，通过开展"文明农户""文明家庭""身边好人""最美家庭"等评选活动，不断加强精神文明建设，引导群众践行社会主义核心价值观，营造良好的乡风民风，凝聚建设美丽乡村的正能量。

推进特色高效农业发展。坚持基础先行、产业拉动，推动特色农业规模化、产业化、现代化经营。建成一批辐射带动能力强的县级农业示范基地，培育一批有五华特色的农业行业协会和龙头企业，创新驱动推进专业镇建设。大力推进"三品一标"认证，加强农业品牌建设。实施"一镇一品"工程，打造茶叶、优质稻、油茶、柚果等具有县域特色的主导农产品，重点提升茶叶标准化生产和精深加工水平，扶持一批茶叶企业做强做大。强化农技服务、信息服务、金融服务和农产品流通、监管等体系建设，加快发展"农村淘宝"和"互联网+农业"平台，推进线上线下联动、多维立体营销。

推进林业生态建设。强化"绿水青山就是金山银山"的意识，坚持保护、修复与建设并举，厚植绿色生态优势。以创建国家重点生态功能区为契机，强化主体功能区分区管控。启动实施"公路沿线30万群山绿化工程"大行动，提升县域生态绿化水平。加快山水林田湖生态保护和修复，提升改造蒲丽顶森林公园，新建一批县镇森林公园、湿地公园和自然保护区。完善森林抚育质量监控体系，严格落实森林资源"五防"管护责任，强化野外火源管控，提高山火防控应对能力。大力发展林下经济，引导种植经济林木，实现经济效益与生态效益的"双赢"。

推进全域旅游发展。挖掘并整合山水田园风光、红色革命旧址、名人宗祠文化等资源，推动绿色能源和生态文化旅游资源深度融合发展，提升旅游产业层次和水平。以梅州（五华）抽水蓄能电站库区为核心，辐射带动周边景点串珠成链。加快狮雄山秦汉遗址保护开发，打造广东文化遗产保护亮点工程和大遗址公园建设示范品牌。整合华城城隍庙、长乐学宫、李威光故居、宗祠文化等资源，规划打造"长乐古镇"精品旅游线路。推进热矿泥温泉山庄升级改造和寨顶巷历史文化商街等景点开发建设。

推进水电信息基础设施建设。实施"琴江水变清"五年行动计划，加大水利综合设施建设管理力度。整合山区中小河流治理项目资金，打造"一河一韵、一村一景"。健全完善河道管护长效机制，完成病险水库除险加固和重点内涝区整治，建成较为完善的农田水利灌排工程体系。加强水源地保护，推进益塘水库引水工程和镇级集中式水厂建设，实现村村通自来水。加快镇级污水处理厂建设，实现16个镇全覆盖。扎实推进梅州（五华）抽水蓄能电站建设，完成库区大面积征地拆迁和移民安置工作，配合做好电站运营筹备工作。实施城乡电网升级改造工程和信息基础设施建设3年行动计划。

（四）以改善民生为根本，促进社会事业全面发展

坚持"小财政办大民生"，围绕精准扶贫、"三就一保"等重点领域，推进城乡公共服务均等化，不断提升人民群众的幸福生活指数。

抓好精准脱贫工作。注重因地制宜、分类指导，切实做到

"六个精准"、实施"五个一批"。主动加强与中直、省直和广州市、梅州市相关挂钩帮扶单位的对接，积极争取各级加大财政扶贫和金融扶贫力度，重点在产业发展、基础设施建设、医疗、教育、金融等方面进行帮扶。建立健全脱贫攻坚工作考核机制，严格执行脱贫攻坚"一把手"负责制。加强脱贫攻坚政策宣传，动员全社会广泛参与扶贫，提高贫困村、贫困人口主观能动性，形成打好打赢脱贫攻坚战的强大合力，确保相对贫困人口全部实现脱贫，贫困村全部出列。

抓好社会保障工作。探索推进城镇职工和城乡居民养老保险一体化，实现养老保险关系城乡间顺畅转移接续。强化社会保险扩面征缴，实现社会保障"一卡通"全覆盖。建立城乡一体化基本医疗保险制度。完善社会救助体系，大力发展福利慈善事业，健全农村留守儿童、妇女、残疾人、老年人关爱服务体系，鼓励民营机构参与养老体系建设。完善公共就业服务平台建设，促进就业创业信息互通互享。建立以公租房为主要保障方式的住房保障制度。加大殡葬改革和公益性生态公墓建设力度。

抓好教育文化工作。围绕创建"广东省推进教育现代化先进县"的目标，统筹优化教育资源配置，加快建设县六小、特殊教育学校、技工学校和一批幼儿园。放大"教育创强"效应，发挥"县教育发展基金"作用，激活社会力量支持参与教育事业。优化师资队伍结构，加强师德师风建设，实施"名教师""名校长"培养工程。发挥教师进修学校主阵地作用，加强教师培训基地建设。推进新媒体融合发展，加快图书馆、文化馆、博物馆等公共文化设施建设，实现镇、村基础文化设施全覆盖。

抓好足球产业工作。实施振兴"足球之乡"十年行动计划，擦亮"足球之乡""球王故里""中国内地现代足球发源地"品牌，加快足球产业发展。大力扶持职业足球俱乐部发展，加快足球训练基地、足球文化公园、球王广场建设，引导社会力量建设一批便民足球场，争取每个乡镇建设1个以上标准化足球场。依托五华客家足球队中甲联赛，办好"球王杯""职工业余联赛""校园足球三级联赛"等特色赛事，打造一批具有五华特色的足球赛事品牌。启动"人才培养希望工程计划"，争取建成一批足球特色学校、培育一批足球运动苗子。

抓好卫生计生工作。以创建"卫生强县"为契机，深化医药卫生体制改革，实施强基创优行动计划，落实分级诊疗制度，加强卫生人才队伍建设，建立健全城乡医疗服务体系。以县人民医院创"三甲"升级改造为抓手，提升各级医疗卫生机构综合服务能力；以镇级卫生院标准化建设和村卫生站"公建民营"建设为重点，完善基层医疗卫生机构运行机制，实现卫生服务规范化管理。积极创建"全国农村中医药工作先进县"，加快中医药事业发展。引导和鼓励社会资本参与医疗卫生建设，促进民营医疗机构发展。完善计划生育管理机制，全面提升计生服务水平。到2018年基本达到卫生强县要求，2020年基本建成卫生强县。

（五）以加强基层治理为切入点，营造和谐稳定社会环境

狠抓基层治理。增强忧患意识和底线思维，注重打基础、利长远、补短板，采取更有针对性、更大力度的措施，扎实推进基层治理迈上新水平。规范发展村民理事会，完善基层群众自治制度。健全基层公共服务平台和综合信息平台，推进基层治理信息化、基层服务社会化。结合"直联制"工作，狠抓镇村干部队伍管理，完善"两代表一委员"直接联系群众工作制度。逐年开展精准治理"十项重点工作"和规范城乡建管"十大专项整治"，集中精力解决群众反映强烈的热点难点问题。加大清理留用地、土地"三乱"、被征地农民养老保障等专项治理力度。理顺"三资"管理体制，健全完善惠农涉农资金长效管理机制。

狠抓社会稳定。正确处理发展与稳定的关系，深入推进平安五华建设。加大社会矛盾化解力度，开展征地拆迁、劳资纠纷、资源开采等重点领域矛盾纠纷专项治理。建立健全群防群治和社会治安防控体系。推进镇、村两级人民调解委员会规范化建设，依法规范信访秩序，强化信访维稳源头治理和积案化解，进一步控制增量、减少存量。完善公共突发事件预警和应急处理机制，提高应对突发事件和风险的能力。

狠抓安全生产。坚持"安全第一、预防为主、综合治理"方针，完善和落实安全生产责任和管理制度，持续开展以交通运输、建筑施工、危险化学品、食品药品流通等行业领域为重点的安全隐患大排查，坚决防范和遏制重特大安全事故的发生。

（六）以干部队伍建设为重点，全面提升党建科学化水平

事业发展关键在党，关键在干部。必须进一步加强和改进党的领导，提高党领导经济社会发展的能力和水平，为加快振兴发展提供坚强有力的政治保障。

强化基层基础建设。始终坚持把抓好党建作为最大的政绩，突出"书记抓、抓书记"，层层落实基层党建责任，不断夯实基层基础。完善县、镇、村三级党组织书记述职评议考核制度。加强村"两委"班子建设，实施"五强书记"工程，培育基层党组织带头人和基层党建示范典型。以落实"四议两公开"和"两联席"会议为抓手，不断创新和完善村级民主决策、管理、监督方式和参与机制。以精准扶贫工作为契机，积极开展城乡党组织互助、村企党组织互建以及农村党员"三带富"等活动，增强村级"造血"功能。把党校工作纳入党的建设总体安排，解决基础设施落后、基础工作薄弱等问题。建立党建经费投入稳增长机制，提升村级组织运转经费保障水平。动态排查整顿软弱涣散党组织，增强基层党组织战斗堡垒作用。

强化干部队伍建设。紧紧抓住领导干部这个"关键少数"，强化"有为方有位"意识，深化"一线"用人机制，优先提拔重用在重点项目建设、招商引资、信访维稳等方面勇于担当、善谋善成的干部，着力建设一支过硬干部队伍。高标准完成县、镇、村三级换届工作，注重"一把手"队伍建设。深入开展学习型党组织建设，加大干部培训轮训力度，结合"两学一做"等专题学习教育，始终把学习习近平总书记系列重要讲话摆在党员干部理论学习培训的重要位置，围绕县域经济社会发展开展专题培训。贯彻"三个区分"原则治理"为官不为"问题，探索建立改革创新容错减责机制和干部考核评价体系，激发和保护各级干部干事创业的积极性。

强化党风廉政建设。落实全面从严治党主体责任，把纪律和规矩挺在前面，贯彻执行党内"两项法规"，准确把握监督执纪"四种形态"。实行"一案双查"，强化问责追责，推动"两个责任"落实。加强执纪审查工作，保持惩治腐败高压态势。深入落实中央"八项规定"精神，持之以恒纠正"四风"，加强党员干部"八小时以外"活动监督管理，努力构建新型政商关系。加强农村集体"三资"平台和公共资源交易活动的监管，深化和落实农村两违线索排查、涉农职务犯罪预防工作，抓好人事权、执法权、行政审批权和资金分配权等腐败易发多发部位的廉政风险防控。深入开展警示教育、党规党纪教育和廉洁文化教育，努力营造风清气正的干事创业氛围。

"砥砺耕耘几载路，满程风雨满程歌。"中华人民共和国成立70年来特别是改革开放40多年来，在党中央的坚强领导和省、市党委政府的正确领导下，五华这个有着1590多名英烈的革命老区发生了翻天覆地的历史巨变，成为中华民族从站起来、富起来到强起来的一个生动缩影。站在新的历史起点上，五华人民更加紧密地团结在以习近平同志为核心的党中央周围，以习近平新时代中国特色社会主义思想为指导，大力传承和弘扬苏区精神，不忘初心、牢记使命，全力推进"一核两区三组团"发展战略，加快建设"工匠之乡·宜居五华"，以苏区振兴发展的优异成绩造福苏区人民、告慰革命先辈。

附　录

附录一 重要革命旧址

　　五华县烈士纪念碑　该纪念碑建于1958年7月，位于水寨镇祖狮山公园山顶，是五华县人民委员会为纪念在历次革命战争中捐躯的革命先烈而立。纪念碑用花岗岩石砖砌筑，平面呈四方形，立体分3层，塔状，高7.53米，基底成六角形，外围石栏板柱，占地面积约40平方米。纪念碑正面上层阴刻"烈士纪念碑"5个金字。中层阴刻革命先烈的事迹碑文，其余各层各面分别刻有浮雕艺术的松、竹、梅等以及农耕和军营生活画面。入口处阴刻对联云："忠贞树立光辉的榜样，鲜血写成胜利的诗篇。"1984年10月，经五华县人民政府公布为县级文物保护单位。1988年4月，经广东省人民政府公布为第一批重点烈士纪念建筑物保护单位。

　　古大存故居　该故居原名"金山翠秀"，位于梅林镇优河村，建于清嘉庆年间。坐西向东，灰沙夯筑墙体，悬山瓦顶。面宽七间、三进，左右各置一横屋，深21.4米、宽30.6米，前设晒禾坪，四合院式布局，为客家风格建筑。原建筑面积800平方米，大革命时期曾被国民党反动派火烧3次，现保留历经多次修复、为古大存居住过的左横屋，建筑面积222平方米。因地势低洼，常遇洪水侵袭，致使故居受损严重。2017年，五华县政府筹集资金400多万元，再次对古大存故居进行了修缮，项目内容包括：房屋各项构件，室内、室外及周边环境绿化，供水供电、卫生间、停车场等配套设施。几十年来，古大存故居一直是五华县广大人民群众和青少年进行爱国主义和革命传统教育的基地。2014年1月，被公布为梅州市文物保护单位。

东征军政治部旧址（宗圣祠）　宗圣祠，又名曾氏宗祠，位于华城镇十字街石柱塘北边，建于清末，是一座上五下五三栋结构的建筑。灰墙瓦顶，石灰地板，石砖天井，门首和上厅左右正面墙上，嵌有人物故事石浮雕。

1925年2月1日，广东革命政府举师第一次东征，讨伐军阀陈炯明部。周恩来率领革命军于3月18日奇袭五华县城华城取胜，打败了数倍于革命军的陈炯明、林虎部。东征军教导一团留守华城，教导二团继续向兴宁追击陈逆军。当时，东征军政治部临时办公地点设在宗圣祠。周恩来离开五华时，留下做编纂工作的曾扩情和一小队黄埔学生军，在此设立办事处，帮助临时民主革命政府处理日常工作。1926年11月，中共五华县特别支部在宗圣祠创设五华县农民自卫军模范队。1994年7月，被公布为五华县文物保护单位。

五华县农民自卫军指挥部旧址（百安双利屋）　该址位于潭下镇百安村，结构属一座上三下三、二横一围龙的灰墙瓦顶客家民房，建于清末，是1927年中共五华县特别支部委员陈汉才的住屋。1926年至1927年，古大存等领导的五华县农民协会办事处和五华县农民自卫军指挥部曾驻于此，并在村头的上岭和下岭各筑一座哨楼。当年，县农民协会办事处设在左横屋第一间，古大存住该横屋后边第二间。古大存在这里具体组织领导全县农民运动，开展"二五减租"，组织领导农民武装，与地方反动武装开展斗争。"四一二"反革命政变不久，县农军撤离双利屋。后该屋被国民党反动派烧毁，仅存断墙。中华人民共和国成立后，逐步修复。2010年12月，被公布为五华县文物保护单位。

黄国梁故居　该故居位于郭田镇龙潭村，建于民国初期，是土木、砖瓦结构。该楼坐西南向东北，占地面积770平方米，平面布局为二堂二横屋二伸手间，面宽三间，悬山瓦顶，条石墙基，泥砖墙身，灰沙批面，土木结构。石框门门额上阴刻"光德楼"三字。黄国梁故居于2010年8月被公布为五华县爱国主义教育基地。2010年12月被公布为五华县文物保护单位。

五华革命烈士纪念碑　该纪念碑位于水寨镇蒲丽顶森林公园内。纪念碑于2004年动工，2006年10月竣工，占地面积约1.2万平方米。三级平面共62个阶梯。纪念碑高20.6米，每级平面四周花岗岩石柱围成，周围苍松翠柏环绕。主碑正面阴刻着叶选平题写的"五华革命烈士纪念碑"名，碑座正面刻有碑志，背面刻有1594名烈士芳名。2009年被梅州市公布为爱国主义教育基地。2010年12月被公布为五华县文物保护单位。

中共五华县委诞生旧址（庵子塘）　该址位于梅林镇琴口村，坐东南向西北，占地面积138平方米，二进深、三开间，夯墙，原为木桁桷悬山瓦顶建筑，现改建为钢筋混凝土结构。1927年8月，中共东江特委派巡视员刘琴西来五华，主持改组中共五华县特别支部，在该址成立了中共五华县委员会。曾勖为书记，卢觉民负责组织，李国光负责宣传，古大存负责军事，宋青、李斌、魏挺群、古云章、刘志英、古日晖、廖厚岳、陈笑眉、张国英等为委员。1928年，宋青、古大存、李斌、贺民教等曾驻于此，领导五华人民与封建地主武装进行革命斗争。

五华县人民政府成立旧址（福庆楼）　该址位于周江镇冰坎村寨下，为典型的客家民居，面宽五间，两栋，左右各一幢横屋，条石、青砖墙体，悬山瓦顶客家民房。面积约720平方米。1949年2月，中国人民解放军粤赣湘边纵队东江第二支队第四团和闽粤赣边纵队第二支队独立第三大队相继进军五华，在五华地方党组织、武工队和民兵的密切配合下，铲除了各地地方反动武装，相继解放了全县大部分乡村，并普遍建立了乡村人民民主政权。在此形势下，五华县人民政府于5月中旬在周江镇冰坎村宣告成立。县长为魏麟基，副县长为张日和。机关驻地福庆楼。2010年12月，被公布为五华县文物保护单位。

五华县农民自卫军模范队训练基地（梅冈寺）　该址位于梅林镇梅林中学校园内，是一座上三下三、四合式，石灰砖墙，木桁桷瓦顶建筑。原为清代寺庙，前建有一青砖砌筑的"可喜塔"，又称"奎文阁"，6角3层，高约11米。1925年4月，梅林乡农民协会在甘家祠成立，后迁至梅冈寺。1926年11月，五华县农民自卫军模范队在梅冈寺设立训练基地，培训农军骨干，提高农民自卫军武装斗争力量。1930年4月，五华县第八区苏维埃政府在梅冈寺重建。抗日战争时期，五华县重建中共地方组织后，派出中共党员以梅冈寺为据点，开展革命活动，发展党组织，于1939年6月建立了中共五华县第三区（上山区）工作委员会。

五华县第一个乡苏维埃政府成立旧址（文高公祠）　该址位于龙村镇睦贤村，始建于清初，至今有400多年历史。2005年重修。结构为砖墙琉璃瓦建筑，正面瓦顶有一对陶瓷制成的"双龙戏珠"，建筑面积约200平方米。1927年12月中旬，中共东江特委军委书记颜昌颐来到五华检查农运工作期间，指示五华县委组团到海丰学习苏维埃政权建设经验。同月22日，县委根据指示，组织五华部分党员、农军武装骨干、农会干部共204人从紫金县炮子圩出发，赴海丰参观学习。10天后，参观团成员回到第八区睦贤村，根据海丰的建政经验，立即分头深入到各村寨宣传苏维埃政权，张贴布告，着手开展筹建苏维埃政权工作。1928年1月6日，睦贤乡苏维埃政府成立，办公地址设在文高公祠。这是五华县第一个乡苏维埃政权。

中共东江后方特别委员会机关驻地旧址（石灰坝）　该址位于长布镇福兴村，是中共东江后方特别委员会机关驻地旧址。1946年3月，由于驻在河源宁山根据地的中共后东特委机关时常遭受国民党反动派的"扫荡"，特委机关人员及其《星火报》、电台等财产安全受到威胁，决定从河源白云嶂转移到五华县大田石灰坝。后东特委书记梁威林、组织部部长钟俊贤、宣传部部长黄中强、武装部部长郑群、秘书长兼青年部部长卓扬等领导人以下70余人驻宿在该村骏兴楼、经华楼等群众家里，《星火报》编辑部设在大夫第屋内，无线电台联络设备则架设在光润楼。6月，特委机关大部分参加东纵北撤，钟俊贤带领大田石灰坝武装人员隐蔽活动于紫（紫金）五（五华）边，继续领导后东各县开展武装斗争。

红军标语群旧址（良贵楼、体璋楼）　该旧址位于郭田镇布美村。1929年10月，东江红军总指挥部成立，总指挥古大存直接指挥的东江红军（1930年5月改称为中国工农红军第十一军）第四十六团驻扎在八乡山地区。该团和随营军校的官兵曾活动在五华县郭田镇布美村，军机关指挥部和军校设在良贵楼。驻扎期间，在良贵楼和体璋楼内外墙壁上写下数十条标语口号。主要内容有"全东江青年群众武装起来！""实行武装大暴动！"等。署名有"红军""红军二大队""红军军校"等。这是在五华县境内发现的最为集中的一处红军标语。

曾国华故居　该故居位于岐岭镇凤凰村，始建于清咸丰三年（1853），是土木、砖瓦结构，为三堂两横建筑，坐南向北，上五下五间，正屋三栋三横屋间，属传统客家民居，全屋占地面积约1200平方米，有房子40间，门坪约200平方米。2006年，曾国华故居曾进行全面维修。2010年12月，该故居被公布为五华县文物保护单位。

革命历史遗物、文献、歌谣

一、革命历史遗物和文献

（一）广东工农讨逆军第七团团队部印章

该印章为木制印章，原件藏五华县博物馆。印章字为"广东工农讨逆军第七团团队部"。1927年蒋介石在上海发动"四一二"反革命政变后不久，广东工农革命军改为广东工农讨逆军，东江地区的工农革命军为东路军，由彭湃任总指挥。古大存领导的五华县工农革命军编为第七团队。

广东工农讨逆军第七团团队部印章

（二）五华县第七区葵沙乡苏维埃政府印章

该印章现存于中国国家博物馆，编号为GB20259。1928年，五华县第七区葵沙乡苏维埃政府成立。当时，苏维埃政府行使职权时使用的是五华县第七区葵沙乡苏维埃政府印章。

五华县第七区葵沙乡苏维埃政府印章

（三）五华县第八区扬塘乡苏维埃政府模范队队旗

五华县第八区扬塘乡苏维埃政府模范队队旗

该队旗原件藏五华县博物馆。1925年5月28日，五华县农民协会成立后，组建县农民自卫军。后农民武装队伍扩充为县有大队、区有中队、乡有小队。1926年10月，五华县农民自卫军模范队在华城宗圣祠成立。1928年1月苏维埃政府诞生以后，五华各区乡农民自卫军模范队改称苏维埃政府模范队。

（四）闽粤赣边五兴龙苏维埃政府印章

该印章现存于龙川县博物馆。1929年3月，东江特委派刘琴西到龙川大塘肚主持召开五兴龙县工农兵代表大会，成立闽粤赣边五兴龙县苏维埃政府。该印章为领导五兴龙苏区农民实行"二五减租"、土改分田等运动时行使权力的印章。

闽粤赣边五兴龙苏维埃政府印章

（五）五兴龙分田花名册

该花名册现存于龙川县博物馆。1929年3月，五兴龙苏维埃政府成立后，领导农民开展分田运动，《大塘肚乡农会分田花名册》是当时农民分田依据。

五兴龙分田花名册

（六）五华县农民协会委任状

该委任状原件存于黄汉庭（烈士）后裔手中。五华县农民协会成立于1925年5月28日，1928年2月17日国民党军"驻剿"五华后，县农协仍行使职权。

二、红色歌谣

1925年，广东国民革命军两次东征到五华，给五华播下了革命火种，推动了五华农会和中共地方组织的诞生。在中国共产党的领导下，五华农民开展了如火如荼的农民运动。开展"二五减租"，建立苏维埃政权，创建了八乡山、五兴龙革命

五华县农民协会委任状

根据地。在创建根据地的过程中，党组织创作并采用通俗易懂、脍炙人口的歌谣，宣传革命，唤醒群众，起到了很好的引导作用。这些耳熟能详的革命歌谣，至今仍流传于五华人民群众中。

颂农会

农民协会是救星，组织起来救农民。
农民有了自己会，自有力量杀敌人。

革命成功郎还乡

情郎参军喜洋洋，锄头换上驳壳枪；
戴上红十一军帽，走起路来气昂昂。

当红军，气昂昂，情郎出征上战场；
嘱郎英勇杀白派，杀尽白派有春光。

妹在家，嘱情郎，一心革命共心肠；
家中担子妹挑起，耕田种作侍爹娘。

郎出征，妹送郎，妹在灯下绣衣裳；
衫中绣上七个字：革命成功好还乡。

手擎红旗闹革命

一条大路曲弯弯，一直透到八乡山，
手擎红旗闹革命，要为穷人把身翻。

村里设立苏维埃

村里设立苏维埃，穷人唔再头低低，

讲起话来有人听，衣食住行有安排。

共产唔行唔自由

山歌唔唱唔风流，猪肉唔煎唔出油，
黄麻唔打唔成索，共产唔行唔自由。

红军一到就分田

红旗映红一片天，村里群众笑连连，
斗了恶霸斗土豪，红军一到就分田。

山上有个万大来

念目山上有石堆，山上有个万大来，
一支驳壳山上守，百万匪兵唔敢来。
大来队长真煞猛，手拿驳壳打出名，
一人守住长塘坝，一枪打敌万九零。[①]

注：①长塘坝是地名，万九零是人名。

妹送阿哥进八乡

今日阿哥别娇容，十分唔奈家里穷，
矛食矛着矛要紧，财主迫债迫得凶。

妹送阿哥进八乡，莫痛心肝莫痛肠，
一心跟着共产党，杀绝白派正回乡。

农会想事为穷人

实行共产主义真，农会想事为穷人，
团结起来斗土豪，同心合力打劣绅。

注：大革命时期，中共五华地方组织针对农民文化程度普遍不高的情况，采取了形式多样的政治宣传方式，组织人员创作了大量的革命诗歌来鼓动农民群众。以上这些佚名的革命诗歌唱读起来朗朗上口，通俗易懂，曾广泛流传于五华人民群众之中。先进的革命思想理论就这样通过灵活多样、简单明了的形式，植入农民的头脑之中，成为工农革命群众行动的思想指南。

自有云开见日头

古大存

农民兄弟唔使愁，自有云开见日头，

革命总有成功日，烂屋烧掉住洋楼。

注：1928年2月，国民党军黄旭初部"驻剿"五华。轰轰烈烈的五华农民革命运动遭到国民党的严重摧残，许多村庄片瓦不留。该诗为安定人心、鼓舞士气、鼓动革命必胜的信念而作。

莫使萌芽再蔓延

古大存

犁却大田并湖田，罗经坝内凯歌旋，

必须斩草连根拔，莫使萌芽再蔓延。

注：1927年9月，古大存率1000多五华县农军进攻棉洋罗经坝反动武装，歼敌500多名，取得胜利。1928年1月22日，又击败以龙村塘湖钟问陶为首的五华县地方反动武装"讨赤团"。农军士气高昂，声威大振，古大存不禁诗兴勃发，写下此诗。

接马刀

古大存

殷殷刀上血，深深战友情，

嘱托何凝重，敢不轻死生？

注：1927年12月28日，古大存率五华参观团204人赴海丰学习苏维埃政权建设经验。到达海丰，彭湃邀请古大存到他家里座谈，并向古大存赠送一把大马刀，勉励他将革命进行到底。古大存接过马刀，即席赋诗表达对革命的决心。

万钧重任我担当

古大存

自怜非蠢亦非狂，战事输赢孰可量，
本为斯民除痛苦，敢将败北怨存忘？
梅开雪岭何知冷，剑伏丰城①愈见芒。
同志坚持心铁石，万钧重任我担当。②

注：①丰城，指丰顺县城汤坑。

②此诗是1933年秋，古大存担任东江游击总队政委时所作。

驳"劝降诗"

古大存

幼习兵戎未习诗，诸君何必强留题。
江南美味你先食，塞北寒风我自知。
解带结缰牵战马，扯袍割袖补征旗。
雄师百万临城下，且看先生拱手时！

注：此诗作于1934年冬。当时古大存在大南山活动，见一块大石上写有一首规劝自己投降的"劝降诗"，顺手拾起一块木炭，在旁边写这首《驳"劝降诗"》。

依旧高飞压众禽

古大存

一日离家一日深，犹如孤雁宿寒林，
他年振起凌云翅，依旧高飞压众禽。

注：此诗作于1928年夏，五华革命转入低潮，古大存带领坚定的革命志士走上八乡山，开辟新的革命根据地，在途中作此诗志怀。

劝农友入会歌

古大存

工农苦，工农苦，我们工农真辛苦，

每日有做矛好食，做到总归大地主，

工农们！快起来谋出路。

注：1928年5月，古大存在八乡山苦仔溜崖山里，成立第一个贫农自救会时，在会上向农友们唱此歌。

慰问大塘肚革命群众和缅怀先烈

古大存

慰群众、悼先烈

红旗卷起大塘肚，白犬唾争二八秋，

多少英雄洒热血，万千烈士掷头颅。

青山郁郁仇当雪，流水潺潺恨未休，

芳史留名千古仰，忠魂不朽耀神州。

缅怀先烈

为挽狂澜不惜躯，让君先步树标旗，

追随骥尾中前进，愿向疆场血染衣。

慰大塘肚群众

南北战云任纵横，好随革命唤呼声，

妖魔荡尽升平日，雨过群山万卉春。

勉励干部和武装同志

革命品行要自高，封资莫染作英豪，

心猿意马须当警，婉话悬河舌似刀。

注：1930年9月，闽粤赣五兴龙苏维埃政府所在地大塘肚遭五兴龙三县反动武装"围剿"，伤亡惨重。古大存亲率一名黄姓医生到大塘肚看望慰问伤病员和苏区群众。此时他作诗四首勉励大家。

忆庵子塘

曾天节

庵子塘前建党时，英豪飞跃齐奔驰。

抛头浴血寻常事，但愿寰宇树红旗。

风霜雨雪志难磨

古公鲁

漂泊频年大坎坷，风霜雨雪志难磨。

一肩任务千斤重，都为工农解放多。

注：此诗是古公鲁1930年所作，题目是编者所加。

人生到处有青山

古宜权

丈夫立志出乡间，功未成时誓不还。

埋骨葬身何计地，人生到处有青山。

战地山歌

张剑珍

一劝白兵农友们，八宝炉前分金银，

白军打仗为财主，红军打仗为农民。

二劝白兵你爱知，红军战士唔好欺，

赖哺鸡麻唔晓醒，再打阎王会等你。

三劝白兵爱想清，红军处处救穷人，
打下江山众人的，自由平等有翻身。

四劝白兵齐起来，工农团结正应该，
齐心合力打地反，实行共产幸福来。

五更叹
张剑珍

一更叹，坐监牢，如今变成笼中鸟，
爱割爱杀矛要紧，为了革命心一条，
唔怕刑场去过刀。

二更叹，火烧天，剑珍革命意志坚，
杀头涯话风吹帽，坐牢涯话嬲花园，
要为穷人出头天。

三更叹，想红军，红军来了救穷人，
涯愿红军打胜仗，红旗飘飘扫乌云，
保佑红军万年春。

四更叹，涯家庭，国枢①时刻念剑珍，
亲人受难莫流泪，跟着红军杀敌人，
杀尽白贼正太平。

五更叹，天就光，又想红军古团长②，
培养剑珍教育好，党是涯计亲爷娘，
视死如归跟着党。

注：①国枢，即胡国枢，时任中共五华县委委员、第七区委书记、中共五兴龙县委组织部部长，1934年牺牲。

②古团长，即古宜权，时任东江独立师第二团团长。

白花谢了开红花

张剑珍

人人喊涯共产嫲，死都唔嫁张九华①，
红白总要分胜负，白花谢了开红花。

注：①张九华，国民党五华县警自卫大队大队长。张剑珍于1931年6月被捕后，匪首张九华对她百般折磨，逼其就范，但她坚贞不屈，就义时昂首高歌，令敌胆寒。

死到阴间心也凉

魏　嫲

又吹号筒又拿枪，喇多士兵来送丧，
喇多官员做孝子，死到阴间心也凉。

越杀革命势越强

万大来

虎落平阳受犬欺，竹枷麻索绑身躯，
乡亲相见莫流泪，革命成功在后期。

农民兄弟爱分相，莫怕斗争出外乡，
反动唔系铁打介，慢慢杀他总会光。

农民莫怕敌风狂，记住反动派恶心肠。
莫怕敌人乱烧杀，越杀革命势越强。

就义歌

曾国华[①]

自家作事自家当，铁打锁链涯敢扛。

红军是只硬骨汉，刀山火海也敢上。

注：①曾国华（1904—1927），又名曾金进，周江镇中兴村人，中共党员。1925年参加文兴乡农民协会，任农会会长。1927年4月在横陂被捕惨遭杀害。

紧急出动到梅林

古清海

我们农军很热心，半夜出发上梅林。

服从命令听指挥，杀绝敌人有翻身。

农会领导分田庄，要分田地上战场，

誓死向前不退却，反动不杀无安康。

注：1927年12月27日，中共五华县委发出十万火急的命令，全县赤卫队要在28日早晨5点钟前到达梅林集合听命出发。古清海接到命令，立即集合第七区（安流）竹园、葛塘、塘头寨等乡赤卫队员200多人，星夜出发到梅林。这是古清海带领赤卫队员行进中所唱出的两首山歌。

主要革命人物

古大存（1897—1966），字永鑫，号斛咸，梅林镇优河村人。古大存是早期农民运动的组织者。在五华创建了乡、区苏维埃政权，实行土地革命。

1924年，古大存从广东公立法政专门学校毕业，同年加入中国共产党。1925年2月，他奉命在东征军张民达师担任战地政治宣传负责人。第一次东征胜利后，奉党组织派遣，回到五华工作，任中共五华特支委员。

1928年春，古大存在五华、揭阳、丰顺三县交界的八乡山区，开辟新根据地，开展武装斗争。后任东江红军总指挥部总指挥、中共东江特委常委、军委书记等职。1930年5月，古大存被选为东江苏维埃政府副委员长，任中国工农红军第十一军军长。1931年，他当选为中华苏维埃共和国临时中央政府执行委员。1934年年底，东江苏区只剩下大南山一块立足地。这时古大存调任东江特委常委、政治保卫局局长。1935年，撤出八乡山，辗转到大埔山区秘密活动，保存革命种子。全民族抗日战争爆发后，任中共广东省委常委、统战部部长。1939年，古大存作为七大代表率领南方代表团赴延安，参加了整风运动，因他敢于联系实际，开展批评和自我批评，被毛泽东誉称为"带刺的红玫瑰"和"一面斗争的旗帜"。1943年任中共中央党校一部主任。1945年出席中共七大，被选为候补中央委员。后奉命转战东北，先后任中共中央晋察冀局党校校长，中共中央东北局西满分局常委、秘书长，中共中央东北局委员、组织部副部长，东北行政委员会交通部部长。中华人民共和国成立后，先后任广东省人民政府副主席、副省长，广东省政协副主席，中共中央华南分局常委、副书记、第一副书记，中共广东省委书记处书记，中共七大、八大候补中央委员，全国人大常务委员会委员等职。1957年后，古大存被错划为"地方主义反党集团头子"，1966年病逝。1983年2月，党中央给予改正。

曾国华（1910—1978），曾用名玉泮，岐岭镇凤凰村人。1924年离开家乡五华参加北伐战争，1931年参加红军，从此走上革命道路，历任红一军团十一师战士、班长、排长。1932年加入中国共产党，1934年参加长征，担任东渡黄河开路先锋。1936年5月起任红一军团五团副团长、团长。抗日战争时期，随八路军转战晋察豫和山东各地。解放战争时期，历任山东解放军第三师副师长、东北民主联军第七旅旅长、东北民主联军第三纵队副司令员、东北军政大学教育长。1949年10月后，历任陆军第十三兵团、十五兵团参谋长，广西军区副司令员，陆军第四十九军军长。1951年11月任空军军长。1954年后，历任东北军区、沈阳军区空军副司令员、沈阳军区空军司令员。1955年被授予中将军衔。1968年12月至1971年9月，任中国人民解放军空军副司令员、空军党委常委。曾国华戎马一生、身经百战、出生入死，先后经历了北伐战争、中央红军反"围剿"战争、长征、抗日战争、解放战争，参加了东渡黄河、平型关大捷、郯城大捷、四保临江、广西剿匪、抗美援朝和人民空军的创建，南征北战40余载，革命足迹遍布祖国的大江南北，经历大小战役100多次，多次负伤。1955年9月，获二级八一勋章、一级独立自由勋章、一级解放勋章；1969年4月任中共九届中央委员。

黄国梁（1894—1927），字胜亚，号彩莲，郭田镇龙潭村人，是中共早期的党员，马列主义的传播者，五华县第一个中共党员，革命家古大存同志的入党介绍人，五华革命的先驱人物。

少年时在家乡诚正小学、梅州中学读书。1920年秋，考取广东省第一甲种工业学校染织科学习。1922年加入中国共产党。黄国梁于1924年任广州工团军军需主任，继而在中共广东区委负责财经工作，并在省港罢工委员会办事处和广州码头工会兼任职务。1927年"四一二"反革命政变后，黄国梁临危不惧，千方百计保护党内文件、经费，帮助中共广东区委安全撤往香港。同年5月，中共广东区委决定，策动驻兴宁县城的国民党军十八师宋世科团营长古怀率部起义。黄国梁带宋部古营长的密令赶到兴宁，不幸被捕，受害于兴宁。

古宜权（1906—1932），字克灵、健愚，梅林镇优河村人。1924年考取黄埔军校第三期。同时加入中国共产党。同年10月，参加东征。北伐战争时，任第三路第三军团部党代表。1927年回到五华，在县农军教导队任教官，后任队长。1928年年初，古宜权随古大存奔赴八乡山根据地。1929年，古宜权出席了中共五华县第一次代表大会。6月，中共东江特委成立红军四十六团，古宜权曾任团长，屡立战功。1930年，东江第一次工农兵代表大会宣布成立中国工农红军第十一军教导团，古宜权任团长。同时在成立的东江苏维埃政府，古宜权当选为执行委员会委员。1931年，东江军委将红十一军改编为东江红军独立第二师，古宜权任第二团团长，活动于潮普惠一带革命根据地。1932年11月，古宜权被国民党张瑞贵部突袭，身受重伤，弹尽援绝，遂饮弹牺牲。

古汉忠（1909—1934），梅林镇优河村人。1925年夏，参加优河村农民自卫军。1927年，调五华县教导队当班长。1928年1月，加入中国共产党。同年参加梅县畲坑暴动，历任五华县第十一区（今兴宁市宋声镇）区委书记、五兴龙县苏维埃政府常务委员，五兴龙兵工厂厂长、江西省会昌县团委书记。1932年冬，受命回五兴龙边区开展游击战争。1933年春，任兴龙县委委员兼兴龙县游击队总队长。在闽粤赣边区游击纵队司令员罗屏汉、兴龙县委书记蔡梅祥领导下，率领游击队活动在兴宁、龙川、五华边境地区。1933年冬，配合赣南游击队，先后烧毁广州经龙川至五华县三多齐公路木桥、龙川通衢鱼子渡公路木桥等4座桥。致使龙川至兴宁、寻乌一线车辆中断，打乱国民党军的运兵计划，减轻中央苏区腹部的压力。此举，获得时任中央军委总参谋长刘伯承的撰文表彰。1934年8月17日，古汉忠和队友在龙川县冷水坑遭敌300余人围攻。因弹尽援绝，全部战士壮烈牺牲。古汉忠时年仅25岁。

魏挺群（1908—1934），原名魏其英，横陂镇华阁村人。父亲魏寅彬，母亲早逝，兄弟5人中他为长。年幼时在家读书，从县立二中初中毕业后，于1923年8月考入梅县东山中学。1925年春夏间，在粤东农民运动讲习所学习一个月后，受党组织派遣到平远县担任国民党县党部农民部部长，领导平远县的农民运动。1926年秋，奉命从平远县调往惠阳县担任团县委书记兼淡水镇团委书记。以教书职业作掩护，开展革命活动。1927年5月，加入中国共产党。1927年7月，魏挺群（改名魏英）回到五华，担任共青团五华县委书记。1928年春，五华苏维埃政权在各地逐步建立起来，任第六区（横陂）苏维埃政府副主席，领导横陂农民打土豪、分田地斗争。1928年2月，中共五华县第一次代表大会在八乡山召开，他担任大会秘书工作。1930年冬，根据组织安排，魏挺群夫妇调往中央苏区福建省工作，于1931年年初辗转到达闽西党政军群领导机关所在地福建省永定县虎岗乡，任中国少年共产党（简称少共）闽西特委宣传部部长，主持特委团干训练班工作。1932年，调往江西瑞金苏区共青团中央局工作，协助主编中央苏区共青团《青年实话》刊物。1933年至1934年10月间，曾任共青团中央秘书长、宣传部副部长。1934年10月，中央红军长征后，魏挺群留在中央根据地，在陈毅领导下开展游击战争。1934年冬，肃反扩大化时被错杀，时年26岁。1984年被平反，恢复名誉，追认为烈士。

曾伯钦（1902—1930），又名曾桂香，周江镇中兴村人。1922年毕业于安流三江中学。1925年冬赴海丰县参加彭湃主办的军事学校学习。1926年，曾伯钦毕业后回到家乡从事农运工作，同年10月任五华县农民自卫军常备大队（2000多人，有枪600支）大队长。他在古大存领导下，积极支持各地农民打击地主豪绅的斗争。同年11月，他参与带领农民自卫军在华城附近与地方反动武装张九华部的战斗，并一鼓作气把张九华部赶到双头，给敌人以沉重打击。1927年春，曾伯钦带领农民自卫军1个中队驻扎在潭下百安，遭到国民党军宋世科团和地方反动武装1000多人的包围，战斗从上午打到下午，自卫军弹尽援绝，在敌人包围圈越缩越小的险恶形势下，他带领农民自卫军，杀开一条血路突围出来。在此次战斗中，曾伯钦右手掌负伤，造成3个手指残废。负伤后，曾伯钦回到家中，仍坚持斗争，成立了农会。1927年"四一二"反革命政变后，曾伯钦组织农军协助古大存率队攻打封建地主阶级老巢——安流对镜窝，生擒并处决反动首恶。1928年2月17日，国民党军"驻剿"五华，曾伯钦避走他乡，沿着古大存的足迹辗转到达八乡山，开辟根据地。后派往五兴龙游击大队任职，1930年率五华工农武装参加江西寻乌县的澄江战斗，后在作战中阵亡，时年28岁。

巫素怀（1906—1931），原名巫策勋，河东镇浮湖村人。1927年10月加入中国共产党，从事水口区农运宣传员。1928年5

月，走上八乡山，不久受县委派遣潜回第四区（水寨）油田乡开展恢复组织工作。1929年2月任中共五华县委委员、五华县第五区（河口）特派员。1930年4月任中共第八区委书记。8月到紫（紫金）五（五华）边境开展工作。1931年夏，在第八区建立了一支有20多人组成的驳壳队，活动在龙村、华阳、梅林等地，先后在大拔、睦贤、龙村、洋高洞、小拔等地镇压了多名当地反动首恶。1931年冬，在第八区从事革命活动时被擒，后在华城镇雷公墩英勇就义，时年仅25岁。

古公鲁（1884—1931），又名古春林，在八乡山活动时改名韩伯，梅林镇优河村人。1909年在广州法政学校毕业后，在东南亚加入同盟会，跟随孙中山从事革命活动。1910年担任陆军第五旅第九团第三营营长。1911年4月27日，古公鲁率300余人参加黄花岗起义，攻打省总督衙门。随后被授命为广州西路大将军。同年8月，组织五华300多名勇士施计攻陷潮州府，建立潮汕绥靖公署。此后，他屡立战功，先后被任命为东（东莞）增（增城）绥靖公署主任、三水县推事、海丰县检察。1924年，"建国粤军"第二师成立，叶剑英任命古公鲁负责募兵和兵运工作。

1927年"四一二"反革命政变后，古公鲁任广东省肃清反革命委员会五华分会及五华县革命委员会（暴动委员会）主席。同年12月，五华县委组织年关（丁卯年）大暴动，古公鲁任五华县行动总指挥，并取得了暴动的胜利。1928年春，国民党黄旭初军"驻剿"五华，黄军悬赏1万两白银交换古公鲁的头颅。未果，便把他的房屋连同附近塘背寨村庄烧得片瓦不留。面对强大的敌人，他奔上八乡山，并加入了中国共产党。1930年5月1日，中国工农红军第十一军在八乡山滩下庄屋坪成立，古公鲁任红十一军军需处处长。负责为军部筹备粮食，购置枪械、药物，设立兵工厂、医院等后勤保障机构。此后，他随古大存三次攻打潮安，转战五华的梅林、安流、虎石、郭田等地，接着，攻打梅城、丰良、留隍、潮安猪屎溜等地，历经大小数十战，为建立苏维埃政权、实行土地革命作出了贡献。1930年冬，广东军阀陈济棠派遣张瑞贵和邓龙光师封锁、"围剿"八乡山革命根据地。八乡山粮食、物资日渐减少，军需补给极端困难，为保存革命力量，决定实行战略转移。古大存、古公鲁仍率领四十六团在八乡山坚持斗争，经过4个月艰难困苦的奋斗，见难以坚守，才决定撤离八乡山，转移到紫金、大南山等地打游击。

1931年5月，古公鲁随同古大存率领四十六团四连的战士80余人、机关十余人撤出八乡山，安全到达揭阳县龙潭。第二天，由于叛徒告密，古公鲁等机关十余人被围捕，后被押解到五华县城囚禁。古公鲁在狱中坚贞不屈，视死如归。1931年6月19日，古公鲁被押到华城中山公园后残忍杀害，英勇就义，时年47岁。

古云章（1900—1928），安流镇鲤江村人。安流三江高等小学（今安流中学）毕业。18岁在本村云谷小学教书。当年恰是灾荒严重，而地主豪绅却趁机重利盘剥农民，目睹无数农民兄弟在死亡线上挣扎，古云章甚是同情，对地主豪绅恨之入骨。1924年奔赴广州，考入孙中山开办的建国宣传学校学习，并加入了中国共产党。学习结业后，受黄埔军校政治部主任周恩来的派遣，以省农会特派员身份回五华发展中共组织，并任五华县宣传团团长，积极从事革命工作。1925年5月，他在安流三江中学秘密召集五华的中共党员会议，成立中共五华县小组，推举宋青为组长。7月，参与在横陂圩志安西药房召开的中共五华县秘密会议，成立中共五华县特别支部。古云章是特支成员之一，主管党务，配合魏宗元开展宣传组织农会。先后与张治平出席了省农民协会第一、第二次农民代表大会。会后回到县里，配合组织活动，推动了五华农民运动的蓬勃发展。1926年1月，他奉命与古大存等改组国民党五华县党部，被选为执委会委员、组织部部长。1927年8月，中共五华县特别支部改组，成立中共五华县委员会，他任县委委员，负责宣传等主要职务。上级党组织派他到小彭办事处工作，与蔡新如、古连等，经常深入农村进行宣传发动，健全农会、工会、学生会、妇女会等各种组织。

1928年1月21日，他接到五华县负责人古大存的通知，带领古连、梁士超、万叔君（又名万载夫）等16人，参加东江特委在海丰举办的东江党校学习。学习1个多月结业后，正值国民党军黄旭初部"驻剿"五华，对苏区实行残酷政策，革命组织遭到严重破坏之时。就在这险恶的环境下，他率领参加党校学习人员返回五华工作。但回到县里，已找不到党的机关，连家人亲属都被敌人摧残迫害，已背井离乡。乡人们劝他马上外出避险，但他坚决与共产党人古禄、古全和万化龙等奔赴八乡山寻找古大存。途经虎石住宿，是晚不幸被叛徒告密。翌日早，徒步至虎石四方山径时，突遭敌人围捕，在搏斗中牺牲。

万大来（1907—1931），原名陈亚九，双华镇虎石潮塘村人。3岁时，因家贫被卖到安流鲤江乡万屋寨。1925年参加农民自卫军，1926年10月任小队长。先后参加攻打双华、百安、老虎石等地战斗。1928年跟随古大存走上八乡山，同年冬加入中国共产党，任中队长。1931年4月，敌人出动1000多人向八乡山进攻，万大来带领40名红军战士坚守贵人村炮楼，用步枪、土炮阻击敌人。敌人反复冲锋不能接近，后来又调来工兵，对准炮楼挖地洞，企图挖到炮楼下安放炸药将炮楼炸毁。万大来发觉敌人的企图后，立即集中十多支步枪集中火力向挖地洞的敌人开火，当场打死8名敌人，敌人见状败退下来，丢下162具尸体狼狈逃窜。这次激战中，万大来负伤，被送到八乡山老炉下红军后方医院治疗。同年6月7日，在疗伤中被捕。面对敌人的百般折磨和高官引诱，万大来坚贞不屈，高唱山歌："农民兄弟爱知详，莫畏斗争出外洋（不要逃跑）；反动派唔系（不是）铁打介，慢慢杀去总会光！"同年6月21日，万大来在村中被国民党杀害，年仅24岁。

李英（1908—1933），原名李树英，横陂镇东升村人。1925年夏，在黄埔军校短期军事训练班学习。同年10月参加东征军第二次东征，任连长。1926年加入中国共产党。1927年8月，任五华县革命委员会委员。同年11月，负责五华县委组织工作。1928年5月奔上八乡山，参与创建粤东北革命根据地。8月，任共青团五华县委常委。1929年12月，任五华县苏维埃政府委员。1931年秋，任西北游击队副队长。1933年秋，遭国民党地方基干队500余人"围剿"，在指挥撤退中中弹牺牲，年仅25岁。

陈庆孙（1902—1933），双华镇虎石村人。1925年夏，任虎石乡农会会长。同年10月第二次东征，配合东征军在利塘径战斗。1926年1月，任县农会宣传委员、8个乡农会联合办事处主任。同年冬，加入中国共产党。1928年5月走上八乡山，化名陈耀，先后任中共五华临时县委委员、五华县委副书记、五华县苏维埃政府主席。1931年，国民党对八乡山根据地进行"围剿"。同年4月，陈庆孙随部队撤离八乡山，转战到紫金县的洋头、炮子等地，后转移到大南山根据地。1933年春，他率领十多名武装人员，潜回五华县第九区八乡山附近的桐梓洋，进行恢复革命根据地的工作，随后古大存也率队来到桐梓洋，彼此配合行动。1933年8月中秋之日，受敌200人围困，他率领6名驳壳队员掩护古大存等人从后门撤退。在战斗中，他的腿部中弹负伤，不幸坠入河中壮烈牺牲，时年31岁。

胡汉（1901—1934），安流镇洑溪村人。1925年4月，参加伏溪乡农会，1925年10月加入中国共产党。同年10月，动员安流农军组成担架队、救护队和运输队，配合东征军作战。1927年"四一二"反革命政变后，胡汉率领安流区常备小队先后参与攻打封建堡垒、地主老巢等地的战斗。1928年9月后，任伏溪乡党支部书记、第七区苏维埃主席。1930年1月3日，组织赤卫队配合红军四十六团，在双华碧石岗阻击敌军。4月，率领赤卫队配合梅林区联赤卫队和红军四十六团攻打梅林、安流地反武装，重建七、八两区苏维埃政府。同年7月16日，组织武装镇压地方反动、"剿共"头子多人。不久，形势险恶，走上八乡山，编入红军教导团第三连任连长，转战五丰边和紫五边。1934年4月20日，胡汉回七区进行地下革命活动时受敌包围，在战斗中不幸中弹牺牲，年仅33岁。

胡国枢（1904—1934），又名胡根，双华镇莲塘面村人。1925年夏，任双华乡农会秘书。同年8月，任8个乡成立的联合办事处秘书。1926年冬，加入中国共产党。1928年5月，走上八乡山。1929年2月任县委组织委员兼第七区委书记。1930年12月，中共五兴龙县委成立，任县委组织部部长，同时担任五兴龙县委与东江特委的联络工作。1933年5月，与古大存等游击队员，在五华第九区八乡山哈龙岗伏击了检查公路建设的丰顺县县长林彬。1934年1月，胡国枢在桐梓洋开展革命活动时，受敌包围而壮烈牺牲，年仅30岁。

张剑珍（1911—1931），女，双华镇大陂村人。1928年8月，加入中国共产党，出身于地主兼工商业家庭。1926年加入农会，任农会宣传员。她自编山歌，宣传革命，号召农民团结起来，推翻封建地主阶级的统治。1928年2月，五华革命转入低潮，辗转来到八乡山。1929年2月，任五华县妇女联合会委员。同年12月，任五华县苏维埃政府委员。1930年5月，任红十一军军部宣传员。她在革命斗争中，用自编的山歌宣传革命、团结士兵、瓦解敌人，活跃在五华、丰顺、梅县山区。1931年4月，从八乡山转移途中，与5名战士不幸在紫金县秋溪被捕，后被转至五华县政府监禁。1931年6月19日，被国民党顽固派枪杀于五华县城雷公墩，临刑前高唱："人人喊涯共产嫲，共产做事总有差，红白唔曾分胜负，江山唔知你呀佢，死都唔嫁张九华！"牺牲时年仅20岁。

魏嫲（1903—1928），女，华阳镇陂坑村人。3岁时被卖给龙村杜坑花树下黄木义为童养媳。1925年，五华掀起轰轰烈烈的农民运动，各区、乡纷纷成立农民协会。杜坑开始组织农会时，她主动报名参加，并在群众中积极宣传农会的好处，动员穷人加入农会闹革命。5月，杜坑乡农民协会成立，她被选为妇女委员和宣传员。7月，她参加龙村召开的第八区农民武装大会，回家后带头剪掉发髻。同时，创办夜校，组织妇女学文化、学政治，提高她们的思想觉悟。

1926年9月，整顿扩大乡农会自卫军时，她带头参加乡农民自卫军，协助农会推行"二五减租"政策。1927年夏，硝芳地方反动武装攻打坪营乡楼背、老田，杜坑各乡农军奋起抗战，魏嫲领导全乡妇女协同农军作战，亲自送弹药、粮食等物资到前线去，鼓励战士们勇敢杀敌。11月，她加入中国共产党。

1928年3月，魏嫲奉命在寸金窝隐蔽活动。一次扮成挑夫到龙村侦察敌情时，在塘湖被捕。就义时昂首高歌："又吹号筒又拿枪，咁多兵士来送丧，咁多官员做孝子，死到阴间心也凉。"时年25岁。

马文（1913—2004），又名质文，河东镇化裕村人。1926年，在水寨振兴学校（今水寨中学）就读高小的时候，开始懂得革命道理。他擅长打造枪支，于是从兴宁辗转到江西省兴国县谋业。1931年7月到瑞金参加红军。红军司令朱德得知马文是造枪能手，亲自接见，安排马文留在修械所工作。同年9月，加入中国共产党。1934年10月，中央红军第一方面军开始长征，北上抗日。马文奉命跟陈毅留下来坚持了3年艰苦的南方游击战争，直到1937年实现第二次国共合作时止。1941年，马文奉调到延安中央机关工作。1945年8月，调任东北民主联军东安航空学校第一政委、校军政委员会书记，东北军区军事工业部政治部主任。1949年年底，马文随古大存南下。后奉命调回北京工作，担任中央军委空军工程部政委，以后又调任北京航空学院副院长。1961年，又从北京调往广州，在中共中央中南局机关负责一个部门的工作。"文化大革命"期间，马文受到冲击。1976年10月，得以彻底平反，落实政策，后担任广东省政协常委。

赖绍宏（1904—1986），安流镇樟潭村人。1925年参加农民运动。同年加入中国共产主义青年团，1926年转为中国共产党党员。1932年参加中国工农红军，历任排长、副连长、副科长。1934年参加长征。1942年任中共太岳军区野战医院总支部书记、邢台荣军学校校长。解放战争时期任冀南军官教导团政委、政治处主任。中华人民共和国成立后，先后任华南垦殖局广州办事处主任、检察室主任、广东省土地利用局副局长、广东省政协委员。1986年在广州病逝。

周鉴祥（1909—1968），河东镇化裕村人。1929年在江西省参加中国工农红军。1932年参加中国共产党。1934年参加红军长征。1936年在延安任中央红军总部、后勤部兵工厂政治指导员兼副厂长。1943年任延安兵工厂厂长。1945年调东北，先后任热河军区赤峰供给部工业处处长、第四野战军后勤部佳木斯兵工厂厂长、总供给部军需处副处长、西安煤矿副经理、沈阳东北银行造纸厂副经理、东北煤矿管理局工务处处长等职。1950年后，任湖南湘潭锰矿矿务局局长，湖南水口山矿务局局长，江西赣州市冶金部安全技术监察局局长，湖南省冶金工业厅副厅长、厅长，中南区计委重工业局副局长，湖南省有色金属工业管理局副局长等职。1968年11月病逝于北京。

邱林华（1912—1980），河东镇沙渴村人。1930年在江西省洛口参加中国工农红军。1932年加入中国共产党。初在红三军团，分配到兴国官田兵工厂当工人。后任赣南兵工厂工会主任、粤赣军区兵工厂副厂长。1934年参加长征。抗日战争赴江苏前线，任新四军修械所主任、苏北军区修械所主任。解放战争时期，任山东北海军工处一分厂厂长、华中军区军工部六厂厂长、徐州西关兵工厂厂长。中华人民共和国成立后，历任广州钢铁一、二、三厂厂长和总厂厂长，广东机械制造厂厂长，长春第一汽车制造厂福利处木工车间副处长，大连通用机械厂厂长，茂名石油公司机械厂厂长、机械动力处处长等职。1979年病休，1980年逝世。

李继生（1906—1989），河东镇苑河村人。1930年参加中国工农红军第十二军。1932年加入中国共产党，初在福建上杭旧县茶树下兵工厂，后到江西省瑞金觇田村兵工厂修枪械。1934年参加长征。先后任军委干部团"红大"会计、干部团出纳，军委直属干部休养连副连长等职。抗日战争期间，在晋察冀军区供给部负责财务供需工作。后在军区供给部任科长、财务处处长等职。1947年任中国人民解放军晋察冀军区第二兵团第三纵队供给部副部长。1948年任中国人民解放军华北军区十九兵团六十三军后勤部副部长。中华人民共和国成立后，历任天津钱通公安后勤处、中国人民公安部队后勤部财务处、总参警备部后勤财务处、人民武装警察部队后勤部财务处处长等职。1962年升为大校军衔。1964年离职休养。1988年享受正军职待遇。1989年2月在北京病逝。

刘愈忠（1908—1990），原名利成，河东镇宝瑞村人。1930年参加中国工农红军。1932年加入中国共产党。历任中国工农红军第十二军修械班班长，红二十二军、红一军军械股股长，八路军一一五师修械股股长。1934年参加长征。1945年任山东滨海军工部修械厂厂长、华东工矿部材料库主任。中华人民共和国成立后，任山东省工矿部、工业厅招待所中共支部书记。1953年后病休。1990年11月在山东省逝世。

马木松（1907—1934），河东镇油田化裕村人。1928年赴江西省兴国县参加中国工农红军，后在兴国莲塘官田村中央兵工厂工作。1934年随红军长征，在红军兵工厂随军修理枪械中不幸牺牲。

周亚木（1900—1934），河东镇油田化裕村人。1929年在江西省兴国县参加中国工农红军，后在兴国连塘官田村中央兵工厂工作。1934年春，中央红军在"左"倾路线下，遭受重大伤亡。同年10月，红军第五次反"围剿"失利，兴国、宁都、石城一线相继失陷，红军被迫撤离中央根据地，开始长征。周亚木就在突围转移中牺牲。

胡安（1905—1935），又名锡贵，安流镇洑溪村人。中国共产党党员。1929年在江西省兴国县参加中国工农红军，后任中共中央政治部干部。1934年10月参加红军长征。1935年9月12日，中共中央政治局在俄界召开扩大会议后，红军继续北上。胡安在长征途中的腊子口作战中牺牲。

曾天节（1906—1995），原名志文，后改名曾勋，华城镇维西村人。1926年考入黄埔军校第六期。1927年春加入中国共产党，即回乡投身五华农民运动，曾任中共五华县委书记、中共东江特委委员。大革命失败后，在国民党军队中历任参谋、队长、主任、少将高参等职。抗战伊始，便支持中共的统战工作。广州沦陷时，他从清远亲自护送古大存安全转移到韶关。1948年，调任广东保安第十三团团长，暗中谋划起义事宜。1949年3月，曾天节率部起义，解放了老隆，通过新华社向全国人民宣告起义。起义后，曾天节任粤赣湘边纵队第四支队司令员。1950年后，历任广东省交通厅副厅长、厅长、顾问，为广东公路交通事业发展和筹划五华水寨大桥建设作出重要贡献。他是全国第五届政协委员，广东省政协第二、第三届委员会常委，省政协第四、第五届委员会副主席。

邓文钊（1908—1971），原籍水寨镇七都村，在香港出生长大。早年留学英国剑桥大学经济系，获硕士学位。回国后任大英银行华人经理、华比银行华人副经理。全面抗战初期，参加宋庆龄为首的保卫中国大同盟，亲任司库，尽力操劳，募集大批经费，支持共产党抗日。1946年，复办《华商报》，亲任督印人、董事长。同时，为解放军进军大西南提供大量汽油，为解放海南岛协助进口大米7万吨。中华人民共和国成立后，邓文钊协助中央政府组织港澳工商界人士回国观光，带头与港澳侨领发起集资，于1951年春在广州创办公私合营华南企业股份有限公司，首创引进外资企业，亲任董事长，将所得利润投资建成拥有最新设备的南方针织厂、东莞淀粉厂、徐闻和清远华侨糖厂及信宜5家松香加工厂等一批企业，填补省内空白，产品打进国际市场。邓文钊历任广东省商业厅副厅长、广东省侨委副主任、民主建国会广东省工委委员、广东省副省长、广东省政协副主席、全国工商联合会副主任委员等。

革命英烈名录

（一）水寨镇革命英烈名录

李中棠	曾梦周	周汉平	李竹康	曾广容
曾　棋	邓国基	曾冠山	曾志忠	刘金祥
李浪琴	李锡东	曾　仁	邓松辉	曾开贯
曾金林	曾海文	曾瑞泉	李林先	邓重红
蔡建华				

（二）河东镇革命英烈名录

赖且金	黄松茂	李钦禄	李松仁	李兰清
丁　群	朱金里	周富仁	陈荣福	陈法先
李锦恩	李妙胜	周福郎	李新泉	张新添
李观运	马木松	周亚木	李　坤	李　龄
周新耀	万亚金	巫素怀	陈爱群	陈谷浩
李建玉	周俊峰	戴广辉	周献雄	刘俊华
陈汉培	朱怀锦	张荣添	刘丁发	谢焕杰
张元文	张伯源	李超宏	周辉中	李　泉
周远进	朱凤玉	张火胜	陈胜连	万月楼
李　松	李立胜	杨亚三	杨亚二	杨裕民
陈亚广	陈胜贵	陈伯福	李纯如	曾亚九
曾木先	周三友	张亚四	谢石桂	谢迪庵
张亚荣	马　九	李木先	范伯安	谢胜云

陈炳南	陈且胜	谢　凤	李官运	杨泗添
陈九胜	杨妙坤	朱亚兰	官亚五	陈染柳
李亚六	李南凤	黄元姐五	李金堂	陈大四
李胜连	李官兰			

（三）转水镇革命英烈名录

陈志雄	陈　华	钟福川	陈百友	陈德胜
陈卓胜	钟定辉	曾　忠	钟道枢	钟汉光
曾革辉	陈林森	钟振汉	曾柏枢	陈汉粦
朱杏棠	温志荣	江远华	陈元华	张清苑
曾赞良	廖亚长	曾兰昌	廖荣春	曾祥耀
廖森成	曾进昌	曾省梧	廖驾欧	吴汉君
廖厚岳	温焕明	张志宏	薛弼珊	陈公然
温一青	何佛光	何　光	曾智民	陈汉州

（四）华城镇革命英烈名录

刘　正	王　兴	钟首善	郭　力	钟炳祥
江　荣	戴志光	王庆章	陈集来	周元光
钟惠和	钟鼎环	钟观泰	徐　木	林瑞生
曾传禄	钟河清	李　焕	钟玉书	陈耀连
曾　冠	邓振华	张锡兆	钟　远	魏沐源
张　田	张永良	陈宜广	甘　泉	李墩展
叶志荣	巫亚涛	黄亚玉	温育金	钟维元
戴日章	甘亚杞	曾新义	钟吉雄	李景山
卓纪先	吴运胜	钟　清	李俊贤	郭胜中
林潮汉	朱镜雄	钟木昌	张瑞清	甘　耀
古越运	陈观庆			

（五）岐岭镇革命英烈名录

巫亚南	巫亚三	刘国标	巫传清	刘雄球

赖作天	史岳泰	刘凤林	巫士秀	巫水兰
巫亚唐	巫亚火	巫运来	刘碧云	刘金发
刘福明	刘美古	罗友四	俞 华	胡莱球
黄君亮	何焕胜	张 炼	罗巧明	魏道权
何培昌	邓远达	罗 平	巫永良	刘 辉
何少荣	何伯林	何贞明	钟 汉	魏日新
钟春兴	孔福星	魏次明	黎亚增	巫运安
钟长生	刘月云	魏基筹	钟亚祥	刘新寿
刘矮顺	钟亚活	刘水清	巫亚香	巫林泰
卓心如	巫火运	巫亚举	巫兰茂	巫乙秀
曾元清	刘汉香	巫北斗	巫亚长	

（六）潭下镇革命英烈名录

张荣华	林火祥	刘锦祥	李乔英	李 育
李旭连	田金泉	田国林	田亚为	张国雄
卢亚华	张国英	陈汉才	卢锦添	郑石姐
陈亚运	卓可权	李安常	黄少忠	张学来
古 定	张 球	张崇兰	李其俊	曾繁英
张培南				

（七）长布镇革命英烈名录

张亚海	张耀元	赖 安	张远胜	曾道良
张石华	郑 兴	张我雄	李治安	张石源
张继安	张德铭	李 球	张桂龙	邓 谋
张桂成	张锦祥	曾远州	郑汉忠	廖立忠
李荣州	廖庆善	张思光	张开文	

（八）周江镇革命英烈名录

胡章日	叶丙妹	叶应环	李选庭	詹凤昭
钟日进	邓人安	缪权四	谢永利	张亚足

胡乃贤	郑石保二	邓梧光	缪冠如	缪继先
廖官林	叶亚珍	詹木先	李源香	曾伯钦
翁藻四	郑汉崇	钟振南	翁玉田	邓汉光
李威六	胡水应	张亚根	张亚坤	李观英
张亚勇	张恩娘	李颖达	张驾雄	胡零光
吴天福	胡镜明	胡林恩	胡观让	胡保寿
胡瑞星	钟世发	钟华寿	叶日华	钟伯润
吴南斗	胡凤四	胡辉七	胡辉三	胡火五
胡君玉	胡亚辉	胡亚炉	胡亚章	胡运禄
胡亚游	胡运昌	胡凤招	胡华守	张如崇
詹德兴	吴王桂	李亚坤	吴礼招	胡火先
何妙先	曾全香	翁少锋	曾庆春	曾庆兰
郑占初	张庆良	何玉招	曾国华	翁春辉
缪少山	郑南青	邓亚三	翁田四	郑桂忠
缪干横	胡松招	吴道仁	李拥成	缪观娣
缪土常	缪其白	缪日安	缪云金	陈娘凤
廖育川	廖亚招	郑亚追	缪亚增	叶亚灵
钟进招	钟新民			

（九）横陂镇革命英烈名录

李尚根	李友梅	黄春圆	魏俊明	魏挺群
李东辉	钟亚三	郑金星	谢石松	谢耀荣
魏李三	李云招	李尚开	李金兰	李吉三
李运常	李子香	邱福先	李庚运	魏耀明
杨雍连	李英	邱亚桂	李志仁	李金焕
范河清	魏载明	郑明	魏长茂	魏赐章
魏玉文	杨俊	魏孟荣	李监桂	李乃建
魏永生	魏从茂	魏恒龄	魏应安	魏氲

范云珍	魏俊华	魏伟玉	李奎芳	李保华
李　柱	魏焕君	魏贺权	魏子文	魏雄英
李基崇	魏运先	郑上惇	郑上礼	李权有
魏新汉	陈玉梅	李细六	魏寅彬	魏亚敬
魏火连	李庚运四	魏彦山	李仕芳	魏捷大
魏远明	魏让贤	陈亚凤	刘少云	魏　坤
李思宁				

（十）郭田镇革命英烈名录

江成明	江　燊	江举文	江保兰	江法玲
江亚辉	江官伟	苏亚成	江菊英	江玉声
江维森	黄伟雄	黄惠安	江法清	江妙华
刘均祥	陈林安	江震东	张成恩	黄会连
江振云	刘均杰	江亚添	江亚运	张云宏
陈浪清	刘添桂	江茂棠	巫亚保	江茂全
江其道	巫水龙	巫俊波	江顺清	江佛贤
江水宽	江日姐	江乃金五	江来先	刘运青
江石文	江石奉	江亚十	江火保	江竹林
陈亚运	陈水姐	江亚三	张亚九	黄亚康
黄耀庭	黄亚源	张亚香	江汉荣	江九先
江联周	江福元	刘老佛	江成华	陈发贤
江发先	江传基	邓继招	邓亚森	江仁财
江亚容	江立成	江亚奕	江火秀二	黄观何
江耕招	刘　汉	陶石文三	邓亚元三	罗伯钦
江传辉	刘水祥	江玉华	陶亚四	江　元
廖志平	江佐明	刘均仁	江公甫	严亚六
廖仲文	黄亚九	黄国梁	邓乃福	张亚接
严继运	陶石风	刘佛手二	江进仁	陈佛二

邓汉清	黄观兴	黄亚景	江伯圣	邓成保
江仲仁	陶其立七	邓水金	邓亚水	

（十一）双华镇革命英烈名录

陈亚其	张亚进	张亚六	张剑珍	曾泉胜
陈子文	胡松元	陈亚苏	张亚通	张亚立
陈笑眉	张亚礼	廖亚理	赖亚旺	张亚和
张利友	张金泗	张亚旺	陈素康	张　崇
张妙友	张新发	陈运兰	邓捷进	张亚八
张焕君	陈亚时	张定成	赖成玉	张石林
陈同二	朱春开	陈庆孙	陈亚南	朱运金
朱胜招	张玉兰	胡秀珍	胡国枢	陈亚浪
张木林	陈石凤	徐亚招	郑春林	朱亚四
张福先	郑林灼	陈亚戊	陈桂先	邓天成
陈集五	陈善成	陈五盛	朱松柏	陈亚声
陈先姐	陈兴华	张亚良	廖理八	陈亚九
陈亚八	陈九松	陈亚栋	陈付运	张亚立
赖妙先	陈春元	张继成	徐两双	陈亚度
陈立先	张亚纯	朱云华三	张水相	陈亚楚
廖亚贵	陈妙安	廖保培	张亚吉	陈云发（竹园）
胡乃凤	陈奕华	张仲荣	张水姐	张水庭
邓观清	陈成圣	李亚华	朱汉荣	邓捷友
邓基传	邓亚义	陈元龙	朱九胜	张付先六
陈亚灼	张妙胜	张上林	廖亚戊	张妙金
张亚业	张利春	朱院良	张浪华	陈育轩
廖亚文	李进添	朱文新	张亚宗	张官玉
邓锡权	邓亚寻	邓守贤	陈火先	邓德文
邓进来	廖亚招	张丙传	邓观荣	张亚孟

陈立洪	张定初	陈传光	陈添和	张达良
陈庆茂	张士团	陈汉权	陈运强	朱　方
张亚谷	张育成	陈福星	朱影龙	朱亚基
陈玉梅	朱金龙	张荣和	陈伯宽	邓保成
张定君	徐寿如	冯　氏	廖亚银	邓捷顺
邓亚福	张保四	张观妹	陈佐宾	张亚二
朱影州	朱育周	朱亚寿	朱亚立	陈亚金
廖仲宾	张仁和	陈进传	张金相	邓玉珍
陈云发（新屋）				

（十二）安流镇革命英烈名录

钟世球	张佛泗	李少君	古德成	古伟汉
张运兴	李大中	陈法香	陈　森	张舜仁
张亚坤	李　招	李振英	赖帝成	古观让
李访琴	冯纪成	张　胜	胡声亮	张付元
赖亚灵	胡妙英	李　平	黄四妹	张驾英
胡奇珍	李汉均	胡　安	刘　永	胡　汉
张福凡	李亚青	冯添福	万大来	冯亚水
胡俊杰	古可三	胡　丙	陈子祥	胡亚焕
冯亚亿	胡绍开	古庚福	万亚锦	廖　金
古双古	丘亚六	丘炳南	古彩玉	陈进发
陈庚新	古振球	胡桂来	胡日先	陈凤先
胡问欧	胡少梅	陈玉树	赖金招	陈立开
陈忠八	古松柏	陈亚申	胡　荣	胡四妹
胡军现	胡亚四	胡现相	李德勋	胡亚钦
赖俊成	朱亚龄	万水祥	谢长发	赖官玉
廖锡安	谢万氏	陈运秀	刘文进	陈三妹
刘三发	古国兆	古亚展	刘亚权	陈亚后

赖子彬	李国雄	胡永松	廖秀伍	廖哲夫
赖谦九	胡炳文	古淑琴	古　禄	陈仅岳
赖碧如	赖亚远	刘驾球	陈赐宏	万化龙
朱军佑	朱云开	朱亚五	刘亚四	汤用兵
汤继祥	李亚耿	黄初孟	张为炉	张秋金
古国光	胡炳章	古茂清	胡汉雄	李观龙
李德安	胡现泉	朱亚秀	陈富开	陈宣荣
陈友诚	古添香	李玉焕	胡利麻	李亚援
李金声	李振东	张水招二	冯添胜	冯石传
古云章	古胜佑	古亚进	陈联升	古子相
陈如贵	冯育枢	古天宝	古自松	胡进云
胡用华	张冠华	古仲泉	胡妙成	古少周
李治安	古玉先	赖　灼	陈亚香	古浪成
张华立	古文升	张泉二	古亚同	古亚招
陈亚新	古　全	陈亚炎	陈子南	古天生
古乌二	古金招二	古瑞玉	万兆云	张小军
刘慈运	汤林华	刘学群	万金发	冯育情
陈纯开	陈寿开	古国新	古孟三	古克存
胡汉奇				

（十三）棉洋镇革命英烈名录

廖代文	刁学胜	张庆安	宋裕华	卢亚岳
张仲威	廖天品	刘胜坤	张继春	张　宏
张远香	黄士香	张色发	曾　鹏	胡天锡
宋少运	刘透方	宋添瑞	刘秉钧	宋华钦
张吉辉	廖春良	宋怀三	宋桂招	宋福昌
宋辉龙	宋兰昌	胡亚展	胡亚焕	胡亚少
黄亚石	谢约汉	宋祥义	宋亚端	宋安立

谢为淡	宋文彬	谢少荣	谢勤基	黄观赐
张朝基	刘辍三	卢亚德	宋立开	黄亚九
宋运新	宋广华	古金瑞	宋开五	宋强享
宋成桂	宋展芳	宋华立	宋见湘	黄继房
卢永英	宋志祥	宋德宽	胡福娘	宋初进
宋瑞建				

（十四）梅林镇革命英烈名录

古汉忠	古少怀	古宜权	古 简	古寸仁
彭伟华	彭汉成	刘 珍	古 雄	黄 杰
甘 优	黄 安	李振英	魏伯群	陈贤纳
古亚信	古清华	古公鲁	陈奠新	甘敬可
甘志英	古少清（琴口）		甘必新	张茂四
张土先	周松胜	甘振华	黄其沐	古亚五
古凤才	宋成凤	古子安	李亚云	徐妙娇
甘 心	古林章	甘 同	古绍球	古 坚
古 江	古福群	古鉴洲	古锦招	古树贤（红星）
古谂贤	古犀贤	古应遵	古伦惠	黄传林
古和声	古秘勋	宋明波	古梧贤	甘亚石
古石粦	宋 雍	古坤元	宋 成	古鼓贤
廖奕旭	彭子宁	古建元	彭玉将	古焰才
古日筹	古树贤（优行）		古松妹	古荣康
古棕先	胡满妹	黄 基	甘桂成	古扬言
黄子朋	古容康	古缕言	古日固	李三妹
刘亚太	古有然	古伟扬	彭冠明	廖兆捷
甘必荣	甘官通	廖秉雀	古宏才	古石瑞
钟三妹	宋朝拨	古益招	彭仲高	彭本发
彭锦湘	古振高	甘观成	古二妹	甘观奇

魏恩德	古降才	古日榄	古美二	张亚荫
张 杰	张观保	古问仁	刘德钦	甘胜三
张奕凡	廖友贵	廖伴招	张俊枢	徐伦新
古样仁	甘 足	徐福运	徐亚棣	古赤贤
廖莲香	甘亚捷	古绍亨	廖畅招	廖建进
古淑珍	彭焕杰	彭经松	古元梅	刘加谷
古细言	古火先	古贵芳	甘 博	甘贺八
甘乃古	古 汪	古备才	古达瑞	古怀清
古焕中	古金赐	古景高	古酒光	古乃井
古其方	古 浪	张进才	周康文	甘仲招
古庚招（琴口）		古科龙	甘友招	古昌龙
古祝香	黄亚资	魏质均	彭桂香	刘乃进
古大仁	徐保安	徐伦列	黄亚四	徐德元
廖界石	彭荣升	黄其雪	徐伦岳	彭玉澡
古矿生	徐伦俊	徐伦传	廖立开	张传舜
甘帝六	甘而二	古善招	古五仁	古烟龙
古远龙	黄八妹	黄汉庭	廖孟贤	宋义妹
古升三	张官标	古 菊	古风六	古际权
古进旺	古来招	古壬光	古日着	古胜均
古勋先	古永坯	古瑞郎	古运科	古作棣
甘发室	古定招	古 沐	古锡壬	廖本省
宋会平	古丙皇	古吉华	甘甜二	甘亚龄
甘 斗	甘 俊	甘荡二	甘加信	甘亚寿
甘 桥	甘继成	古丁招	古庆杨	宋志华
曾 恩	古胜祥	古庚招（优河）		宋长寿
古永钵	刘竞环	甘 敬	宋亚华	张乃松
廖品新	甘 礼	甘三喜	甘五先	甘运森

刘玉汉	刘玉湖	刘保元	刘绍光	古风六
吴云枢	张亚松	甘锡佑	彭剑先	徐怀仁
徐荫根	甘 纯	甘新保	古涌元	宋 权
宋 超	刘式丹	刘文中	古国扬	宋运来
古伦厚	古仕新	曾亚从	彭为转	古凤银
宋优芳	古少清（梅北）		甘木二	古煌新
古烈二	彭玉振	古胜兰	甘奉四	甘观新
古贺桂	古访生	古风曹	黄妙先	彭顺博
彭云伸	彭凑招	古定卦	甘东明	宋金祥
黄汉州	古日晖	张文四	李捷六	古东亦
魏利三	古道存	古运義	李运新	刘茂龙
彭广招	古亚贤	廖亚五	古柏贤	古金瑞
古看先	古启辰	古亚六	古月祥	彭顺书
古学斗	刘辉龙	古道单	彭云华	宋国林
徐遂六	古应万	古有亦	古应才	古式灵
宋庆恒				

（十五）华阳镇革命英烈名录

甘曲高	古新华	古 述	邹宜型	邹 坠
黄贡三	张鉴辉	甘慈康	邹 木	邹荫兰
邹兆曰	古兆立	甘洪安	邹纯高	甘从拨
黄 琴	邹伟权	邹汉扬	古伟红	古佐均
古如龙	古庆芳	古夏方	古伟先	古耀南
古宜坛	古木仁	古汉香	古启保	古铁根
古 八	古孟祥	古灵科	古世荣	古有先
古运石	古政科	古子恒	古 丁	古函英
古育英	古来松	古仁寿	张 灿	古 高
古博科	邹汉香	古裕科	古风扬	古握二

古现康	李俊华	古百胜	古同科	古其光
古汗招	黄　怀	古治欧	古日新	古　招
古继科	古元钦	古友二	古　福	古亚仁
古　良	古　铎	古烈勋	古荣州	古　曾
古桂华	古南炽	古汉雄	古俊义	古火秀
古存桔	甘甫庭	古　义	邹电庚	古铸勋
古　祥	古德欧	古果贤	张瑞先	古近祥
古应丰	古清二	古来声	古知先	彭　俊
古始芳	古凯四	余文初	古世祥	古坐四
古展信	古士招	甘杏棠	彭妙更	古国招
古奎香	古茂先	古锡锐	古其檀	古春祥
古可祥	古存心	古定欧	古翅郊	古任清
古艳崇	古继茂	古子君	古棣成	古庚招
古应科	宋　展			

（十六）龙村镇革命英烈名录

龙秋贤	温瑞昌	彭榜宗	温哲桂	温如辉
温怀初	温汉雄	温友圣	钟茂康	何新均
钟亚荫	温妙昭	钟望标	钟声课	钟　洋
钟桂村	庄仕照	钟汉新	钟仁先	古亚溪
钟望隆	温炳招	温庆旺	温东先	黄锦先
古奎先	温福先	温亚佑	钟二妹	温焕琴
温秋香	温九龙	罗庆喜	黄　伦	温林佑
温凤照	钟太初	龙谷山	黄亚孟	黄锦芳
温妙兰	刘树如	黄光照	古昌博	黄亚拾
黄惠芳	温拱青	黄亚品	温南村	邹　亨
温洪庆	黄晋臣	温大八	黄荣解	刘伴焦
何南安	黄亚连	钟念兴	龙观喜	黄任天

刘　远	古耀明	何瑞招	刘　木	龙亚新
温兴青	黄春秀	龙锡贤	邹仁四	黄颖方
何己康	何亚安	温观现	邹亚五	温洪先
黄斯靠	黄金招	黄区增	黄桂洋	龙喜楼
龙东九	黄炳招	龙观猋	黄妙先	古振太
黄亚娇	黄亚玖	邹兴初	黄亚夺	何汝炳
黄奎芳	黄国强	龙喜珍	温子光	黄载贤
黄育三	黄甜香	龙志祥	刘汉修	黄其勤
刘光炳	何马振	黄荣勇	黄兆连	龙春梅
黄集增	黄而五	刘灵溪	黄汉杰	黄亚喜
刘佐军	古亚振	黄仕永	刘景象	何禄招
黄德增	黄亚瑞	黄顺香	黄寅宾	黄棣珍
黄啄先	黄喜祥	魏　嫲	温联青	古　铎
黄佑先	刘教生	黄少庭	黄亚朵	何北恩
黄长安	何妙松	何方兴	黄炳文	林其浪
黄包三	龙春祥	龙亚田	龙佐才	龙亚风
邹　键	龙北安	刘谨基	黄育芳	黄番源
古端太	刘德修	刘猋运	古亚谷	黄帝芳
刘潭胜	黄荣兴	林学成	黄亚奉	黄世章
邹锦清	黄达成	温　日	黄锦昌	黄轩华
黄仕荫	邹五妹	邹桂英	温松镜	邹如添
黄锦五	黄学元	黄桂招	刘记福	古亚七
黄　保	黄亚七	丘科义	温端荫	黄修玲
温炳南	温妙安	黄亚义	黄仕轩	温苑秋
黄木先	黄　伦（硝芳）			

（十七）外地籍革命英烈名录

张接廷	贺民教	袁玉光	叶纪妹	练娘贞

张木林　　　杨俊明　　　卢　少　　　曾占先　　　邓　一
钟振球　　　高宝林　　　蔡国丰　　　杨龙桂　　　李　斌
黄宝球

参考书目

本书在编辑过程中参考了大量党史书籍和有关五华地方党史的志书、档案、年鉴等文献资料，报刊资料以及一批专题史料和学术著作，计有：

中共中央党史研究室著：《中国共产党历史》第一卷（1921—1949），中共党史出版社2011年版。

中共中央党史研究室编：《周恩来年谱（1898—1949）》（上卷），中央文献出版社2007年版。

中央档案馆，广东省档案馆编：《广东革命历史文件汇集（1921—1926年）·中共广东区委文件》，1982年版。

中共广东省委党史研究室著：《中国共产党广东地方史》（第一卷），广东人民出版社1999年版。

中共广东省委党史研究室著：《中国共产党广东历史》（第二卷），中共党史出版社2014年版。

《中国共产党东江地方史》编纂委员会著：《中国共产党东江地方史》，广东人民出版社2001年版。

中共广东省委党史研究室、东江革命根据地党史资料编写协作组、五兴龙苏区党史协作组著：《东江革命根据地史料汇编》（五兴龙苏区），1985年12月。

中共梅州市委党史研究室著：《中国共产党梅州地方历史》（第一卷），中共党史出版社2011年版。

中共五华县委党史研究室著：《中国共产党五华县地方历史》（第一卷），1997年5月。

中共五华县委党史研究室著：《中国共产党五华地方历史》（第二卷）（征求意见稿），2017年12月。

五华县地方志编纂委员会编：《五华县志》，广东人民出版社1991年版。

五华县地方志编纂委员会编：《五华县志（1979—2000）》，方志出版社2010年版。

中共五华县委组织部、中共五华县委党史办公室、五华县档案馆合编：《中国共产党广东省五华县组织史资料（1925.3—1987.10）》，1990年。

中共五华县委党史研究室编：《中共五华党史大事记（新民主主义革命时期）》，1991年。

中共五华县委党史研究室编：《中国共产党五华县历史大事记（1949.10—2004.12）》，2005年。

《五华年鉴》编纂委员会编：《五华年鉴》（2001—2018卷）。

中共龙川县委党史研究室编：《中央苏区县龙川革命文选》，中共党史出版社2013年版。

中共兴宁市委员会、兴宁市人民政府编：《梭镖打出五兴龙》，中国文艺出版社2013年版。

后记

《五华县革命老区发展史》是五华县为认真落实习近平总书记关于"发扬红色资源优势，深入进行党史、军史和优良传统教育，把红色基因一代代传下去"的指示精神和中国老区建设促进会《关于编纂全国1599个革命老区县发展史的安排意见》而组织编撰的《全国革命老区县发展史》丛书之一。

2018年年初，根据中老促会〔2017〕15号、粤老促〔2018〕5号和梅市明电〔2017〕201号等文件的有关要求，五华县委、县政府高度重视，县党政主要领导对编写工作专门作出批示。根据领导的批示精神，2018年3月，县老促会联合县扶贫开发局、县委党史室和县方志办等相关单位着手启动了该书的编写工作。此次编写工作，实行由县老促会牵头，县党史、方志、扶贫等部门参与的工作机制。还专门成立了《五华县革命老区发展史》编纂委员会，编委主任由县委、县政府的主要领导担任，编委成员由县老促会、县扶贫开发局、县委党史室和县方志办的主要负责人组成，编委会下设办公室，主任先后由五华县老促会副会长兼秘书长张泗良、何超华同志兼任，统筹协调编写该史的各项工作。参与编写的单位抽调相关工作人员组成编辑部，办公地点设在县委党史室。同时先后聘请缪德良、张贺运、李育泉、张玉荫等几位政治和业务素质高、责任心强、文字功底好、熟悉党史地情的老同志和社会人士参与编写工作。

在编写过程中，编辑部以科学、严谨、负责的态度，根据上级文件印发的编写大纲要求和行文规范，结合五华革命老区独特的光荣革命斗争历程，在强化学习上级文件精神、积极派员参加省、市老促会举办的编写业务工作会议的基础上，还多次召开编目安排研讨会，组织编写人员坚持以习近平新时代中国特色社会主义思想为指导，以党史、方志、年鉴和档案为依据，以革命老区和老区人民的奋斗史为着力点，以改革开放特别是党的十八大以来革命老区取得的巨大成就和发展变化为切入点，对全书的编写纲目。进行反复论证，确定大致编写纲目，在结构上大体按历史分期编排，涵盖五华革命老区的各个历史时期。围绕这一编目内容结构安排，编辑部人员实行倒排工作进度，分工进行落实，合力推进编写工作。

面对编写工作时间紧、任务重的实际，全体编写人员始终以强烈的事业心、责任感，以求真务实的作风、无私奉献的精神，查阅了大量资料，还积极走访、利用电话及网络等方式访谈，广泛征集资料，深入挖掘史料，为该书的编写提供重要的史实依据。同时坚持思想性、科学性与资料性，历史的真实性、事件的准确性与内容的可读性相统一的原则，优化结构、重点取材，力求重点突出五华革命老区和老区人民在党的领导下创建、发展革命根据地及革命斗争过程中的光辉历史，突出老区人民在革命战争时期的历史贡献、地位作用以及在革命斗争中展现出来的崇高革命精神和光荣传统；突出中华人民共和国成立以来，特别是党的十八大以来，五华老区人民在中国共产党的正确领导下，自力更生、艰苦奋斗，使老区面貌发生巨大变化的历程；突出挖掘整理、保护传承红色文化资源等。

经过近400个日夜殚精竭虑的编写和反复修改打磨，2019年

3月终成初稿。初稿脱稿后，编辑部又组织县老促会、县委党史室、县扶贫局等相关单位人员何超华、古江南、李育泉、张茂华、胡汉忠、黄焕坤、江连辉、黄仅鹏等组成初审小组，对初稿全文通读，进行认真细致初审，并提出修改补充意见。大家审读后一致认为，该初稿基本符合"书写体例规范、篇目布局合理、历史事实准确、蕴含思想深刻、历史维度厚重、时代特色突出、地域特点鲜明，叙述准确生动流畅"的要求。经过两个月的审改，于5月形成送审二稿送市、县老促会和县相关部门进行征求意见和审定把关，梅州市老促会罗德宜会长、连建文副会长不顾年事已高，废寝忘食对全文进行通读审核，在政治、史实、文字等方面进行了严格把关，并提出了一些中肯的修改补充意见；县相关单位也结合各自的工作职责情况，提出了一些修改补充意见，使书稿质量更上一层楼。经过几上几下的反复修改，于2019年秋形成定稿付送广东人民出版社出版。

《五华县革命老区发展史》的编纂出版成书，自始至终得到了省、市老促会的及时业务指导和悉心帮助，得到了五华县委、县政府的高度重视和大力支持，也得到了县委办、县府办和县财政局、自然资源局、住建局、农业农村局、水务局、交通运输局、林业局等相关单位和部门的全力支持协助。特别是市、县老促会主要领导罗德宜、连建文、钟赐传和熟悉党史方志的专家学者如丁思深、严华君、余敏、谢伟贤等同志，不顾年岁已高或工作事务繁琐，无私热情悉心指导和帮助，多次对书稿作了认真修改和补充。还有参与此书的编务人员汤国夫、邹菲菲、陈彩萍、吴丽婷等同志全力支持配合编审的各项工作，在此一并表示衷心的感谢。可以说，此书是集体智慧的结晶，是众人耕耘的成果，更是五华县献给中华人民共和国成立70周年的一份厚礼。

编纂出版《五华县革命老区发展史》，时间短、要求高，工作量大，加之编写人员水平有限、经验不足，或有疏漏错讹之处，敬请广大读者谅解指正。

《五华县革命老区发展史》编委会

2019年9月

广东人民出版社　党政精品图书

围绕中心，服务大局，做最具高度、深度和温度的主题出版物

中宣部主题出版重点出版物

《中华人民共和国通史》（七卷本）

· 全国第一部反映中华人民共和国70年光辉历程的多卷本通史性著作
· 中央党校、中央党史和文献研究院权威专家倾力打造

《账本里的中国》

一册册老账本，串起暖心回忆，讲述你我故事，体味民生变迁

《全国革命老区县发展史丛书·广东卷》

· 挖掘广东120个革命地区的红色记忆
· 中国老区建设促进会牵头组织

《红色广东丛书》

· 广东省委宣传部重点主题
· 传承红色基因，弘扬革命

本书配有智能阅读助手，为您1V1定制

《五华县革命老区发展史》阅读计划

帮助您实现"时间花得少，阅读体验好"的阅读目的

建 议 配 合 二 维 码 一 起 使 用 本 书

您可根据自己的学习需求，量身定制专属于您的阅读计划：

阅读服务方案	阅读时长指数	为您提供的资源类型	帮助您达到以下学习目的
1. 高效阅读	阅读频次 较低　每次时长 较短　总共耗费时长 ■■	总结类	快速学习和掌握红色精神。
2. 轻松阅读	阅读频次 较高　每次时长 适中　总共耗费时长 ■■■	基础类	简单了解革命老区的历史。
3. 深度阅读	阅读频次 较高　每次时长 较长　总共耗费时长 ■■■■	拓展类	继承和发扬红色精神，推动老区发展。

针对您选择的阅读计划，您可以享受以下权益：

立刻获得的主要权益

▶ **专享本书社群服务**：提供创造价值与私密的深度共读服务，群内分享阅读干货，发起话题探讨
▶ **1套阅读工具**：辅助您高效阅读本书，终身拥有

每周获得的主要权益

▶ **专属热点资讯**：16周社科文学类资讯推送，每周2次
▶ **精选好书推荐**：16周文学社科热门好书推荐，每周1次

长期获得的主要权益

线下读书活动推荐：精选活动，扩充知识开拓视野　不少于1次
抢兑礼品：免费抽取实物大礼　不少于2次限时抽奖

微信扫码

添加智能阅读助手

只需三步，获取以上所有权益：

1. 微信扫描二维码；
2. 添加智能阅读助手；
3. 获取本书权益，提高读书效率。

❶ 鉴于版本更新，部分文字和界面可能会有细微调整。